마을의 가치 학교와 같이

9인 9색 전남마을교육공동체 이야기

마을의 가치 학교와 같이

9인 9색 전남마을교육공동체 이야기

에듀니티

마을교육공동체와 함께 꿈꾸는 전남교육의 미래

'마을의 가치, 학교와 같이' 이야기가 세상의 빛을 보게 되었습니다.
전남의 마을과 학교에서
오직 아이들에 대한 사랑과 한결같은 마음으로
묵묵히 학교혁신과 마을교육공동체를 일궈내신 집필진 여러분께
감사의 마음을 전합니다.

대추 한 알이 저절로 붉어질 리, 둥글어질 리 없듯
전남마을교육공동체도 천둥과 벼락, 무서리와 땡볕을 견뎌내
이전보다 더 단단해지고 확대되었습니다.
학교와 마을, 학부모와 지역사회가 우리 아이들의 배움과 성장을 위해
끊임없이 소통하고 협력하면서
'떠나는 전남'이 아닌 '돌아오는 전남'을 만들고 있습니다.

팬데믹에도 아이들은 자랍니다.
전남의 마을교육은 코로나19가 심각한 상황에서
학교의 대면교육이 불가능할 때 배움을 이어주고 돌봄을 책임지며
든든한 동반자가 되었습니다.

마을은 또 하나의 학교입니다.

건강하고 풍요로운 자연환경, 역사와 문화, 예술이 살아 숨 쉬는

전남의 마을에서 우리 아이들 한 명 한 명이

지역 사람들과 따뜻하고 안정적인 관계를 맺으며

자신의 삶과 지역에 기반한 교육활동에 주도적으로 참여하여

미래사회를 함께 여는 민주시민으로 성장하기를 바랍니다.

미래사회의 패러다임은

'자본'에서 '인간'으로, '경쟁'에서 '협동'으로, '개인'에서 '공동체'로,

'경제적 성장'에서 '생태적 순환'으로 변화하고 있습니다.

그 변화의 길에 전남마을교육공동체가 여러분과 함께합니다.

– 장석웅 전라남도교육청 교육감

남도에서 부는 훈풍, 마을교육공동체

'지방소멸'이라는 거친 언사가 아무렇지도 않게 쓰이고 있는 시대이다. 한국의 근대는 산업화 과정에서 도시를 만들어내고 학교는 이를 작동시키는 전진 기지였다. 이렇게 교육은 지방에서 서울로 보내는 작용을 하였다. 그 결과 지역은 움츠러들고 서울은 폭발 직전이다. 지난 세기 간디가 간파한 것처럼 "도시는 마을들을 착취"하고 있다. 당시 인도의 대도시를 동맥경화 상태라고 진단하면서 그 곳의 거주자들이 '마을의 마음'을 가져야 치유가 가능할 것이라 예견하였다. 인구의 절반이 넘게 수도권에 몰려서 사는 오늘날 전국에 마을교육공동체 운동의 바람이 불기 시작했다. 그중에서도 훈훈한 남풍은 단연 돋보인다. 마을마다 우리의 아이들은 마을과 학교가 함께 키운다는 새로운 의지와 희망을 발신하고 있기 때문이다.

교육은 늘 학교(교사)의 문제, 학생·학부모의 문제로 수렴되어 버리고 만다. 학교가 존재하는 지역은 아이들이 생활하는 공간으로 모든 주민들이 학교와 직간접적으로 연결되어 있지만 학교 안에서 일어나는 일에는 속수무책이다. 학교가 교육 전문 기관이니 모든 교육문제는 학교의 권한과 책임하에 있다는 식이다. 이에 전남은 '협력과 자치로 더불어 성장하는 지역교육생태계 구축'을 마을교육공동체의 비전으로 삼고 정책을 추진하고 있다. 이 책은 지역교육을 살리기 위해 분투하고 있는 주민들과 교사,

행정의 협력 과정을 기록하였다. 이것은 참여한 분들의 협력과 연대로 이루어진 축적의 역사이다.

교육은 본디 지역에서 뿌리내리고 그 땅의 기운과 영양분을 받고 자라 거기에서 피어나고 익어가는 과실이다. 남도는 이러한 마을교육공동체 협력적 실천의 내용과 방법을 하나하나 축적해가고 있다. 우선 배움의 출발을 우리가 살아가는 지역에서 찾고 여기에 있는 자원을 가지고 우리가 함께 만들어가고 있다. 지역의 역사, 자연, 산업을 자원으로 한 고흥온마을학교나 동천, 순천만, 철도마을, 여순항쟁 등 지역의 역사와 맥락을 교육의 주제로 삼았던 순천의 마을교육과정이 그 대표적인 실천이다. 이 과정에서 지역의 전문가들과 마을교육활동가, 교사들이 함께 머리를 맞대고 만들어내는 힘은 삶과 배움이 더불어 이루어지는 살아 있는 교육을 만들어가고 있다.

또한 위기는 우리를 단단하게 묶어주는 계기를 주기도 한다. 코로나19로 인해 사람간의 거리두기에 대응하는 함평마을학교의 사람책 둘레길, 인구 감소에 대응하기 위한 곡성의 교육재단 체계, 많은 과소지역에서 지역 주민들이 직면하게 되는 학교 통폐합이라는 지역의 문제를 함께 풀어가는 삼서면이나 묘량면의 학부모와 지역 주민들의 도전 등도 돋보인다. 여기에서 마을마다 골짜기마다 주민들의 손으로 만들어지고 있는 수많은 마을학교들의 빛나는 활동이 있었다. 지역과 학교를 지키는 어머니 같은 역할을 하고 있다. 이렇게 지역사회에서 돌봄과 지원을 받고 자란 다음 세대들의 삶은 어떠할까. 그들의 장래와 지역의 미래가 기대된다.

그러면 마을교육공동체의 지향점은 어디일까. 전남의 실천에서 알 수 있듯이 지역이 스스로의 삶을 결정하는 교육자치 구조를 만들어야 한다. 순천에서는 지역 주민들의 교육 협의 구조로서 교육민회(敎育民會)를 제시하였다. 전남 전역에 퍼지는 교육자치회나 교육대토론회 등도 이러한 움직임이다. 이는 현재 한국 교육의 한계인 교육 논의에서 국가 독점으로 인해 지역의 교육적 관점이나 의견이 부정되거나 배제되는 상황을 극복하기 위한 것이다. 지역 주민들이 스스로 교육 공론장을 결성함으로써 근본적인 주민 교육자치의 토대를 구성한다.

주민 교육민회의 구성은 마을교육공동체 실천 구조를 만드는 것으로 교사와 주민, 행정이 협력하는 공적 논의 테이블을 만드는 것이다. 더불어 성장하는 지역교육생태계 구축 목적을 위해 좋은 교육에 대한 새로운 시민적 합의를 만들고 있다. 이는 관의 지원만으로 움직이는 사업이 아니라 주민 차원의 역동성으로 움직이는 활동이 되기 위한 토대를 마련하는 것이 지역에 던져진 우리 모두의 과제인 것이다.

이 책을 통해 전남에서 지금 벌어지고 있는 새로운 교육의 실천에서 학생자치공동체, 교사 전문적학습공동체, 마을과 동행하는 마을교육공동체 각 주체들의 협동의 힘을 확인할 수 있다. 이 책을 통해 우리는 "마을의 가치, 학교와 같이"에 좀더 가까워졌다. 더 나은 세상을 위한 더 좋은 교육의 가능성을 함께 만들어갈 수 있는 계기가 되길 기대한다.

– **양병찬** 마을교육공동체포럼 공동대표, 공주대 교수

가고 싶은 학교를 만들고, 살고 싶은 마을을 만드는 것은 우리가 꿈꾸는 미래이자 마을교육공동체 활동의 궁극적인 목표입니다. 이 책에는 마을 현장에서 아이들을 잘 기르기 위해 고민하고 실천하신 분들의 노력이 고스란히 담겨있어 같은 고민을 하시는 분들에게 소중한 자료가 될 것입니다. 마을의 생태가 교육과정이 되고 학생들의 제안이 정책이 되는 지역사회! 상상만으로도 저의 가슴을 뛰게 하는 일입니다. 지금 이 순간에도 우리 아이들의 성장을 위해 헌신하시는 선생님들과 마을 주민 분들께 감사와 존경의 박수를 보냅니다.

– 허석 순천시장

책을 읽는 내내 학교와 지역이 함께 하느냐 마느냐의 그 아슬아슬한 긴장감으로 애가 탄다. 단 하나의 목표, 우리 지역 아이들을 잘 키우기 위해 그 위험한 경계선을 곡예 타듯 넘어온 사람들의 이야기이다. 우리가 다음 세대에게 무엇을 남겨줘야 하는지 그 답을 알려주었다. 이들의 이야기를 담아줘서 고마울 뿐이다.

– 고원형 아름다운배움 대표

전남의 마을교육공동체 이야기를 간혹 듣기는 했는데, 이 책에서는 전남 마을교육공동체가 그동안 무엇을 고민했고, 무엇을 실천했는지, 무엇을 얻었는지를 지역별로 세세하게 정리하고 있다. 마을교육공동체의 필요성과 문제의식에 대해서는 누구나 공감하지만, 각론으로 들어가서 그것을 어떻게 만들어갈 것인가는 간단한 문제가 아니다. 저자들은 전남의 특성과 고유성을 반영하여 거버넌스, 중간지원조직, 협력, 마을교육과정, 정책지원, 리더십 등을 담아 문서가 아닌 삶과 지역과 학교에서 작동할 수 있는 마을교육공동체의 실제를 다루고 있다. 각자 처한 공간에서 다른 이야기를 하고 있지만 동일한 철학이 흐르고 있다. 마을교육공동체를 소중히 일구어온 그간의 과정을 기록과 기억, 자료, 이야기로 소중하게 복원해준 저자들에게 깊은 경의를 표한다.

– 김성천 한국교원대 교수, 교육정책디자인연구소장

민·관·학이 협력하여 만들어가는 마을교육공동체를 기록하고 공유하고 전하는 것의 중요성은 아무리 강조해도 지나치지 않습니다. 그런 점에서 이 책자의 발간은 타 지역에도 귀감이 아닐 수 없습니다. 귀중한 자료이자 교재로 널리 사용될 것이라 확신합니다. 출간을 축하드립니다.

– 김태정 인천광역시교육청 마을교육지원단 전문관

진즉부터 전남의 변화를 눈여겨봤지만, 이 책을 보고 눈이 휘둥그레졌다. 전남은 마을교육공동체에 상대적으로 다소 늦게 참여했지만, 그 과정과 결과는 여타의 지역과 사뭇 다르다. 마을교육공동체는 학교와 마을이 손잡고 아이를 함께 키우는 것이지만 결국 사람 사이의 관계를 회복하는 일이다. 이 책은 사람이 사람에게 어떻게 손을 내밀고, 어떻게 마을을 열 것인지 그 과정을 매우 소상히 담고 있다. 이 책에 담긴 전남 사람들이 만들어온 길은, 새로 그 길을 걸어갈 다른 지역과 사람들에게 매우 훌륭한 이정표가 될 것이다.

– **추창훈** 전북 군산 옥구중&한들고 교장

학교가 미래를 준비해야 한다는 목소리가 크다. 학교 공간을 혁신하고 소프트웨어, AI를 교육한다. 최근에는 온통 에듀테크와 메타버스 이야기다. 그런데 막상 아이들의 마음에 다가가는 일은 중요하게 다뤄지지 않는다. 마을교육공동체는 아이들의 마음에 다가가는 정책이자 운동이다. 아이들의 마음에 다가가기 위해 마을이라는 좁은 지역에서 구체적인 변화를 이끌어가는 학교와 마을 사람들의 스토리는 절대로 작은 이야기가 아니다. "마을의 가치, 학교와 같이"를 만드는 전남마을교육공동체야말로 우리가 만들어가야 할 미래다. 이 책을 읽으면서 미래학교가 AI와 그린스마트교실에 갇혀서는 안 되겠다는 생각을 하게 된다.

– **이승훈** 공릉 청소년문화정보센터장

아이들 교육에 가장 중요한 것은 무엇일까?

지금의 방식으로 우리 아이들이 잘 배울 수 있을까?

아이들의 배움은 언제, 어떻게 일어나는가?

유의미한 학습 경험은 반드시 학교에서만 가능한 것인가?

미래 사회에 적합한 아이로 성장시키기 위해 우리는 무엇을 준비해야 할까?

2015 개정 교육과정에 이어 2022 개정 교육과정은 미래 사회의 주인공이 될 우리 아이들에게 무엇을 어떻게 가르칠 것인가에 대한 물음에서 출발한다. 4차산업혁명이 가속화되고 학령인구가 급감하는 교육환경의 큰 변화 속에서 자기 주도성을 기르고 삶과 연계한 미래 역량을 갖춘 인재를 양성하는 교육과정이 필요하다. 아이들이 삶 속에서 경험하는 것들과 학습이 통합되어 이루어질 수 있도록 지역과 학교가 만나 머리를 맞대야 한다. 아이들은 자신이 태어나고 자라는 곳을 알고, 지역사회 사람들과 의미 있는 관계를 맺어 배우고 실천하면서 자연스럽게 삶에 필요한 역량을 키워나갈 수 있다.

지금부터 학교와 마을이, 마을과 학교가 공동체를 이루어 아이와 어른이 함께 성장하고 있는 전남마을교육공동체를 만나보려 한다. 마을을 통한, 마을에 관한, 마을을 위한 교육을 통해 공동체를 회복하고 희망을 만들어가는 사람들의 이야기가 펼쳐진다.

이 책은 전남의 마을교육공동체 안에서 실천적 삶을 살고 있는 9명의 저자들이 함께 썼다. 교사, 마을교육활동가, 중간지원조직 센터장, 교육장까지 다양한 이력과 스펙트럼을 지닌 이들이지만 누구보다 마을을 사랑하고, 전남의 아이 한 명 한 명을 귀하게 여기며 성장하고 있는 '사람들'이다. 마을교육공동체에 대한 이론과 용어 풀이나 타지역 및 외국의 사례가 아닌 전남의 특수한 교육환경을 극복하고 교사, 학부모, 지역사회와 연대하며 하루하루 성실하게 마을교육공동체를 가꾸어온 경험을 기록했다.

이 책은 크게 4부로 구성되어 있다. 1부에서는 학교에서 마을로, 마을에서 학교로 넘나들며 교사와 학부모, 마을교사가 좀처럼 구분되지 않는 이들의 삶이 담백하게 그려진다. 2부에서는 한 걸음 더 나아가 오랜 시간 학교교사와 마을교육활동가, 생태환경전문가들이 함께 발로 뛰고 서로 가르치고 배우며 세상에 단 하나밖에 없는 우리 지역만의 마을교육과정을 만들어가는 모습이 생생하게 전해진다. 3부에서는 지역교육생태계를 구축하기 위해 지역에 있는 교육주체들을 연결하고 조율하는 중간지원조직을 만들어 자치와 협력을 시도하는 사람들의 이야기를 풀어낸다. 4부에서는 코로나19 이후 가장 안전한 배움터로 자리매김하고 있는 전남마을교육공동체의 역사와 나아갈 방향을 도교육청의 시선으로 짚어본다.

마을교육공동체에 관한 책이 많지만 전남의 이야기를 담은 책은 이번이 처음이다. 이 책에 담긴 전남마을교육공동체의 실천 내용은 빙산의 일각일 뿐이다. 이 책을 시작으로 제2, 제3의 전남마을교육공동체 이야기가 이어지기를 바란다. 안전하고 지속 가능한 지역교육생태계를 만들기 위해 끊임없이 수정하고 보완하면서 고민하고 실천한 기록들이 공유되고 공론화되어 더 많은 이들이 함께할 수 있기를……

목차

1부

학교가 마을이 되고
마을이 학교가 된다

학교는 섬이 아니다

김정애(전 삼서온마을교육공동체 대표) ——————————

지역 학부모들이 자발적으로 모여 멋모르고 시작한 '마을학교'는
내 삶을 적극적으로 바꾸고 우리 모두에게 공동체의 삶을 알게 해주었다.
저마다 주어진 상황과 역할의 차이도 있었지만 이를 극복하고 서로 격려해가며
아이들이 행복하고 어른들은 즐거운 마을을 함께 만들어가는 중이다.
'마을학교', '마을교육공동체'는 우리 삶의 한 부분이 되어 살아가고 있다.

장성삼서중학교, 6년의 드라마

학교는 혼자 떨어진 외딴 섬처럼 세상과 동떨어진 독립 존재가 아니다. 학교는 사회와 함께 성장하고 사회와 함께 발전하지만, 사회와 함께 쇠퇴하고 소멸하게 된다. 농촌에 인구가 줄어들고 학생이 감소하면 상급학교 진학도 인근 큰 학교나 도시에 있는 학교로 진학하게 된다. 이는 결국 학교가 문을 닫게 되는 상황으로 이어진다.

장성삼서중학교 학생 수 30명인 학생과 학부모에게도 인근 중학교와 통합 여부를 묻는 설문 조사가 해마다 진행되었다. 학교를 살려보겠다고 나선 학부모들과 교사들이 소통하고 협력한 지난 6년의 시간은 장성삼서중학교가 전남 미래형 혁신학교로 성장하는 데 큰 힘이 되었다. 돌이켜 보면 모두의 헌신과 노력이 만들어낸 결과이기에 한 편의 드라마와 같은 감동이 있다.

● 전국 제1호, 귀농귀촌 농어촌뉴타운 장성드림빌 마을

2012년 2월 장성 삼서면에는 농어촌뉴타운 200세대가 완공되어 귀농, 귀촌을 꿈꾸던 많은 도회지 사람들이 입주하게 되었다. 30대부터 50대 후반까지 비교적 젊은 청장년층으로 구성된 200세대의 마을이 삼서면에 만들어지며 자연스럽게 삼서초등학교와 삼서중학교 학생 수가 늘어났다. 매년 통폐합 위기에 놓이던 장성삼서중학교가 전남혁신학교로 지정되기까지에는 농어촌뉴타운 조성이 한 몫을 톡톡히 했다.

해가 다르게 농촌 마을 인구가 줄어들고 있는 상황에서 양질의 교육을 제공함으로써 도농 간의 교육격차를 해소하려면 적극적인 귀농정책과 농촌인구 유입책을 지자체는 물론이고 국가적 차원에서 진행하는 것이 가

장 필요한 선결 조건일 것이다.

2012년 장성 삼서면 드림빌 마을에 입주한 주민들 절반 정도는 초등학교와 중학교 학생의 학부모와 취학 전 아동의 부모인 젊은 부부들이었다. 이들에게 가장 중요한 관심사 중 하나는 아이들에게 좋은 교육 환경을 만들어주는 것이었다. 물론 지역의 토착민들도 아이들에게 좋은 교육 환경을 만들어주고 싶었겠지만 갈수록 줄어드는 학생 수로 인해 학교가 폐교 위기에까지 몰린 상황에서 그것은 꿈같은 소리라 할 수 있었다. 그런데 새롭게 드림빌 마을에 입주한 초등학교, 중학교 학부모들과 학생들이 증가하며 상황이 달라졌다.

우리 가족 역시 2012년 부산에서 장성 삼서면으로 귀농할 당시 농어촌 뉴타운 장성 드림빌 마을을 주거지로 생각했지만, 그보다 앞서 중요시한 점은 우리 아이들이 다닐 학교를 선택하는 것이었다. 이는 드림빌 마을을 선택한 젊은 학부모들도 공공연하게 하는 이야기들이다.

운동장 초입에 자리잡은 벚나무에 꽃이 활짝 피어있던 모습이 인상적이던 삼서초등학교는 작고 아담하여 왠지 정감이 갔다. 그리고 작은 학교라는 장점은 우리 아이들이 건강하고 즐겁게 학교생활을 할 것이란 기대감을 주었기에 주저 없이 선택할 수 있었다. 삼서초등학교는 학생 수가 적

▲ 삼서초등학교 전경

은 시골학교 장점을 최대한 살려서 다양한 교육프로그램과 체험활동 등 혜택을 받을 수 있었고 교우관계 또한 좋아서 왕따나 학교폭력 없이 선후배끼리, 동급생끼리 가족처럼 지낼 수 있었다. 특히 삼서초등학교 학부모 상당수는 장성드림빌 단지에 입주한 이주민들로 교육열은 높은 반면 성적보다는 인성을, 경쟁보다는 협력과 화합을 중요시해 학부모회 참여나 학교활동에 상당히 적극적인 편이었다. 운동회나 예술제 때 간식을 나누거나, 학생들이 직접 재배한 배추로 아이들과 김장 체험을 하는 등 학부모회를 중심으로 많은 학부모들이 활발하게 활동하였다. 그러던 중 2014년 삼서초등학교가 무지개학교로 선정되면서 학부모와 학교의 소통과 협력이 더욱 활발해지기 시작하였다.

그러나 삼서초등학교와 장성삼서중학교에 자녀를 동시에 보내는 학부모 중 상당수는 상급학교 진학에 대한 고민이 많았다. 삼서초등학교 바로 옆에 장성삼서중학교가 있어도 초등학교 졸업생들은 인근 삼계중학교나 광주로 진학을 해 장성삼서중학교 학생 수가 줄어들었다. 그러다 보니 정작 장성삼서중학교에 보내고 싶어도 적은 학생 수로 인한 교우관계나 학력 저하에 대한 우려 때문에 더욱 밖으로 빠져나가는 상황이 발생하였다.

더욱이 당시 교육지원청에서는 학생 수 60명 이하인 소규모 중학교 4곳을 통폐합하여 적정규모 기숙형 공립중학교로 설립하겠다는 운영계획을 내놓아 학부모, 일부 지역민들과 갈등을 빚기도 하였다. 교육지원청은 "약수중, 장성북중, 신흥중, 장성삼서중 등 소규모 학교들의 통폐합 과정을 거쳐 적정규모 기숙형 공립중학교가 장성지역에 설립되면 교육예산의 효율적 운용과 사교육비 완전 해소, 학력 향상과 인성교육, 다양한 방과후 학교 교육프로그램 운영 등으로 학생, 학부모가 만족하는 학교가 될 것"이라고 주장했다.

다행히도 삼서초등학교 학부모와 다수의 지역민들이 반대하여 장성삼서중을 제외한 3개 중학교의 통폐합으로 기숙형 공립중학교인 백암중학교가 2014년 3월 개교하게 되었다. 이런 과정을 거치며 학교가 마을의 중심지로 지역사회에 얼마나 중요한지 인식하게 되었다. 하지만 이후 학교는 마을을 위해, 마을은 학교를 위해 서로 상생할 수 있는 여러 과제를 어떻게 해결할지 고민을 안겨준 계기가 되었다.

● 학부모와 교사가 함께 만드는 학교

현재 장성삼서중학교는 학교와 그 학교가 속한 지역이 어떻게 서로 소통하고 교류하며 발전하는지를 보여주는 좋은 본보기가 되고 있다. 삼서초등학교가 2014년, 장성삼서중학교가 2018년 무지개학교[1]로 지정되기까지의 시간과 노력은 2017년 삼서온마을학교의 설립으로, 2019년 삼서온마을교육공동체 발족으로까지 이어지는데 이 모두는 학부모와 교사의 소통과 교류의 결과물이다.

학교를 운영하고 그 학교의 독특한 문화를 만들어나가는 주체는 당연히 그 구성원인 학생과 교사, 그리고 학부모이다. 장성삼서중학교를 통폐합 논의에서 살리긴 했으나 여전히 해마다 받아드는 통합설문에서 흔들리지 않기 위해 삼서초등학교와 장성삼서중학교 학부모들은 적극적으로 학교 활동에 참여하였고 학교에서는 학부모들의 교육참여활동을 적극 보장하며 지원하였다.

2014년 장성삼서중학교 운영위원회는 학부모와 교사의 의견을 수렴하여(다소 진통은 있었지만) 교장공모제를 추진하기로 결정하였다. 그 결

---

1 무지개학교: 전남혁신학교의 이전 명칭

과 2015년 공모교장으로 이○○ 교장이 부임하게 되면서 학교의 혁신과 변화의 바람이 일게 되었다. 이때부터 필자도 학부모회장과 운영위원장을 겸임하면서 학교 활동에 본격적으로 나서게 되었다.

학교 문턱이 닳을 만큼 드나들면서 학부모회 사업을 논의하고, 학부모들의 교육 참여 활동의 방법과 내용을 교사들과 협의하였다. 교장선생님의 조언과 협조로 학부모 교육 참여 활동 및 학부모 독서 활동 지원사업을 신청하고 진행하면서 학부모들 간 소통과 화합, 협력을 이끌어내는 큰 역할을 할 수 있었다.

무엇보다 다행인 것은 사업에 대한 행정적, 실무적 능력이 부족한 학부모들이 감당하기엔 버거운 서류작업, 예산처리 등과 같은 부분은 선생님들의 적극적인 도움과 조언이 있었다는 점이다. 이러한 도움이 없었다면 서로 힘들다고 중도에 포기했을 수도 있었을 것이다. 초기의 학부모회 활동이나 마을학교 활동은 상당 부분 학교 주도로 운영이 되는 상황이었다.

그럼에도 불구하고 학부모회에 학부모들이 보인 적극성은 학교를 살리려는 한마음이다. 무엇보다 아버지들의 참여와 적극적인 활동은 학부모회가 더욱 활성화하고 추진력 있게 사업을 할 수 있는 힘이 되었다. 이때 학부모회 활동의 주제 역시 '소통과 화합을 위한 한마음'으로 하였다.

학부모회 사업이지만 일정, 추진계획, 실무 등 모든 내용을 학교와 공유하면서 도움을 구하기도 하고 필요한 것들을 요청하면서 모든 사업이 원활하게 진행될 수 있었다. 이 과정에서 학부모회는 점점 성장을 할 수 있게 되었고 학교는 든든한 지원군을 얻을 수 있지 않았을까 생각한다.

참여와 어울림으로 함께하는 아름다운 동행		
행복한 동행 성장하는 학부모		• 적극적인 부모역할 훈련(Active Parenting Now) 가정에서의 부모권리의 중요성, 힘이 배제된 민주주의적 가정풍토의 중요성, 부모, 자녀간 상호존중과 사랑의 감정을 싹트게 하는 부모, 자녀간 대화법 • 뚜딱뚜딱 목공예교실(9월)
교육의 주체 가 된 학부모	자녀와 아름다운 추억 만들기	자녀와 함께 소통하여 행복감을 향상시켜주며 긍정적인 애착 형성의 기회 제공 • 1박2일 한마음 캠프 • 졸업여행 • 아빠에게 배우는 목공예
	자녀와 함께하는 아름다운 동행	• 뮤지컬 관람 부모와 자녀가 함께 문화적 공감을 형성하고 소통하는 소중한 기회로 제공, 학교와 연계하여 진행 • 자녀와 함께 책방 나들이 및 영화관람 부모와 자녀의 유대감을 증진시키고 서로의 생각을 이해할 수 있는 소통의 기회 제공 • 가족 스포츠데이 - 야구장 관람
나눔을 실천하는 학부모	김장과 반찬 나눔 알뜰장터	• 본교 학생 중 소외계층과 돌봄이 필요한 학생에게 비공개로 반찬과 김장김치를 제공함 • 김장체험과 함께 지역 어르신에게 김장김치 나눔 • 각 가정에서 사용하지 않는 물건, 쓸 만한 물건, 학부모들의 수공예작품등을 모아 교환 및 판매 수익금은 전액 장학금으로 기부
학부모 독서동아리	잔디골 랑방	• 목적 : 학부모들이 공통의 주제를 설정하고 책을 읽고 토론하면서 학부모간 소통과 화합의 시간 • 시기 : 매월 1회(10회) • 문학기행 (여수, 고창, 순천)

▲ 2018~2019 학부모회 활동

● 학생, 교사, 학부모가 함께하는 한마음캠프와 졸업여행

초기의 삼서온마을학교와 학부모회 활동 중 단연 백미는 학생, 교사, 학부모가 함께하는 한마음캠프와 졸업여행이었다. 2016년 7월 처음 시작된 1박 2일 한마음캠프는 학부모회 핵심 사업 중 하나로 캠프의 모든 기획과 진행을 학부모회가 전담하기로 하고 학교는 여타 실무를 지원하며, 학생은 프로그램에 적극적으로 참여하였다. 학부모, 학교, 학생이 각자 맡은 역할을 충실히 수행하면서 모든 행사가 진행되었다. 첫 회에는 학부모 90%가 참여하여 개교 이래 장성삼서중학교가 가장 들썩인 날이 아니었을까 싶다.

캠프는 금, 토 1박 2일로 진행되었다. 금요일 방과 후에 아빠들은 야간에 있을 캠프파이어를 위해 모닥불과 불글씨를 준비하고, 엄마들과 선생님들은 저녁 식사 준비를 했다. 아버지들의 재능 기부로 만들어진 멋진 고기 불판에 삼겹살과 소시지를 구워 맛있게 식사하고 본격적인 저녁 활동에 들어갔다.

학생들이 장성청소년상담센터 선생님들과 함께 레크리에이션으로 즐거운 시간을 보내는 동안 학부모들은 좋은 부모가 되기 위한 부모역할 교육을 받았다. 밤 10시 30분, 첫날의 모든 일정을 마치고 운동장에 준비된 모닥불로 캠프파이어를 진행하였다. 캠프 캐치프레이즈 불글씨에 점화식

을 하면서 캠프파이어를 본격적으로 시작했다. 불글씨가 활활 타올라 참가자 모두의 마음을 하나로 모으고 학부모, 학생, 선생님이 돌아가면서 자기 소감을 얘기하다 보니 어느새 참가자들의 가슴엔 감동이 차올랐다. 학교는 작지만 큰 즐거움과 행복을 느끼며 학교생활을 하고 있다는 것, 그리고 학생, 교사, 학부모들이 이렇게 함께 있다는 것에 충분히 감사함을 느낄 수 있는 시간이었다.

책걸상을 치운 교실 바닥에서 학부모들은 함께 1박을 보냈고, 아이들의 웃음소리와 잡담은 밤이 깊은 줄 모르고 이어졌다. 선잠에서 깼지만 즐겁기만한 다음날 아침, 아빠와 아이들이 함께하는 조기 축구는 승패를 초월해 서로가 몸으로 부대끼며 마음까지 하나가 되는 즐거운 시간이었다. 간단한 샌드위치로 아침 식사를 하고 스피드 퀴즈, 알까기 등 게임으로 또한번 즐겁고 행복한 시간을 만끽했다. 1박 2일간 진행된 캠프는 참가자 전원이 소감을 나누면서 마무리되었다. 이렇게 부모와 자녀가, 학부모와 교사가, 학생과 교사가 정서적 교감을 나누고 아름다운 성과를 남기는 한마음캠프는 장성삼서중학교의 전통 행사로 자리매김하게 되었다.

2016년 1회를 시작으로 2019년 4회까지 쭉 이어진 한마음캠프는 코로나19 확산으로 2020년부터 2년 연속 진행되지 않아 너무나 안타깝다. 학부모가 주체가 되고 학교는 든든한 지원자가 되어서 진행한 장성삼서 중학교 한마음캠프는 무엇보다도 교사와 학부모가 서로 믿고 협력하는 동반자적 관계가 될 수 있게 만들어주었다.

● 학부모, 사제동반 지리산 노고단 졸업여행 (2016년 12월)

학부모회가 기획하고 추진한 또 하나의 핵심 사업은 졸업여행이다. 3년
간의 중학교 시절을 되돌아보고 더 나은 고등교육을 받기 위한 계획을 세
우며 부모와 함께 나머지 학창시절도 멋지고 활기차게 보내겠다고 다짐
하는 아름다운 추억여행이 되도록 계획된 활동이다.

지리산 노고단까지 오르는 일정으로 사전에 체력훈련은 물론 안전사고
에 대비하는 구체적인 계획까지도 마련했다. 수차례 학부모회에서 논의
하고 학교와 협의를 거쳐 마침내 성사된 지리산 노고단 등반은 눈 내리는
악조건에서도 참가 학생들 전원이 정상에 오를 수 있었고, 과정은 힘들었
지만 모두 해냈다는 자신감과 끝까지 함께였다는 가슴 벅찬 감정을 느낀
소중한 경험으로 회자되고 있다.

사제와 학부모가 함께한 단체여행에서 첫눈을 맞으며 모두 신나고 즐
겁던 순간, 눈 내리는 노고단 대피소에서 컵라면과 함께 먹은 차가운 김
밥, 모두에게 평생토록 잊히지 않을 추억거리가 될 것이 분명하다.

이처럼 한마음캠프와 졸업여행 등 학부모회 사업과 학교교육활동에 참

여하는 과정에서 축적한 경험과 성과들은 학부모들을 성장하게 하였다. 뿐만 아니라 교사와 학부모 간의 상호신뢰를 바탕으로 의기투합하는 과정은 새로운 교육과정을 개발함은 물론 자발적이고 협력적인 학교문화를 형성하는 데 크게 기여했다고 평가한다.

삼서온마을학교, 온 마음으로 함께 열다

지금껏 장성삼서중학교 학부모회 활동을 상세히 언급한 이유는 바로 장성삼서중학교를 살리고자 한 학부모, 교사들의 노력과 그 과정에서 얻은 성과들은 마을과 지역사회에 장성삼서중학교를 지켜야 한다는 여론이 자연스레 만들어지고 그 방법을 고민하게 했기 때문이다.

마침 2016년에 전남도교육청에서 마을학교 설명회를 개최한다는 소식에 장성삼서중학교 교장선생님과 삼서초등학교, 장성삼서중학교 학부모회 및 운영위원장이 참석하였다. 마을학교에 대한 이해가 전혀 없는 상태에서 참석했지만 설명회 자리에서 '탁'하고 무릎을 치게 만든 것은 학교는 마을을 위해, 마을은 학교를 위해 서로 상생할 수밖에 없다는 것이었다. 그래서 돌아오는 차 안에서 장성삼서중학교 교장선생님과 삼서초, 장성삼서중 학부모회장들은 마을학교를 시작해보자고 결심하였다.

우리가 쉽게 결심할 수 있었던 것은 작은 학교를 살려야 한다는 사명감 때문이었다. 더 이상 인근 큰 학교로, 광주로 학생을 뺏기지 말아야겠다는 절박함, 그러자면 학교는 물론 지역사회에서 여론을 만들고 그에 맞는 활동을 만들어가야 한다는 요구, 무엇보다 학교와 학부모들의 소통과 협력이 잘 되고 있던 상황이었기에 이 모든 조건이 마을학교를 시작하게 하였다. 그래서 2017년 장성에서 최초로 마을학교를 시작, 예비마을학교로 삼서온마을학교가 출범하게 되었다.

● 2017년 삼서온마을학교 시작을 알리다

2012년~2013년에 학교 통폐합 위기에 내몰리며 폐교까지 논의되던 학교가 공모 교장을 중심으로 학생, 교사, 학부모가 작은 학교 살리기를 위해 소통하고 협력하면서 '배움, 키움, 나눔으로 꿈과 끼를 실천해나가는 모두가 행복하고 즐거운 학교'로 변화한 2017년. 장성삼서중학교가 장성에서 작은 학교 살리기의 좋은 본보기가 되는 학교로 소문이 나게 되자, 자연히 삼서온마을학교 출범에도 많은 관심이 모아졌다.

　삼서초등학교, 장성삼서중학교 학부모 5인으로 구성된 삼서온마을학교 운영진은 가장 먼저 삼서온마을학교의 출범을 마을은 물론 장성 관내에 널리 알리는 것부터 시작하였다.

　2017년 5월 관내 기관 단체장들과 교사, 학부모들을 초청, 삼서온마을학교 설명회를 통해 마을학교가 무엇인지, 왜 마을학교를 하려고 하는지, 마을학교는 어떤 활동을 하는지를 처음으로 공유했다. 지역 학교를 살려보겠다는 학부모들의 강한 의지에 분위기는 숙연해졌다.

　이처럼 삼서온마을학교는 우리가 사는 마을에서 우리 아이들이 행복한 학교생활을 이어갈 수 있도록 하자는 학부모들의 열정에서 출발해 지역사회가 학교와 함께 성장하고 살기 좋은 문화마을을 만드는 것을 목표로 출범을 준비했다.

● 삼서온마을학교 출범을 선포하다

선포식을 준비하면서 가장 먼저 홍보에 주력하였는데 초청장을 만들어

▲ 2017년 5월 삼서온마을학교 설명회

장성군, 장성교육지원청, 삼서면사무소, 삼서면이장단협의회, 삼서면청년회 등 지역 기관, 단체들을 직접 순회하면서 마을학교를 설명하고, 선포식에 참여해 축하해 줄 것을 독려하였다. 마을학교에 대해 이해는 부족하지만 학부모들이 마을과 학교를 위해 헌신하고 열정을 보이는 모습에 많은 관심이 집중되었다.

2017년 7월 15일 토요일, 폭우가 쏟아지는 속에서도 장성부군수, 전남도의원, 장성군의원, 장성교육지원청 교육장 등 기관, 단체의 대표 및 관계자들이 참석해 삼서온마을학교의 출범을 축하해 주었고, 재정지원이 약속된 선포식이 성공적으로 진행되었다.

선포식을 시작으로 삼서온마을학교의 활동이 본격화되었는데 운영진 모두 전무한 경험에서 맞닥뜨린 사업이다 보니 처음에는 학생, 주민들 대상 프로그램을 나열식으로 계획하고 진행하는 데 급급했다. 그러나 점점 아이들만을 위한 활동 외에도 학부모와 지역주민이 함께할 수 있는 공예, 생활체육 프로그램 등을 마련하여 마을학교를 알리는 것을 기본으로 하면서 마을학교로 주민들을 모이게 하여 자연스레 학교와 마을을 연결하는 디딤돌 역할을 하게 되었다.

전에 없던 마을학교가 생겨 주민이 하고 싶은 문화활동을 할 수 있다는

자체로도 주민들 사이에선 반가운 일이었던 듯하다. 이렇게 마을 속으로 자연스레 마을학교가 스며들고 있었다.

2017년에는 자율마을학교 단계로 활동가들조차 마을학교에 대해 이해가 부족하고 실무능력 또한 갖춰지지 않은 상태였다. 그래서 학교에 대한 의존도가 높아 모든 일정과 계획을 학교와 협의하고 행정적 지원을 받아 운영하였다. 그런데 프로그램과 필요에 따라 학교와 협의하는 구조이다 보니 학교 일정 중간에 프로그램 일정이 끼어들거나, 없던 계획을 만들게 되는 상황이 발생하는 경우도 있었다. 그러나 학교에서는 항상 긍정적으로 수용하고, 마을학교의 원활한 운영을 위해 아낌없이 지원했다. 삼서온마을학교의 특징이자 큰 장점인 교사와 활동가들 간 상호신뢰를 바탕으로 한 협력적 관계가 두터웠기 때문에 가능했다고 생각한다.

● 학교교육과정과 적극적으로 결합하다

2018년에도 마찬가지로 학교와 마을의 협력적 관계는 두터우나 여전히 일상적이고 정례적인 운영시스템을 마련하지 못한 점이 개선해야 할 우선 과제로 남았다.

2015년부터 공모 교장을 시작으로 변화하고 혁신하는 삼서초등학교, 장성삼서중학교와 작은 학교 살리기에 진심인 학부모들의 열정이 만들어낸 삼서온마을학교는 우리 아이들이 즐겁게 학교생활을 할 수 있는 이 마을이 살기 좋은 마을이라는 것을 알아가게 해주고 있었다. 시작은 미비했으나 과정은 열정적이었고 미래는 충분히 행복할 수 있음을 알게 해준 시간이 2018년까지 활동의 큰 성과가 아닐까 한다.

2019년 장성삼서중학교의 두 번째 공모 교장으로 박○○ 교장선생님이 부임해오면서 마을학교와의 협력적 관계도 더욱 성숙되었다. 사업별, 사안별로 협의하던 구조에서 매월 1회 월례회로 삼서초, 장성삼서중 교원과 활동가들이 정기적으로 모였다.

월례회에서는 마을학교 활동계획과 일정을 검토, 결정하면서 이를 학교 교육과정과 연계하였다. 특히 마을과 학교교육과정 세우기 논의 시에는 삼서초와 장성삼서중 전체 교사들이 참석해 마을학교에 대한 이해를 바탕으로 다양한 의견을 나누었다. 마을은 학교에서, 학교는 마을에서 원하는 다양한 내용을 수렴할 수 있는 중요한 시간이었다.

매월 월례회에서 논의된 내용들은 모두 마을학교 활동에, 학교교육과정에 반영되어 체계적인 활동을 만들어갈 수 있었다. 2019년 월례회에서는 삼서온마을학교의 운영 방향에 대해 가장 먼저 합의하게 된다. 운영 방향과 목표, 비전 등을 설정함으로써 마을학교가 단순히 프로그램을 운영하는 곳이 아니라 학교교육과정에 마을을 더하는 교육의 주체로 거듭나게 되었다. 그것은 마을 월례회를 통해서 '우리 지역에서는 아이들이 어떤 모습으로 성장하기를 바라는가?' '청소년과 지역주민을 대상으로 배움을 나누고자 하는 이유는 무엇인가?'에 대한 계속적인 논의를 이어갔기 때문에 가능했다. 교사든 활동가든 삼서온마을학교에 대해서라면 같은 시각에서 같은 내용으로 인식하는 것이 가장 기본이기에 모두의 합의하에 다음 내용으로 정리하였다.

이를 위해서 우리는 다음과 같은 약속도 정하였다.

삼서온마을학교 운영약속
- 협의를 통해 민주적으로 운영한다.
- 지역사회 자원을 발굴하고 실질적인 참여를 보장한다.
- 삼서초와 장성삼서중의 교육과정과 적극적으로 연계하고 협력한다.
- 전남마을교육공동체의 모델을 제시하고 마을학교 간 협력한다.

이에 기반한 마을학교 활동은 몇 가지 주제를 정하고 그 활동 주제에 맞는 여러 사업을 배치하는 방식으로 사업을 진행하였다. 단순히 사업의 나열이 아닌 목표를 정하고 그 목표를 실현하는 방식으로 창조적으로 프로그램을 개발하고 진행하고자 노력하였다. 이것이 월례회에서 논의하고 합의한 운영방향과 약속에 근거한 것이다. 이렇게 구체적으로 정립된 운영 방향과 약속으로 삼서온마을학교는 삼서온마을교육공동체로 발전할 수 있었으며 그에 맞는 계획과 프로그램을 계획적으로 추진할 수 있었다.

활동가들, 마을교사로 거듭나다

* 주제1 배움이 삶이 되고 삶이 배움이 되는 활동

목공예, 쏘잉스쿨, 찾아가는 마을학교 (마을회관 방문, 사랑의 몰래산타)

지금껏 아이들에게 마을은 가족과 살고 있는 집이 있는 곳 이상의 의미는 아니었을 것이다. 마을에 친구도 거의 없고, 하교 후 집에서 컴퓨터나 휴대폰으로 게임을 하며 하루를 보내는 것이 일상이지 않았을까. 특히 드림빌 단지에 이주하여 전학 온 아이들은 삼서에 대해 알지도 못하고, 알려고도 하지 않기에 자신이 살고 있는 마을이 어떤 곳인지 그리고 이 마을 안에서도 체험과 배움의 활동이 가능하다는 것을 알게 해주고 싶었다.

그래서 공예, 음악, 스포츠 등 다양한 분야에서 마을교사로 함께할 수 있는 인적자원을 확보하는 것이 시급했다. 학부모, 특히 인적자원이 많은 드림빌 주민 중 마을교사를 찾아 가능한 프로그램을 만들기 시작했다.

장성삼서중학교 교육과정과 연계한 아빠에게 배우는 목공예에서 아이들은 톱, 드릴, 타카 등을 직접 경험해 보면서 본인들이 사용할 의자와 해먹을 만들어내는 성과를 내었다. 쉬는 시간마다 해먹이나 의자에서 책도 보고, 친구들과 수다 떨며 논다고 학생들과 선생님들이 좋아하는 모습을 보면서 뿌듯함과 보람을 느꼈다.

드림빌 소재 바느질 공방에서 진행된 쏘잉스쿨에 참여한 초등학생 아이들은 재봉틀로 옷과 가방을 만들면서 자신의 숨겨진 잠재력을 발견할 수 있었고 작품 완성을 통해 성취감도 맛볼 수 있어서 계속하고 싶은 활동이라고 했다. 초등학생 자녀들이 직접 만든 옷을 입고, 가방을 들고 다니니 부모들도 흐뭇해하며 마을학교에 고맙다는 말을 아끼지 않았다. 그뿐만 아니라 아이들은 공동작업으로 기린 가족 패브릭인형, 방석을 만들어 학교에 기증하는 재능기부도 하였다.

이외에도 아이들이 마을을 돌아보면서 지금껏 마을을 지켜오고 돌봐온 지역 어른을 찾아 나눔과 봉사를 하는 '찾아가는 마을학교'도 운영하였다. 장성삼서중 인근 마을회관 방문 활동으로 중학생들이 조를 나눠 직접 요리한 비빔밥을 대접하였는데 마을 아이들에게 받아본 밥상에 어르신들의 감동은 얼마나 컸을까. 거기에 아이들의 재롱도 보고 함께 천연 버물리도 만들고, 꽃고무신도 만들었다. 연말에는 직접 만든 선물꾸러미를 들고 삼서온마을의 어르신들을 찾아다닌 시간은 아이들에게도 특별한 인생 경험이자 삶에서 나눔의 가치와 보람을 배우는 좋은 활동이었다.

어르신들에게도 이 시간이 얼마나 고맙고 크게 느껴졌는지 후에 주머니 쌈짓돈을 털어 아이들을 위해 써달라며 학교로 찾아오시기까지 했다는 미담이 온 마을에 전해졌다.

* 주제2 마을이 함께 참여하고 협력하는 소통의 장

마을축제, 한마음음악회, 마을벽화 그리기, 난타, 필라테스

삼서온마을학교는 도시에 비해 문화적 접촉이 적은 시골에서 나이 든 어르신과 아이들에게 다양한 문화적 영향을 주는 것이 필요하다고 생각했다. 그래서 어른들과 함께 체험하고 참여하며 협력함으로써 서로 소통하는 장을 만들고자 하였다.

그리고 일회성으로 끝나는 이벤트식이 아니라 누구든 즐길 수 있는 문화예술 행사를 꾸준히 해서 마을의 참여 문화를 형성해 보고자 했다. 2017년 삼서온마을학교 출범을 알린 선포식을 시작으로 삼서온마을축제, 한마음음악회를 해마다 진행하였다.

한마음음악회는 삼서초등학교, 장성삼서중학교 학생들의 방송댄스, 밴드 공연으로 주민들에게 웃음과 기쁨을 주고, 비보이, 힙합, 퓨전국악, 락밴드 등 전문예술인들을 초청하여 평소 접하지 못하던 공연을 볼 수 있었다. 남녀노소가 정서적으로 공감할 수 있는 감동을 마을학교가 만들어내고 있었다.

마을축제는 아이들이 기획, 준비하고 어른은 도와주는 방식으로 아이들의 자발성과 협동심을 끌어내는 데 주안점을 두었다. 학년별, 동아리별, 주제별로 조를 나누고 체험프로그램을 정하고 준비도 스스로 해내는 과정에서 아이들이 활동의 주체가 되었다. 마을에서는 먹거리, 알뜰장터, 일부 체험부스를 운영해 아이들이 축제 중 하루는 충분히 먹고 놀면서 즐길 수 있도록 하였다.

초기에 지역사회에 마을학교를 알리는 방법을 고민하면서 주민이 참여할 수 있는 프로그램부터 시작해 보고자 했다. 사전에 프로그램 선호도 조사를 하여 난타, 필라테스 수업을 운영하였는데 주민들의 관심과 참여가 높은 편이었다. 수업 첫날 삼서온마을학교에 대해 설명하고, 행사 있을 때마다 관심과 참여를 독려하다 보니 주민들에게 입소문이 나서 마을학교가 알려졌다.

마을학교의 지속가능성 여부는 지역사회의 지원과 협력에 달려 있다. 처음 시작은 작은 학교를 살려보겠다는 학부모들의 자발성이 있었지만 마을과 지역사회가 든든한 지원군이 되어주지 못한다면 금방 사그라들 것이다.

삼서온마을학교는 마을과 학교, 지역사회가 공동사업을 추진함으로써 서로 상생을 도모하고 일상적인 민·관·학 거버넌스 교육협력관계로 발전하여 마을과 학교가 연계하는 교육과정 개발까지 나아가고 있다.

2020년~2021년 삼서면사무소, 삼서면청년회, 장성삼서중학교, 삼서초등학교, 삼서온마을교육공동체가 공동 추진하는 사업으로 삼서면 해삼로 대곡교 하부 벽면, 한실마을에 벽화를 그리기로 합의하였다. 다행히 전문작가들의 참여도 이루어져 마을벽화 그리기 사업이 원활하게 추진될 수 있었다.

삼서온마을교육공동체 마을벽화 이야기

▣ 2020년 10월 30일부터 11월 1일까지 이곳 대곡교 하부 양벽에 그려진 마을벽화는 (민)삼서온마을학교, (관)삼서면사무소, (학)삼서초등학교, 장성삼서중학교가 함께 참여하고 지원하였다.

▣ 이 지역에 거주하는 임근재 화백의 지도로 진행되었으며 삼서초와 장성삼서중 학생들이 자유로운 상상력으로 캐릭터나 이미지를 디자인하거나 마을의 문화를 스토리텔링으로 재구성하였다.

▣ 자세히 보면 학생들이 전하려는 마을 이야기를 여기저기서 찾아보는 재미가 있다. 왼쪽에는 삼서초 학생들의 상상력이 담긴 다양하고 재미난 캐릭터가 있고 오른쪽에는 장성삼서중 학생들이 이 지역의 특산물인 사과와 잔디, 그리고 삼서면의 사계절을 인물과 풍경으로 묘사한 이미지가 있다. 화백의 대표 소재인 나팔꽃도 보인다.

▣ 장성의 상징인 옐로우시티 로고와 함께 그려진 노란 해바라기꽃은 학교와 마을, 지역기관 간 참여와 소통의 의미를 담고 있다.

▣ 이곳은 삼서 지역을 대표하는 상징적인 장소이자 포토존이 될 것으로 기대한다.

　　　　　　　　　　　　　　　　　　　　🖌 삼서온마을교육공동체 -

▲ 대곡교 하부 벽면(2020)

　마을벽화 사업은 지속가능한 마을 발전을 위해 학교와 마을이 함께 '실천하는' 마을공동체 사업임과 동시에 아이들이 생활 속에서 체험하는 예술 활동 참여의 기회가 되었다.

| ▲ 2021년 벽화그리기 | ▲ 대곡한실길 마을 담길(2021) |

* 주제3 따로 또 경험하고 실천하는 성장터

마을 반딧불공부방

시골 작은 학교를 바라보는 편견 중 하나가 아이들의 학습능력이 떨어진다는 것이다. 학교 이외에는 이렇다 할 학원도 없지만 평소 사교육을 지양하는 학부모들의 성향도 있어 학교 수업에 집중하는 편이다. 그러나 중학교로 진학하면서 학습 보충과 성적이 고민될 수밖에 없는 것이 현실이다. 삼서온마을학교에서는 중학생들의 영어, 수학 실력 향상을 위해 자기 주도학습 분위기를 조성하고 도와줄 공부방을 운영하였다.

학교에 물놀이장을 만들다

장성에는 바다가 없다. 설령 있다 해도 무엇보다도 농사일로 바쁜 부모님, 어려운 가정사 등으로 물놀이가 여의치 않다. 또 혹시 발생할지 모르는 안전사고 때문에 조심스럽다. 그래서 학교와 연계하여 운동장에 풀장을 만들어 더운 여름날 마음껏 물놀이를 하며 친구들과 노는 하루를 만들었다. 하루 물놀이에 큰 의미를 찾기는 어렵겠지만 아이들이 가장 기억에 남는 마을학교 활동으로 이야기하고 있다.

* 주제4 민주시민으로 더불어 성장하는 학교 밖 학교

삼서온마을학교는 선조들의 희생으로 만들어온 자랑스러운 나라에 대해 아이들이 조금이나마 생각할 수 있는 작은 활동도 준비할 필요가 있다고 생각했다. 2018년 제2회 마을학교 축제 때 진행한 알뜰장터 수익금을 소녀상건립 기금을 위한 장성지역 모금행사에 기부하여 아이들이 소녀상의 의미를 알고 기부의 기쁨도 나누게 했다. 그리고 장성의 한 교육협동조합에서 진행한 5·18광주민주화운동 기념 행사에 자원봉사자로 신청, 참여해서 주먹밥 만들기 체험을 하기도 하였다. 해마다 학교에서 5·18에 대해 배우기도 하지만 기념행사에 참여해 직접 체험해보는 것도 아이들의 민주의식을 일깨우는 데 작게나마 도움이 되지 않았을까.

* 주제5 마을학교 활동가로서 역량을 키우다

5·18역사기행, 선진지 견학, 역량강화 연수, 지역사회 워크숍

학교를 좋은 학교로 만드는 것, 마을을 좋은 마을로 만드는 것은 한 사람의 노력만으로 이루어지는 일이 아니다. 교장 이하 교사와 학부모가 서로 신뢰하고 협력해야 하며 학교와 지역이 서로 협력해야 한다. 쇠락한 지역에서 학교 혼자만 잘 되는 경우도 없으며 학교가 쇠락해지는데 지역이 발전할 수도 없다.

학교가 있다는 것은 지역이 젊고 활기차다는 것을 의미하고 학교가 사라진다는 것은 지역이 늙고 지역사회가 없어진다는 것을 의미한다. 그래서 학교를 살리는 것은 지역을 살리는 것이고 지역을 살려야 학교가 살 수

있다.

학생이 없으면 학교는 폐교할 수밖에 없다. 그러나 더 이상 폐교되는 학교를 만들어서는 안 된다. 그것은 지역의 소멸을 의미하기 때문이다. 아이들을 보내고 싶은 학교를 만들기 위해 교사, 학생, 학부모가 서로 노력한다면 그리고 지역을 살리기 위해 적극적인 귀농 귀촌 정책을 취한다면 국토의 균형발전까지는 아니더라도 마을이 사라지고 지역이 몰락하는 일은 막을 수 있지 않을까 하는 생각이다. 삼서온마을교육공동체는 쉽지 않은 길을 가고 있는 마을활동가들이 지치지 않고 같은 방향으로 함께 가기 위해서 학습과 실무능력 향상을 위한 교육과 워크숍을 진행하였다.

같은 곳을 향해 함께 걷다

● 같은 곳을 향해 함께 걷는 발걸음

해가 갈수록 삼서온마을학교는 보다 더 적극적으로 삼서초등학교, 장성 삼서중학교의 학교교육과정에 깊게 연계하고 있다. 2019년부터 '마을을 담은 교육활동 실천'을 특색교육과정으로 설정한 중학교는 삼서온마을학교와 학교교육과정의 실천적 결합을 시도하고 있다. 작은 학교 소멸의 위험성을 극복하기 위하여 학교를 둘러싸고 있는 지역 교육 생태계를 적극적으로 활용하고자 한 것이다. 학생의 '삶이 되는 교육과정과 수업'을 목표로 교육활동의 방향을 전환하고 삼서온마을교육공동체와 협력 교육과정을 운영하게 되었다. 학교가 중심이 되어 연계한 교육과정이 있는가 하면 마을학교가 중심이 되어 연계한 교육과정도 있다.

장성 선비정신 계승, 생태 숲체험이나 학교와 마을이 함께하는 독서토론 캠프, 마을활동가와 함께하는 학교 밖 전문적학습공동체, 지역의 다문화 어머니들을 초청한 문화공감 휴먼북 콘서트와 같은 프로그램은 학교가 중심이 되어 진행한 프로그램이다. 특히 이 지역에는 다문화가족 학생이 30퍼센트가 넘게 거주하기 때문에 이와 관련한 문화공감프로젝트는 해마다 내용 면에서 약간씩 변화를 주며 지역의 다문화 학생들이나 어머니들과 함께 소통하며 만들어가는 상호문화 존중 프로젝트로 진화하고 있다.

마을축제나 공부방 운영, 한마음음악회, 크리스마스에 '몰래산타' 봉사활동으로 경로당 떡국떡 나누기나 할머니 고무신 그림 그리기 등은 삼서온마을학교가 주관한 협력 교육활동으로 아이들에게 큰 울림을 주는 인성교육으로 자리잡고 있다.

2020년에 이어 올해 두 번째로 진행된 마을벽화 그리기도 학교와 마을이 연계한 중요한 교육과정이다. 2020년부터 코로나19 상황이 되면서 많은 활동에 어려움이 있었는데 다행히 이 지역은 사회적 거리두기 단계가 낮아 조심스럽게 마을벽화 활동을 할 수 있게 되었다. 마을벽화는 아이들에게 지역의 정체성과 애향심을 심어주는 좋은 교육활동이다. 특히 지역의 화가 선생님이 삼서초와 장성삼서중 수업에서 아이들의 생각을 토대로 벽화의 소재를 끌어내어 함께 벽화작업을 한다. 작년에는 지역의 임근재 화백이, 올해는 김수옥 화백이 공동작업을 해주었다.

학생들과 학부모, 마을활동가뿐만 아니라 삼서면사무소, 삼서파출소, 삼서농협, 삼서청년회, 이장단 등 이 지역 기관들이 모두 관심을 가지고 현장에 나와 협력하고 응원해 주었다. 장성교육지원청의 적극적인 지원도 있었다. 마을벽화를 통해 민·관·학의 협력문화가 자리잡고 있다.

이렇듯 삼서온마을학교와 학교가 같은 곳을 향해 서로 협력하며 함께 가는 발걸음은 무게도 느껴지지만 즐거운 동행이기도 하다. '다름을 존중하고 모두가 주인으로 성장하는 삶을 추구'하는 삼서온마을학교는 '따뜻한 가슴으로 행복한 학교'를 추구하는 삼서초등학교나 '존중하고 협력하며 함께 성장하는 삶을 추구'하는 장성삼서중학교의 철학과 통한다.

학교와 마을학교, 지역이 함께 어우러진 삼서온마을교육공동체는 다른 마을교육공동체에서는 볼 수 없는 강점이 있다. 마을의 활동가들이 주체적으로 마을교육공동체의 일을 추진해 간다는 점이다. 학교가 주도하고 마을이 따라오는 것이 아니고, 아이들의 성장을 위한 지원을 스스로 찾아 실천하는 자발적인 동력을 가지고 있다. 이 동력은 삼서온마을학교가 그동안 걸어온 역사를 통해 만들어졌고 바로 이러한 자발적인 동력이 마을 활동가 스스로의 역량도 키워내고 있다고 자신한다.

마을교육공동체를 위해 학교가 기꺼이 지원하고자 하는 의지가 있다는 것도 다른 곳에 비해 매우 좋은 여건을 갖고 있다고 말할 수 있다. 지금이 있기까지 어려움도 많았지만 초·중·마을이 함께 유연하고 열린 마음으로 아이들의 성장을 위한 교육과정을 논의하는 장을 만들어가고 있다는 점에서 매우 기쁘다.

● 마을과 학교가 함께 만들어가는 삶터공감 프로젝트

2021년부터 미래형 혁신학교 교육과정을 운영하는 장성삼서중학교는 구성원이 모두 주인이 되는 학교, 역량 향상을 통해 함께 성장하는 학교, 존중하고 협력하며 즐거운 학교를 운영원칙으로 세우고 이를 실천하기 위해 학생이 주인이 되는 학생자치공동체, 학생 성장 지원시스템인 전문적학습공동체, 마을과 동행하는 마을교육공동체 시스템을 갖춰가고 있다.

학교가 지향하는 이러한 철학은 마을학교를 활발하게 운영할 수 있는 원동력이 되고 있다. 특히 '학생 삶의 역량을 어떻게 실제 교육과정으로 연결할 것인가'를 고민하는 미래형 혁신학교를 운영하면서 지역 교육과정을 개발하고 실천하는 데 중점을 둔 특별한 교육과정인 삶터공감 프로젝트를 운영하고 있다. 이 프로젝트는 1학년 자유학년제 주제선택으로 '삶터공감', 2, 3학년 일반학기 연계교과 주제로 '삶터친구', '삶터살이'를 설정하여 학생들이 주도해서 진행하는 지역 연계 프로젝트이다.

올해 중점적으로 교육활동을 전개하고 있는 이 삶터공감 프로젝트를 위해 학교 선생님들이 전문적학습공동체에서 공동연구 과제로 설정하여 운영하고 있다. 특히 올해에는 학생의 주도적 참여를 살리는 프로젝트로 운영하고자 노력하고 있다.

삶터에서 다양한 모습으로 살고 있는 주민들에게 강의를 듣는 '삶터공감 릴레이 토크' 프로그램을 통해 학생들은 이 지역 사람들이 살고 있는 모습이나 그들이 가지고 있는 생각을 알아간다. 이 지역에는 드림빌이라는 귀촌 마을과 함께 토박이 마을 사람은 물론이고 이 지역을 떠났다가 다시 돌아온 지역 사람들을 중심으로 너무나 다양한 모습의 사람들이 살고 있기에 이 프로그램은 매우 의미 있는 일이라고 생각된다. 삼서온마을학교 활동가들은 이 프로젝트에 적극적으로 참여함으로써 마을강사로 성장하고 있다. 그동안 삼서온마을학교가 이루고자 한 것들을 학교가 보다 더 적극적으로 운영하고 있는 대표적인 사례라고 생각된다.

이제는 학생들에게도 익숙해진 '삶터'의 개념이 미래사회를 준비하는 학생들에게 직업탐색의 기회가 되고 있고 또한 새로운 길을 열어가는 실마리가 되고 있다는 점에서 보람을 느낀다.

● 학교와 마을이 함께 쓰는 복합문화공간 만들기, '너른터 프로젝트'에 참여하다

2019년 교육부의 학교공간혁신 사업이 전국적으로 시작되었다. 마침 마을학교 사무실이나 반딧불 공부방을 운영할 마땅한 공간이 없어 공간을 확보하기 위해 애쓰던 참이었다.

장성삼서중학교에서 이 사실을 알고 큰 프로젝트를 함께 준비해주었다. 당시 드림빌에서 공부방을 운영하는 것이 자칫하면 드림빌만의 마을학교라는 인상을 줄 우려가 있어서 삼서면 소재지에 마을학교 공간이 준비된다면 이 지역 전체를 아우르는 마을학교로 거듭날 수 있기를 희망한다고 마을학교 활동가들이 고민을 털어놓은 적이 있다. 선생님들은 그 말을 매우 의미 있게 받아들여 마을학교와 학교 공간을 함께 쓰는 프로젝트를 기획하게 되었다고 했다.

당시 체육관이 없어 삼서초 체육관을 함께 사용하던 중학교는 간이 체육을 할 수 있는 공간이 필요했고 마음 울림 공연을 통한 인성교육을 중요하게 생각하고 운영해온 학교는 삼서온마을학교에서 추진해온 음악회를 비롯해 다양한 영화, 공연 등을 마을과 학교가 연계하여 진행할 수 있는 공간이 필요함에 공감했다. 이러한 여러 가지 요구가 모여서 교육부 공모에 지원하게 되었다. 그리고 마침내 삶과 배움의 다양한 활동을 할 수 있는 복합문화공간을 사용자 참여 과정을 거쳐 증축하는 사업을 지정받게 되었다.

다음은 당시 2019년에 복합문화공간 관련 마을학교 대표 협의록이다.

장성삼서중 복합공간문화 관련 마을학교 대표 협의회 회의록

1. 안건: 학습자 중심 공간 및 마을학교 활동 공간의 필요성
2. 일시: 2019. 4. 16.(화), 저녁 19:00~
3. 참석자: 마을학교대표, 마을학교부대표 및 총무

김○애 마을학교 대표	요사이 우리 학생들의 교육과 관련하여 공간 문제가 크게 부각되고 있습니다. 우리 마을학교에서도 공간의 문제로 계속 고민해왔었는데요. 이와 관련해서 느끼는 어려움은 무엇인지 같이 얘기해봅시다.
정○영 마을학교 부대표	활동계획을 고민할 때 '어디서 할까' 여기서 가장 많이 막혀요. 드림빌에 복지회관이 있긴 하지만 타 마을에 사는 아이들의 경우 이동문제 때문에 함께하지 못하는 경우가 많아 안타까울 때가 많거든요.
박○임 마을학교 부대표	면 소재지에 있는 구 보건소나 예비군 중대본부 사무실을 알아보자고 했는데 어떻게 되고 있나요?
정○영 마을학교 부대표	군청에 임대 가능성 여부를 알아봤는데 건물이 워낙 오래 되어서 보수비용 등 예산이 많이 들어 어렵다는 대답만 하네요.
박○임 마을학교 부대표	주민자치센터 경우도 아이들 프로그램은 학교에서 하라고 하고 주민 프로그램만 센터에서 한다고 하니 우리 아이들은 삼서 주민이 아닌가? 라는 안타까움, 서운함이 있더라구요.
김○애 마을학교 대표	마을이 함께 아이를 키우자는 방향과 취지는 좋으나 현실에서는 어려움이 참 많네요. 그런데 마침, 전남도교육청에서 전남형 미래학교라고 해서 지역과 협력하는 교육공동체 구축을 주민참여시설 복합화와 함께 추진한다고 합니다. 우리가 마을학교 공간을 어떻게 사용할까 지금껏 고민해온 내용과 똑같아서 너무 반가웠습니다.

정○영 마을학교 부대표	그렇게만 된다면 너무 좋겠어요. 마을과 연계하는 방과후 프로그램이나 돌봄 프로그램 장소도 고민하지 않아도 되고, 무엇보다 방과후에 갈 데 없는 우리 아이들의 쉼터, 또 하나의 놀이터가 될 수 있고요.
박○임 마을학교 부대표	학교교육과정과 연계한 마을학교 프로그램도 얼마든지 할 수 있겠네요.
김○애 마을학교 대표	삼서온마을학교에서 음악회를 추진한 것도 문화와 예술이 함께하는 마을 만들기 프로젝트였는데 복합문화공간이 생긴다면 영화, 공연 등 다양한 문화예술을 도시로, 읍내로 나가지 않아도 우리 마을에서 볼 수 있게 추진하면 정말 좋을 것 같아요.
정○영 마을학교 부대표	복합문화공간을 통해 아이들과 주민이 만나 소통하고 어울리면서 우리 아이들도 엄연한 주민의 일원이라는 공동체 인식을 가질 수 있으면 좋겠어요. 그래서 마을을 발전시키고 지켜나갈 미래 인재로 우리 아이들을 바라보면서 마을과 학교가 연계하는 삶과 배움의 다양한 활동을 복합문화공간을 통해 만들어가면 좋겠네요.
박○임 마을학교 부대표	학교와 마을이 같은 생각을 하고 함께 가고 있으니 우리 삼서온마을학교는 참으로 희망적이란 생각이 드네요. 때도 잘 맞아서 학교에서 우리의 고민을 해결해 줄 방안을 찾아주셨으니 삼서온마을학교 활성화와 이끌어 갈 우리들의 역량을 키우는 데 힘을 모아야 되겠어요.

우리는 매우 고무되어 협의회를 열고 중학교가 참여한 복합문화공간 만들기 설계 과정에 합류하게 되었다. 학생들과 교직원, 그리고 마을학교가 함께하는 과정이 매우 좋았다. 학부모, 지역민을 대표해서 교육에 참여

하는 주체로서 존재할 수 있다는 사실이 우리에게 큰 힘을 돋우어주는 계기가 되었다. 바쁜 일상에서도 참여 설계 촉진자인 건축사 선생님이 진행하는 네 번의 공간 워크숍에 참여해서 학생들, 선생님들과 함께 의견을 내고, 공간모형을 만들어가면서 공간 주권이라는 개념을 몸으로 체득하고 경험하는 소중한 시간이 되었다.

최종 설계도에서 복합문화공간은 1층 필로티 공간을 포함하여 총 3층 규모로 1층 한쪽에는 북카페와 공방, 2, 3층을 연결하는 공연장 겸 간이 체육관, 동아리실, 그리고 3층에는 마을학교 사무실과 공부방이 설계되었다. 우리의 의견이 설계로 이어지는 과정이 쉬운 일은 아니었지만 그동안 열심히 학생들의 성장을 뒷바라지하면서 애쓴 마을학교 활동가의 수고를 보상받는 느낌이었다.

학생들이 17시간 수업하는 공간 디자인 수업 내용에서도 공공건축이나 마을학교가 늘 거론되는 모습을 보고 삼서온마을학교가 학교교육과정이 실천되는 과정에서 진정한 자리매김을 하게 되었다는 생각을 할 수 있었다. 학교 측의 관심과 배려가 고맙다.

구성원이 함께 만들어가는 학교공간

<복합문화공간 – 2021. 8. 공사 진행 모습>

　복합문화공간은 코로나19 상황으로 공사 기간이 길어짐에 따라 오랜 과정 끝에 2021년 10월에 드디어 준공하고 연말부터 사용할 수 있게 되었다. 처음에 가진 그 마음 그대로 학생과 지역민의 평생학습터 역할을 하고자 하는 삼서온마을학교의 활동이 계속 이어질 수 있도록 더욱 노력해야겠다.

지속가능한 마을학교를 꿈꾸며

삼서온마을교육공동체는 아이들은 꿈을 꾸고 어른들은 행복을 품을 수 있는 마을만들기에 기여하고자 한다. 무엇보다 지속가능한 성장은 활동가의 참여를 제도적으로 보장하는 것에서 비롯된다. 건강한 학교, 건강한 지역을 만들기 위해서는 민과 관이 서로 협력해야 한다. 특히 활동가들의 자발적인 참여가 필요하고 관에서 이를 적극 지원해야 한다. 활동가들의 헌신만을 요구하는 방식의 참여는 오래가지 못한다.

주민들 속에서 항상 뜻을 가진 활동가는 나오게 마련이지만 그 뜻을 실현하기 위해서는 너무 많은 헌신과 노력이 요구된다. 그러나 아무런 보상 없이 헌신과 노력을 끝없이 요구할 수 없으며 그렇게 끝없는 노력과 헌신이 가능하지도 않다. 이 문제를 어떻게 풀 수 있을까를 고민하게 된다.

지속가능한 성장, 지속가능한 발전을 위해 관은 민을 돕고 민은 관을 도와야 하는데, 이 시점에서 헌신적으로 일을 하는 지역의 활동가들의 최소한의 생계에 도움이 될 수 있도록 적극적인 정책 지원이 필요하다.

이제 삼서온마을학교는 제2의 도약기를 맞고 있다. 학교와 마을이 체계적이고 정례화된 만남을 통해 아이들의 성장을 위한 구체적인 교육과정을 계획하고 실천한다. 이러한 모습은 이 지역의 기관을 움직이게 했고 연관 단체들의 자율적인 참여를 유도했다. 마을학교의 활동가들도 다양하게 참여해서 2021년에는 새로운 집행부가 구성되어 활동하고 있다. 물론 어려움도 있지만 이렇게 제2기 집행부가 출범했음에도 흔들리지 않고 가고 있는 것을 보면 그동안 뿌리가 꽤 깊었나 보다. 함께해온 분들의 덕이라고 생각한다.

나는 지금도 꿈을 꾼다. 2014년 이 지역의 학교 살리기 운동에서 시작해 삼서온마을학교가 탄생하고 성장하기까지 실천한 사람으로서 꿈을 가지고 있다. 지금까지 함께해온 동료 마을활동가들과 함께 삼서온마을교육공동체를 지속적으로 만들어가고 싶다. 아이들의 삶 속에서 학교와 마을이 연결되어 있기를 꿈꾸어본다. 아이들은 꿈을 꾸고 어른들은 행복을 품을 수 있는 마을학교를 만들어갈 수 있기를……

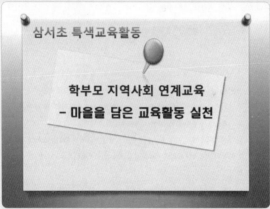

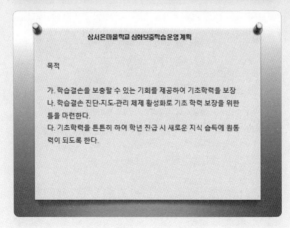

삼서온마을학교 다문화음식체험 계획

가. 여러 나라의 다양한 문화 이해를 통해 다문화 인식 개선, 다문화사회 대비

나. 다문화 학생에 대한 감수성과 모두 함께하는 어울림 마음 갖기

다. 교육과정 속의 다문화교육으로 다문화 친화적인 학교문화 조성

라. 교육공동체의 다문화 인식 개선 확산

마. 다문화교실 운영학교로서 모든 학생들이 함께 다문화 음식을 만들고 먹어보는 다문화음식체험을 통해 다문화에 대한 바른 인식 제고

삼서온마을학교 어르신 위문행사 계획

가. 삼서초 학예회 행사에 삼서의 온마을 어르신들을 초청하여 위문 공연을 함으로써 어르신들은 학생들의 공연을 즐기며 맛있는 음식을 맛볼 수 있는 기회를 마련하고, 학생들은 공연과 함께 음식대접으로 어르신들께 위로와 기쁨을 드릴 수 있는 삼서온마을축제의 장을 마련하고자 한다.

나. 학예회 겸 어르신 위문행사를 통해 온 지역민이 함께 함으로써 '삼서 온마을이 학교다'라는 공감의 기회를 갖고, 서로의 결속을 다지는 계기를 마련한다.

삼서온마을학교 진로직업체험 계획

가. 다양한 체험활동 프로그램 참여로 학생들의 진로와 직업 체험 활성화

나. 삼서초등학교 학생들의 잠재능력을 발휘할 수 있는 다양한 기회 제공과 사회 적응력 신장

학교와 마을이 가까워지는 날

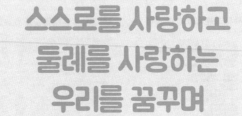

스스로를 사랑하고
둘레를 사랑하는
우리를 꿈꾸며

송민영(곡성중앙초등학교 교사)

자신을 사랑하고 둘레를 사랑하는 사람이 되자며 아이들과 함께 매일매일 배우고 있는 교사다. 좋아하는 것은 시끄러운 교실이며, 바라는 것은 동네 이모처럼 아이들과 함께 살아가는 것이다. 죽곡초등학교에서 신규교사 때부터 마을 속에서 함께 살아갔으며, 현재는 곡성중앙초등학교에서 학생들의 삶과 배움이 일치하는 교육을 실현하기 위해 마을 속에서 살아가고 있다.

마을교육공동체 안에서 걷기, 그 안에서 생각하기

● 시작은 어디였을까요?

삶을 공유한다는 건 같이 머무는 곳에서 함께 숨 쉬고, 눈 맞추고, 경험하는 것입니다. 그래서 마을교육공동체에서 경험한 일들을 어떠한 정리된 문서로 누군가에게 전달한다는 것은 쉽지 않은 일입니다. 제 경험을 오롯하게 전달할 수는 없지만, 멀리서 들리는 맑은 새소리, 코끝에 닿는 꽃향기로 잠을 깨는 아침과 같은 경험을 선물하고 싶습니다. 제가 이곳에서 행복한 것처럼 다른 분들도 그곳에서 행복하길 바랍니다.

　누군가 이미 만들어놓은 의미는 자신이 만들어가는 의미와 견줄 수 없습니다. 제가 마을교육공동체 안에서 걷고, 마을교육과정을 생각한 그 시작점이 어디였을지를 되짚다 보면, 마을교육공동체에서 경험을 만들어가고 계시는 분들, 이제 막 설렘을 느끼고 계시는 분들과의 공통된 무엇인가가 나오지 않을까 생각되어 이야기해볼까 합니다. 저의 경험을 바탕으로 주변 분들과 이야기를 나누고, 제 언어로 정리한 것입니다. 그렇기에 저의 해석에만 갇혀 협소하게 기록한 부분이 있을 수 있습니다.

교사로 경험한 울타리

● 마음 나눔이 탄탄한 곳에서 교사의 삶이 시작되었습니다

2013년 3월 4일 단 4명의 어린이가 전남 곡성군 죽곡초등학교에 입학했습니다. 그 해 저 역시 첫 발령을 받았습니다. 저와 6학년 학생의 플루트와 피아노 협연으로 입학식을 열었습니다. 6학년 학생들은 신입생 동생들을

업고 입학식장에 등장했습니다. 또한 동생들과 만날 날을 기다리며 손수 만든 사탕목걸이를 걸어주었습니다. 그만큼 4명의 입학생은 재학생들과 학부모, 교직원, 지역 사람들을 웃음 짓게 하는 귀한 존재였습니다.

그도 그럴 것이 죽곡초등학교는 통폐합과정 중 폐교의 위기에서 지역민들이 마음을 다해 지킨 학교였습니다. 곡성군은 2003년 전국에서 처음으로 농어촌 소규모 학교 통합시범지역으로 사업을 추진하였습니다. 죽곡면 주민들은 학교 통폐합에 반대해 죽곡초등학교를 지켰습니다. 제가 발령받기 전년도인 2012년에는 학생이 41명까지 줄었지만 그 과정에서 혁신학교로 지정되어 귀농·귀촌 등으로 인한 전학생이 8명 늘어났습니다.

작은 학교 살리기 운동은 농촌의 학교에서 학생 수가 줄어 폐교까지 가는 과정에서 학부모와 교사, 지역사회가 협력하여 학교를 살리려는 노력에서 출발했습니다. 이런 교육 주체들의 협력은 학교의 문화를 함께하는 문화로 만들었으며, 그 바탕 위에 학교는 다양한 교육적 시도를 했습니다. 함께 지혜를 모아 학교의 교육과정을 운영하였기에 학교의 시도는 아름다운 결과를 가져왔습니다.

신규 교사로서 저는 감사하게도 동료 교사와 학부모, 지역 분들에게 큰 격려를 받으며 행복한 교직 생활을 시작했습니다. 공동체의 마음 나눔이 탄탄한 곳에서 따뜻함을 느끼며 12명의 아이들을 교실에서 마주했습니다. 그리고 선물해 주신 책을 통해 삶을 나눠주시는 동료 교사, 마을 분들이 계셨습니다. 오후에 삼삼오오 모이거나 저녁에 동료 교사 그리고 학부모님들, 마을의 도서관 선생님들까지 모여 책을 통해 저마다의 삶의 이야기를 나누었습니다. "우리 아이들을 위해서 무엇을 해볼까요?"라는 물음으로 시작한 것이 아니었습니다. "어떻게 지내세요?" 서로의 안부를 묻다 보니 함께 살아가는 아이들의 이야기가 자연스럽게 오고 갔습니다. 그리고 아이들에 대한 이야기를 하기 전에 자신을 먼저 돌아봅니다. 서로를 돌아보고, 우리를 돌아보게 되었습니다. 저를 돌아보면서, 우리 반 아이들, 우리 학교 아이들에 대해서 조금 더 알 수 있었습니다. 곡성군 죽곡면은 제가 자란 곳은 아니지만 그 마을에 대해서 알 수 있었고, 따뜻한 온기를 느낄 수 있었습니다.

죽곡초등학교의 운동회는 마을 잔치였습니다. 마을 어르신들은 그날만큼은 논일, 밭일을 뒤로하시고 오십니다. 아침 일찍 청년회 분들이 운동장에 만국기를 달아줍니다. 만국기 아래, 막 삶아낸 수육의 김이 운동장을 채우고 아이들은 서로 응원하며 어른들이 준비한 다양한 간식을 먹습니다. 학생 수보다 어른들이 훨씬 많은 속에서 넘어진 학생은 다시 일어설 수 있는 격려를 받습니다. 옆집에 사시는 할머니, 할아버지와 손잡고 학생들이 운동장을 누비는 모습은 정말 가족 한마당이었습니다. 쓰레기봉투를 들고 뒷정리까지 학부모님들과 교직원, 학생 모두가 함께하였습니다. 심지어는 졸업한 중학생도 함께했습니다. 운동장에서 울려 퍼지는 환호성과 음악 소리는 조용한 동네 산자락을 돌아 메아리로 다시 우리들의 마음에 울림을 주었습니다.

학생들의 교육활동을 함께 만들어가는 것, 학생들에 대한 고민을 함께 나누는 것, 서운함이 있으면 부드럽게 이야기 걸고, 감사함이 있으면 격하게 서로 껴안을 수 있는 그러한 경험이 교육 현장에서 당연한 모습인 줄 알았습니다. 제가 있는 곳이 특별해서가 아니라 모두 그런 줄 알았습니다.

허나 1년 6개월 초임 교직생활을 경험한 뒤, 2년 반의 육아휴직을 마치고 2017년 다시 죽곡초등학교로 돌아왔을 때 알았습니다. 그 1년 6개월은 당연한 것이 아니라 모든 이들의 마음이 맞물렸을 때 일어나는 특별한 경험이었음을…… 많은 것들이 변했습니다. 책을 함께 읽으며 마음을 나누던 선배 선생님들과 교감선생님은 시간이 지나서 다른 학교로 떠나시거나 퇴임하셨습니다. 그때의 학생들도 졸업했습니다. 하지만 학부모님과 지역민들, 규모는 작지만 책을 통해 큰 울림을 주던 마을도서관과 마을학교 선생님들은 그대로 계셨습니다. 죽곡면에는 조용하게 흐르는 대황강 옆에 죽곡열린농민도서관이 있습니다. 죽곡초에서 3분 정도 걸어가면 있습니다. 그곳의 죽곡함께마을학교는 죽곡면의 마을교육공동체의 중심을 잡아주는 활동가가 계십니다. 언제나 열려있는 그곳은 변함없이 있었습니다.

텅 빈 느낌도 잠시, 5명뿐인 우리 반 학생들과 정신없이 하루를 보내다 보면 그런 고민을 할 수 없을 정도로 시간은 빨리 지나갔습니다. 그러던 중 창의적 체험활동 시간에 학교 특색교육활동인 놀이문화[1]를 진행하는 과정에서 불편한 상황을 마주하게 됩니다. 건전한 놀이문화를 개선하기 위해서 마을학교에서 제안한 교육활동의 간략한 내용을 보고 선생님들은 해보자고 하셨습니다. 첫날 마을교사의 수업이 끝난 뒤 어떤 선생님은 만족하지 못한 모습을 보이셨습니다. 이 활동을 하려고 우리가 창의적 체험활동 시수를 별도로 확보한 것인가라는 말을 하며 마을교사 분들의 전문성에 대해서 만족해하지 않았습니다. 또한 사전에 합의되지 않았는데, 수업 중간에 학생들 앞에서 과도하게 담임교사의 참여를 요구했다며 불편해했습니다.

저는 당시에 수업 활동에 만족한 터라 몇 분 선생님의 말씀에 충분히 공감하지 못했습니다. '수업 시간은 공동으로 함께하는 시간이니 사전에 어떤 내용으로 정확하게 이루어지는지 우리가 물어봤어야 하지 않았을

---

1 학생들이 옛 놀이를 배우고, 스스로 새로운 놀이를 만들어 즐기며, 놀이를 통해 서로가 건강하게 성장하는 학교 문화.

까? 담임교사는 학생들의 특성과 발달 단계를 잘 아니까 마을교사와 협력하여 준비했으면 좋을 텐데…….'라는 생각만 혼자서 했습니다.

마을과 함께하는 부분을 조율하시던 선생님은 여러 가지 업무를 많이 하고 계셨기에 바빠서 "마을학교 쪽에서 정보를 주지 않네요……."라고 말을 흐리셨습니다. 나중에 보니 담당 선생님은 바쁘기도 하였지만, 자꾸 뭔가를 마을학교 쪽에 요구해야 되니 준비하는 마을교사들에게 불편함을 주고 싶지 않았던 것입니다. 그런데 그 한마디가 가져온 파장은 컸습니다. 정보를 요구했는데 주지 않았다는 것으로 선생님들은 받아들인 겁니다.

선생님들은 마을교사의 전문성을 무엇으로 판단해야 할지 모르겠으며 담임교사의 역할에 대한 애매모호함을 어떻게 할 것인지 물었습니다. 그리고 마을학교가 도교육청 공모사업에 선정되었기 때문에 프로그램을 이미 다 계획해 두고 학교에 그대로 적용하려 한다는 오해가 생겼습니다.

반면 마을학교 입장에서는 학교에서는 시간만 내주고 선생님들은 소극적으로 뒤에서 관망을 하는 모습에 아쉬워했습니다. 함께 협력하는 수업을 생각했는데 진행되는 모습은 뭔가 필요한 상황에 동원만 되는 기분이었다고 6개월 뒤 협의회에서 마음에 둔 이야기를 꺼냈습니다. 학교와 함께 유의미한 교육활동을 하고 싶은데 무엇을 말하고 요청하기 어려워지는 상황에서 학생들과 수업을 해야 하니, 눈치 보이고 불편했다고 말입니다. 저는 학부모님이 마을학교 교사 중 한 분이어서 편하게 소통하고 있던지라 불편한 상황에 놓이기보다 그 불편함을 지켜보는 입장이었습니다. 또한 교육경력이 3년이 채 안 되었기 때문에 학급 안에서 학생들과 즐겁게 지내는 것만으로도 감사했습니다.

약간의 불편함 속에서 3개월 즈음 지났을 때, 여름 가족캠프를 열게 되었습니다. 가족캠프는 교육 가족공동체가 모여서 1박 2일 동안 함께 다양한 활동을 하는 것입니다. 신규로 발령받았을 때부터 있던 학교의 전통과도 같은 행사입니다. 학부모회와 마을학교에서 아이들이 스스로 만든 놀이를 해보는 시간과 마을학교 교사와 함께 놀이하는 시간을 제안했습니다. 학교에서도 동의했습니다. 좋은 목적과 취지에도 불구하고 사전 협의는 서로에게 불편함의 연속으로 보였습니다. 마을과 함께하는 시간을 별도로 30분 배정할 것인지, 1시간 배정할 것인지부터 시작해서 낮 놀이, 저녁 놀이 시간을 따로 생각할 것인지, 저녁식사는 같이 만들어서 먹는지, 숙박하는 곳에서 식사를 제공을 받는지 등 어느 선까지 함께 협의를 해야 하는지에 대한 생각도 각 주체마다 달랐습니다. 학부모와 마을학교는 처음부터 함께 했으면 좋겠다는 입장이었고, 대부분의 선생님들은 이미 연초에 계획한 게 있으니 그대로 하되, 일부분만 반영하자는 입장이었습니다. 이 부분에 대한 불편함은 가족캠프 당일까지 이어졌습니다.

저와 동료 교사 두 분은 학생이 주도하여 만든 놀이와 마을학교가 중심이 되는 놀이 활동에 함께 참여했습니다. 그런데 갑자기 비가 와서 체육관을 사용하게 되었습니다. 아이들이 제안한 놀이를 할머니, 삼촌, 고모, 엄마, 아빠 등 어른들과 함께 즐겼습니다. 또 마을학교에서 서로 손을 잡고 큰 원을 만들고 춤추는 대동놀이, 전체가 함께하는 여러 놀이를 진행했습니다. 그때 일부 선생님은 자리에 앉아서 놀이 장면을 보다가 뒤돌아서 다음 활동을 어떻게 할지 협의했습니다. 대화를 직접 옆에서 듣지 못했다면 저 역시 오해를 했을지도 모릅니다. 대화 내용을 못 들은 학부모와 마을학교 분들은 모두가 어울리는 자리에 교사들이 쏙 빠져있는 상황으로 여겼을 것입니다.

비가 오지만 자리를 옮겨 학생들이 하고 싶어 하는 물총놀이를 했습니다. 학교에서 우천을 대비한 터라 준비한 비옷을 입고 페트병에 구멍을 뚫어 만든 물총으로 놀이를 했습니다. 학교에서는 야외 잔디와 농구장 바닥의 물기로 학생들이 달리다가 넘어질 수도 있고, 비를 장시간 그대로 맞으면 건강상 문제도 있다고 판단했습니다. 그래서 비가 올 경우 대체하기로 준비해 놓은 캘리그래피 그림 그리기를 하자고 제안했습니다. 그러나 학부모와 마을학교는 캠프까지 왔는데 평상시 교실에서 하던 캘리그래피보다는 아이들이 가장 하고 싶어 하던 놀이를 어른들과 함께 안전하게 즐긴 기억으로 만들어주고 싶다고 하셨습니다. 진행할지 말지에 대한 의견이 서로 엇갈렸지만 학생들도 물총놀이를 원했기에, 결국은 진행했습니다.

학생들은 비옷은 입었으나 빗물에 몸이 다 젖었습니다. 대부분의 선생님들은 물총놀이 장소에서 조금 떨어진 곳에서 학생들의 안전을 지켜보셨습니다. 위험요소를 찾아서 미리 예방하려고 애쓰셨습니다. 저는 그때 기분이 좋아서 아이들과 같이 물총놀이를 하며 놀았습니다. 거기서 갈등이 최고조에 달합니다. 담당 선생님께서 "선생님, 거기 있지 말고 한쪽으로 가세요. 나오세요. 선생님이 거기 왜 있습니까?"라고 말하며 언덕에서 손짓하셨습니다. 그 소리를 학부모, 마을학교 교사들이 들었습니다. 저는 "우리 반 학생이 저기 있으니 함께 있겠습니다."라고 말하고 물총놀이 하는 데로 다시 갔습니다. 물총놀이를 하며 몇몇 학부모님이 저에게 물을 엄청 쏟아부으셨습니다. 저는 페트병 물총이 아닌 호스를 막 흔들며 학부모님들에게 물을 뿌렸습니다. 드넓은 잔디밭에서 선배 교사의 눈치를 보며 아이들 옆에 있어야 하고, 아이들은 무엇 하나 알지 못하는 듯 웃으면서 놀고, 학부모님들은 애써 불편함을 숨기며 계시고 동료 교사 분들은 왔다 갔다 서로가 눈치 보며 힘들어했습니다. 한 개인의 잘못이 아니라 서로 뭔가 복잡하게 얽힌, 축축한 기분이었습니다.

그래도 저녁 장기자랑 놀이, 캠프파이어에 이어 다음 날 아침 활동까지 다친 학생 한 명도 없이 마무리했습니다. 학생들 얼굴에 웃음이 가득했습니다. '그래, 서로 오해가 있을 수도 있고, 예상하지 못한 여러 가지 상황으로 복잡하니 즉각 대처하느라 소통이 잘 안 되었을 거야.' 마음을 다독였습니다. 학생들이 즐겁고 보람되게 참여했으면 된 거라고 생각했습니다.

● 학생의 말 한마디로 고민하고 공유하는 사람이 되기 시작했습니다

그런데 우리 반 아이들이 글과 그림으로 표현한 가족캠프 교육활동 소감을 보던 중 제 심장이 땅에 툭 떨어지는 듯한 기분을 느꼈습니다. '이게 무슨 가족캠프? 싸움캠프지!'라는 한 아이의 글은 교육철학에 대한 깊은 생각 없이 학생들과 하루하루를 보내던 저에게 큰 결심을 하게 만들었습니다. 이제 더 이상은 이대로 못 있겠다는 생각이 들었습니다. 불편함을 모르는 척 조용히 있으면 안 되겠다고 생각했습니다. 당장 해결하지는 못하더라도 학생이 이렇게 부정적인 경험을 한 것을 알리고 싶었습니다. 그래서 교장선생님께 찾아가 말씀드렸습니다.

"처음 저를 만난 날 말씀하셨죠. 교사가 먼저 행복한 학교생활 되라고요. 그래야지 학생들도 행복할 수 있다고요. 그런데 저는 지금 행복하지 않습니다. 매우 불편하고 속상합니다. 학생 입에서 싸움 캠프라는 말이 나오다니요. 이런 말이 나오다니 정말 속상합니다."

교장 선생님은 조용히 끝까지 들어주셨습니다. 그리고 제가 말을 더 이상 하지 않자 말씀하셨습니다. "나도 자네와 마음이 같다네. 그리고 미안하네."

그 말씀이 끝나자, 나는 잠깐 멈춰서 왜 이렇게 지금 화가 나는지 그 이유를 생각했습니다. '나는 왜 학생의 글을 보고 교장실로 갔을까? 교장선

생님은 왜 나한테 미안하다고 했을까?' 그때 저는 학생에게 미안했고, 교장선생님은 저에게, 학생에게, 교사에게, 학부모와 마을 분들 모두에게 미안했을 것입니다. 우리들은 그 여름날 뜨겁게 불편해하고, 뜨겁게 미안해했습니다.

초임 때 경험한 좋은 순간들이 쌓였고, 혁신학교 교사로 일한 지 어느 정도 연차가 지났으니 죽곡초등학교는 앞으로 좋은 일만 일어나기를 기대했을지도 모릅니다. 그런데 좋던 시절이 있어서 사람들이 서로 연결된 만큼, 그 다음 더 좋은 경험으로 가기 위해 갈등은 필연적인 것이었습니다. 갈등은 터뜨려야 합니다. 갈등 속에서 나는 무엇이 불편한지, 상대방이 왜 그러는지 서로 이야기를 해야 하는 것입니다. 아닌 척 연기하는 것이 아닙니다. 아닌 척 언제까지 서로 괜찮을 수는 없을 것입니다. 그때는 다 각자의 위치에서 힘들었을 것입니다.

마을교육공동체에서 마음을 나누며 걸어야겠다고 생각한 것은 그 가족 캠프가 시작이었을까요? 아니면 복직 후 불편함을 감지한 그때였을까요? 혁신학교 초임 때의 경험 때문이었을까요? 제 스스로에게 질문했습니다. 그러자 갑자기 시작점이 생긴 것이 아니라, 바로 제가 태어나고 자라면서 층층이 쌓인 경험들이 제 마음에 자리잡고 있기 때문이라는 것을 깨달았습니다. 무엇인가를 결정할 때 크게 작용하는 삶의 기준점이 있다는 것이죠. 어렸을 때 주위에 함께 살아가는 사람들이 저를 격려해주고, 저를 지원해 줌을 충분히 느꼈기에, 지금 있는 곳에서 저도 누군가를 격려하고 지원해 주는 존재가 되고 싶기 때문일 것입니다. 제가 마주하는 학생들도 그런 따뜻함 속에서 살아가길 원합니다. 그래야 우리 학생들도 또 누군가에게 그 따뜻함을 나누어줄 수 있는 사람이 될 테니까요.

● 함께 살아가는 모습은 살아있는 행복한 교육과정 그 자체입니다

2학기에 저는 마을과 협력하는 교육활동을 맡았습니다.

"우리 반 아이가 가족캠프를 싸움캠프라고 했습니다. 혹시 선생님들이 그동안의 일들을 볼 때, 현재 우리에게 어떠한 부분이 필요하다고 생각하세요?" 그때 함께 논의한 것은 2학기가 시작되면 학부모, 마을학교 선생님들과 배움터 다듬기 대화의 장 〈죽곡이 묻고 죽곡이 답하다〉를 진행하자는 것이었습니다. 거창한 자리라고 생각하지 않았습니다. 모여서 심각하게 토론을 하는 것이 아니라 함께 운동하고 맛있는 것 먹으며, 서로 안부 묻고 이야기하는 자리라고 생각했습니다.

사실 담당자로서 많은 생각이 들었습니다. 학교 행사는 같이 진행했지만 서로 눈 마주치고 속마음을 이야기하는 모습을 본 적이 없습니다. 언성이 높아져서 싸우면 어떡할까라는 걱정도 했습니다. 만남 자체가 마음을 여는 시작이었기에 촘촘하게 계획을 짜지 않았습니다. 가족이라면, 공동체라면, 서로 땀을 흘리고 밥을 먹는 식구가 되어야 한다고 선배 선생님이 먼저 제안했습니다.

그 제안에 따라 배구 경기를 먼저 하기로 했습니다. 처음에는 교사 대 지역민으로 팀을 나눴습니다. 팽팽한 긴장감이 오고 갔습니다. 그러자 한 선생님께서 이왕 이렇게 모인 거 직위, 소속, 역할에 상관없이 선수를 섞어서 하자고 했습니다. 그때부터 웃음꽃이 피어났습니다. 교사와 지역 분들이 한 팀이 되니, 서로 응원하고 경기 작전을 짜면서 자연스럽게 이야기를 했습니다. 공동의 목표를 위한 팀원이 된 것입니다. 저는 감동했습니다. 학부모와 마을학교가 교사의 교권을 위협한다고 표현하던 선생님의 마음 깊숙한 곳에서는 살아 있는 교육을 위해 학부모, 지역민과 소통하고

싶은 바람이 있었습니다. 그리고 아이들을 위해서 교사로서 사명을 다하고 싶으셨다는 것을 알게 되었습니다. 그 알아차림을 담아, 존경의 마음을 배구공에 실어 네트로 넘겨 보냈습니다.

아이들도 옆에서 어른들의 모습을 보며 내내 경기를 응원했습니다. 어떤 학생은 아빠가 속한 팀을 응원하지 않고, 담임 선생님이 속한 팀을 응원하기도 하여 웃음을 자아냈습니다. 경기가 마무리되고 음식을 나눈 뒤, 아이들이 함께 앉아있는 자리에서 교직원, 학부모, 마을학교 선생님들은 누가 먼저랄 것도 없이 자연스럽게 이야기를 나누게 되었습니다.

▲ <죽곡이 묻고 죽곡이 답하다> 배움터 다듬기 대화의 자리

평상시 전혀 자신의 생각을 표현하지 않던 한 학부모님이 말문을 열었습니다. "저는 죽곡교육공동체가 편안한 곳이었으면 합니다. 지금 딸 아이가 즐겁게 학교생활하고 있습니다. 제 아이가 편안하게 다니는 것처럼 다른 아이들도 행복하게 다녔으면 합니다. 그래서 선생님들께 정말 감사합니다."

그리고 이어 선배 선생님이 말했습니다. "학교에서는 한쪽의 목소리만 듣고 교육할 수는 없습니다. 학생들을 위해서 다방면에서 고려해야 합니다. 어떤 학부모님은 숙제를 내주지 말라고 하십니다. 어떤 학부모님은 숙제를 내주라고 하십니다. 그래서 우리는 서로 이야기를 해야 합니다.”

그 뒤 한 분 한 분 이야기했습니다. 평소에 어떠한 의견 표현을 하지 않고 조용히 상황을 보시던 분들도 저마다 꿈꾸는 교육공동체의 모습을 갖고 있었습니다. 관심이 없는 것이 아니라 관심은 있으나 말할 기회가 없었던 것입니다. 미안함이 서로에 대한 고마움으로 바뀌는 자리였습니다.

마을학교와 교육활동을 진행할 때 마을학교 활동가에게 무턱대고 수업계획서와 지도안, 수업활동 자료를 요청하면 그분들은 어디서 어떻게 시작해야 하는지 당황할 수밖에 없습니다. 내가 먼저 원하는 것을 요구하는 것이 아닌 상대방이 원하는 것을 경청하는 것부터 시작해야 합니다. 경청에는 존중과 신뢰의 의미가 담겨있습니다. 〈죽곡이 묻고, 죽곡이 답하다〉에서 ‘소통’이라는 두 글자의 진정한 의미를 알게 되었습니다. 우리는 소통을 먼저 하지 않았기에 갈등에 직면했지만 그 갈등을 풀기 위해 소통을 했습니다.

그 과정에 아이들이 함께했습니다. 선생님의 표정에서 속상함과 좌절을 읽고, 부모의 표정에서 불만족과 불편함을 읽었던 가족 캠프였습니다. 배움터 다듬기 대화에 참여한 선생님의 표정에서 고마움을 읽고, 부모의 표정에서 신뢰를 읽었을 것입니다. 연결됨을 바로 눈앞에서 목도했을 것입니다. 늦었지만 우리는 하나하나 다시 이야기하고 귀 기울이면서 2학기를 걸어갔습니다.

● 건강한 협력 속에서 건강하게 자라나는 아이들을 봅니다

‘싸움캠프’라고 글을 쓴 학생이 겨울방학에 사진 한 장을 보내왔습니다. 우체국 안에서 우편 봉투를 들고 친구들과 환하게 웃고 있는 모습이었습니

다. 무슨 사진이냐고 물어보니, 교육감님께 편지를 보냈다는 것입니다. 마을과 함께한 교육활동을 학생자치회 다모임 중심으로 학생들이 스스로 글을 모으고, 편집하고, 디자인하여 『라면 맛있게 끓이는 법』 책 한 권을 만들었는데 교육감님께 추천사를 써달라고 편지를 보낸 것입니다. 놀랍게도 교육감님은 졸업생이 5명뿐인 작은 학교 졸업식 및 출판기념회가 열린 날 학교에 오셨습니다. 학생 한 명 한 명을 소중하게 생각하시는 그 마음을 엿볼 수 있었습니다.

책의 내용은 다듬어지지 않은 날것 그대로였습니다. 학생들이 기획부터 출판까지 했다는 의미와 그간 교육공동체의 갈등과 성장이 기록된 책이기에, 저에게는 무척 소중했습니다. 한 페이지 한 페이지 아이들의 손길로 완성된 책입니다. 그중 가족 캠프와 관련된 글입니다.

세상에서 제일 재미있는 물총놀이

비가 온다. 잔디밭에서 물총놀이를 했다.

페트병으로 하는 물총놀이는 처음 해본다.

물은 "씽쑝씽쑝"

빗물은 "똑뚝똑뚝"

페트병 뚜껑을 열어

더 많이 "콸콸콸"

엄청 시원하고 재미있었다.

물총놀이를 하니 추억이 생겼다.

어떤 친구는 싸움캠프라고 표현한 것을, 어떤 친구는 세상에서 제일 재미있는 물총놀이라고 표현했습니다. 가족캠프를 통해 행복한 학교 생활을 했으면 하는 어른들의 바람이 이루어진 것입니다.

『라면 맛있게 끓이는 법』에는 마을과 함께하는 생태놀이 이야기, 학생자치회 다모임 이야기, 친구집 탐방 이야기, 가족과의 대화 등 학생들의 삶이 담겨있습니다. 결과물만 보면 다른 전문적인 책들에 비해 아쉬울 수도 있지만 만들어진 일련의 과정을 보면 그런 아름다운 선물이 또 없을 것입니다. 시를 노래로 부르며 책이 만들어진 과정을 직접 소개했습니다. 그리고 응원해 주신 분들에게 감사의 마음을 전했습니다. 이에 화답하듯 이른 아침부터 아이들을 만나기 위해 전남 각지에서 다양한 분들이 학교로 모였습니다. 교육감님, 군수님, 마을이장님, 마을학교 관장님, 이웃집 할머니, 윗집 형, 졸업생 언니, 옆 지역 순천 마을활동가, 사회복지과 대학생 형 누나들, 그리고 학교의 선생님들 모두가 학생들에게 박수를 보냈습니다. 저는 생각했습니다. '우리 6학년 학생들이 이제 자라서 학교 울타리를 나가는구나. 아이들이 자란 만큼 주변에 함께한 어른들도 자랐다. 그중에서도 내가 제일 많이 자랐다.' 다음 해에는 또 다른 새로운 일들이 생기겠지요. 그다음 해도 그렇구요. 그럼 또 그 속에서 미안해하고 고마워하며, 아이들과 함께 성장하겠죠? 그러한 성장의 경험이 바로 삶과 앎이 연결된 마을교육공동체에서 생각하고 걷는 이유가 아닐까 합니다.

● 밑바탕을 다졌으니, 이제 조금 더 큰 보폭으로 함께 걷습니다

같은 시행착오를 반복하지 않으려 다음 한 해를 위해 12월부터 마을과 함께 교육과정 돌아보기를 했습니다. 아이들의 목소리로부터 출발해서 마

을, 학교, 학부모, 교사가 함께 교육과정을 논의했습니다. 지나온 교육과정을 다시 보며 좋은 점, 아쉬운 점을 통해 다음 해에 바라는 점을 이야기했습니다. 사전에 학생자치회 다모임에서 학생들의 의견을 수렴했고, 학부모, 교사 의견을 수렴했습니다. 학교의 이러한 이야기를 접한 각 기관은 지원 가능한 부분과 개선할 점을 반영하여 함께 아이디어를 모았습니다.

학생, 학부모 의견 수렴 결과, 생태 놀이에 대한 만족도가 높았습니다. 죽곡함께마을학교에서는 그동안 진행한 생태 놀이를 확장해, 학생들이 실제 주변에서 생태에 대해 경험하고 성장했으면 좋겠다는 이야기를 했습니다. 학교와 학생들이 원한다면 마을학교에서 벼농사에 관한 것을 지원하고 협력할 수 있다고 했습니다. 학교 선생님들은 벼농사도 의미 있지만 죽곡의 특산물인 토란 농사는 어떤지 제안했습니다. 학생들의 관심과 흥미가 높아질 것으로 예상되었기 때문입니다. 그리고 토란 농사를 통해 다른 지역과 죽곡의 자연환경에 대해서도 살피고, 과학, 미술, 국어교과 쪽으로도 연결해 보고 싶다고 했습니다. 죽곡면사무소 관계자는 토란 작목반과 연계해서 지원 가능하다고 했고, 주민자치위원회는 토란 축제와 연결해 교육과정을 전개하는 방법을 추천했습니다. 목석죽지역아동센터에서는 주말에 가족과 함께 토란밭을 돌아보고 체험할 수 있는 프로그램을 할 수 있어서 좋다고 했습니다. 인근 한울고등학교 선생님은 고등학생들이 연1회 농촌교육활동을 하고 있는데 재검토 중이며, 고등학교에도 좋은 시사점을 줄 것이라고 했습니다.

만약 학생들이 중심이 되지 않고, 교육철학을 나누지 않고, 대화가 오고 갔다면 서로 오해를 했을 것입니다. 서로 솔직하게 이야기하니 학생들을 위한 활동을 함께하고 싶은 의도를 알아차렸습니다. 마을학교는 선생님들이 토란 농사를 이야기하는 상황에서 학교가 안 하려고 하는 것이 아니라 학생들에게 보다 유익하며 기존 교육과정과 연결될 수 있는 제안을 하는 것에 기뻐했습니다. 이러다 보니 주변 기관과의 협조도 적극적으로 이루어졌습니다. 그 자리에서 바로 결정하지 않고 협의를 바탕으로 각 기관, 공동체로 돌아가 지원 가능한 방향과 각 기관의 계획을 정리해서 오기로 했습니다.

다음 협의회 때는 준비 자료를 가지고 만났습니다. 학교는 마을교육과정 운영이 가능한 시수 편성표와 학교 특색 관련 활동 계획을, 죽곡함께마을학교와 목석죽지역아동센터에서는 운영계획 예상안을, 죽곡면사무소에서는 행정적 지원이 가능한 부분에 대한 검토자료를 공유했습니다. 이 때는 정확하게 수업 시수, 예산, 소요 물품 준비까지 협력 가능한 부분을 세부적으로 논의했습니다. 대부분 협의를 할 때, 예산에 대한 부분은 다들 멈칫하기도 합니다. 미리 정확하게 어려운 지점, 가능한 지점을 이야기하지 않으면 추후에 오해가 생기기도 합니다. 마을활동가 활동비 지원은 죽곡초등학교에서 하기로 했고, 토란밭 대여는 학교에서 도보로 이동시, 3분 정도 떨어진 곳으로 마을학교가 알아봐 주었습니다. 땅에 심을 토란 종자는 면사무소에서 지원해 주기로 했고, 학생들도 참여하는 토란 축제는 주민자치회 등과 함께 진행하기로 했습니다.

각 기관 계획을 최종 검토한 후 월 1회 만남을 약속했고 5개 기관 업무협약을 체결했습니다. 토란 농사 교육활동뿐만 아니라 다른 교육활동도 자연스럽게 협의가 되었습니다.

마을에서의 앎과 삶을 학교의 공식적인 교육과정에 연결하기 위해 마을교육협의체는 대화에서만 끝내지 않았습니다. 교육과정 운영 지원단을 꾸려 구성원들의 이야기를 정리하고 약속을 문서화하여 실행까지 옮겼습니다. 농촌의 소규모학교는 학교교육과정과 교과서만으로는 학생들이 배움의 의미를 제대로 찾기 힘들다는 판단 아래 마을의 자원으로 학교의 교육과정을 실현하기 위해 마을에 대한, 마을을 통한, 마을을 위한 공동 활동을 고민했습니다.

▲ 마을교육과정 학생 활동 계획 모습　　　▲ 마을교육과정 토란 관찰 활동 모습

　이러한 움직임에서 우리를 연결해주는 주체는 바로 학생들이었습니다. 마을교육협의체 협약식도 학생들의 이야기로 시작했습니다. 한울고등학교 샌드아트 동아리 학생들이 죽곡에서 살아가는 마을살이에 대한 것을 모래와 빛으로 표현했습니다. 그리고 죽곡초등학교 6학년 학생들의 마음을 모았습니다. 학생들은 자신이 생각하는 죽곡교육공동체 울타리에 대해 다음과 같이 이야기했습니다.

죽곡마을교육공동체는…
다이아몬드다. 다이아몬드가 단단하고 빛이 나듯 우리도 단단해질 때 빛이 나기 때문이다.
2인 3각 달리기이다. 앞으로 나아가려면 함께 발을 맞춰야 하기 때문이다.
운동회이다. 함께 협동하면 웃고 즐길 수 있기 때문이다.
수학 기호이다. 숫자와 숫자 사이에 수학 기호가 들어가 하나의 식이 만들어지듯 우리도 함께 식을 만들어 잘 풀어나가면 좋을 것 같기 때문이다.
무지개이다. 다양한 사람들의 생각이 아름답게 어우러지기 때문이다.

이어 협약을 다짐하고 함께 낭독한 뒤, 건전한 놀이문화, 생태 활동을 위해 마을학교 앞에서 학생들이 직접 만들고 있는 대나무 움집 놀이터에 갔습니다. 죽곡마을교육공동체가 한걸음 더 내딛기 위한 마음을 듬뿍 담아 다 함께 소원나무판에 적어 대나무 움집 놀이터에 걸었습니다. 아이들과 어른들의 소망이 지금까지도 그곳에서 살아가는 구성원들에게 전달되어 살아 움직이길 바랍니다.

현장에는 마을교육공동체, 혁신교육에 대해 오랜 세월동안 연구하고, 실천하는 분들이 많습니다. 저는 마을교육공동체에 관한 지식이나 경험이 많지 않습니다. 그렇지만 제가 마주하는 학생들에게 어떻게 다가가고 교실과 교실 밖의 삶에서 교사인 나는 어떻게 함께 살아가야 할까 고민하고 노력했습니다. 주위에 있는 학부모, 마을사람, 마을활동가, 동료교사, 교육지원청, 지자체 담당자들이 지혜를 더하고 격려해 주어서 학생들의 삶과 앎이 일치되는 활동을 할 수 있었습니다. 그래서 항상 감사합니다.

변하는 것과 변하지 않는 것

마을교육공동체는 지역의 아이들이 잘 배우며 삶을 잘 누리고 주체적으로 성장할 수 있도록 학교와 마을이 협력하는 지역사회를 뜻합니다. 마을교육공동체가 구현되는 과정을 보면 우리가 교실에서 학생들과 하는 교육활동과 맥락이 같습니다. 조금 더 확장한다면 학생, 교사, 학부모, 마을사람들의 다양한 참여로 운영됩니다. 우리는 지역사회 여건 및 실정에 적합한 교육을 하려고 합니다. 누구든지 어디서나 만족하는 교육을 위해서입니다. 그것은 시대가 변해가고 있지만 오랜 시간 동안 변하지 않는 것입니다.

누군가 마을교육과정은 지역 안에서 학생을 '우물 안 개구리'로 살아가게 하는 방향성을 가지고 있다며, 역량을 함양하는 교육과는 거리가 멀다는 오해를 하기도 합니다. 그도 그럴 것이 마을교육공동체 교육활동은 입시와 성적을 최우선으로 내세우는 교육이 아니라 학생의 전인적인 성장과 발달을 교육목표로 삼습니다. 삶을 주체적으로 살아갈 수 있는 힘을 기르고 세상에 대해 끝없이 의미를 다듬고 앎을 풍요롭게 이루게 하는 과정을 중시합니다. 그 과정을 통해 역량이 강화됩니다.

● 마을교육공동체는 선택을 존중하고, 함께 부족함을 채워나가야 합니다

우리가 지역을 살리자, 마을교육공동체를 살리자 그러니 우리 학생들은 우리 지역 안에만 머물러 있어야 한다는 생각은 버려야 합니다. 타 지역 학교로 가는 학생들과 어른들을 바라보는 시선의 전환이 필요합니다. 자신의 진로와 꿈을 고려하여 지역에서 한계가 있을 때, 가는 것일 겁니다. 그럴 때는 격려하고 지원해 주어야 합니다. 그리고 우리는 부족함을 우리 안에서 앞으로 어떻게 채우며, 어떻게 만들어가야 하는지 논의를 하면 됩니다. 그래서 그 부족함으로 인해 또 다른 누군가가 지역을 떠나는 일을 줄여가야 합니다. 함께 지혜를 모을 때, 우리의 공동체는 성장해갑니다.

마을교육공동체의 협력과 소통이 단단할수록 다른 지역으로 가는 사람들을 부정적인 시선으로 바라보는 경우가 있습니다. 지역의 학교, 마을학교, 기관에서 누군가 떠나거나 새로운 사람이 찾아올 때 편안해지도록 존중해주는 것이 꼭 필요합니다. 그래야 건강한 공동체가 될 수 있습니다. 그렇지 못하면 마을교육공동체 교육활동은 자칫 지역주의에 갇힐 수 있습니다.

몇 해 전부터 계속 6학년을 담임하고, 지역에서는 학생들에게 동네 이모로 생활하다 보니, 중학교 때부터 타지역으로 가려는 학생들을 마주하게 됩니다. 그런데 지역에 남아 있는 친구들 사이에서 "너 왜 다른 곳으로 가려고 해? 여기 중학교가 그렇게 싫어?", "우리는 여기 남으니깐 패배자다."라고 말하는 걸 들은 적이 있습니다. 그럴 때, 저는 분명하게 이야기 해줍니다. "지역에 남아 있다고 삶의 패배자인 것 아닙니다. 다른 지역으로 간다고 해서 이 지역을 싫어하는 건 아닐 겁니다. 다양한 삶의 모습입니다. 우리는 왜 그러한 선택을 했는지 서로 이야기해보고, 우리가 함께한 경험들을 소중하게 간직해보면 어떨까요?"라고 말입니다. 아무래도 학생들이 이야기하는 것은 어른들의 영향을 받을 수 있습니다. 그래서 중요한 것이 교육공동체가 함께 뜻을 나누고 배워가는 것입니다. 지역에서 사는 어른들이 스스로를 실패자, 패배자로 여길 경우 자라는 아이들은 그것을 그대로 느낍니다. 우리는 함께 서로 연결되어 살아가고, 삶의 주인은 자신이며, 자신이 있는 곳에서 행복을 만드는 것은 본인과 주변 사람들이 함께 만들어가는 것임을 어른들이 먼저 보여주어야 합니다.

● 학생들의 성장은 연속적으로 일어나기에 우리의 관심도 계속되어야 합니다

교사이기 전에, 두 딸을 키우는 엄마로서 저는 아이들이 다니는 유치원과 학교에서 함께 마음을 모으는 사람이 되려고 노력합니다. 마을교육공동체를 구현할 때 교사들에게 자발적으로 학교운영과 혁신에 참여하라고 말들을 합니다. 저는 보호자 역시 학교운영과 혁신의 주체로 참여하고 협력해야 한다고 이야기하고 싶습니다. "왜 선생님들은 소통을 안 하려고 하

지?" 말하기 전에, 보호자는 얼마나 교사들과 소통하려고 하는지 생각해보아야 합니다.

보호자의 참여 없이 교사들의 역할로만 운영되는 학교는 지역이나 현실과 동떨어져 폐쇄적으로 운영되고, 실제적인 변화 없이 눈앞에 당장 보이는 것만 진행할 수밖에 없습니다. 선생님들은 길게 근무하셔도 4년이고, 4년을 다 근무하지 않고 다른 학교로 가시는 경우도 있습니다. 아무리 완벽하게 협의를 통해 이루어진 교육활동, 교육계획 문서나 정책이 있다 하더라도 그것을 실천하며 살아가는 학부모, 지역민이 없을 때, 수동적이기만 할 때는 제대로 이루어지기 어렵습니다. 참여하지 않고, 진행되는 것을 보고 불평만 하면 마을교육공동체의 지역성을 실현할 수 없습니다.

그렇기에 보호자는 자녀가 다니고 있는 학교, 앞으로 다니게 될 학교에서 진행될 교육활동에 대해서 함께 고민을 해나가야 합니다. 유치원에 다닐 때는 유치원의 교육활동에만 관심이 있고, 초등학교 교육활동에는 당장 자신의 자녀와 관련이 없으니 무심하게 있는 경우가 대부분입니다. 중고등학교도 마찬가지입니다. 자녀를 다 졸업시키면 더 이상 학교교육에 대해서 관심이 없는 경우가 많습니다.

우리는 마을교육공동체를 통해 그러한 무관심을 지속적인 관심으로 돌리려 합니다. 아이들이 나답게 살고, 충분히 반짝이는 존재임을 알 수 있도록 지역 사람들이 관심을 보일 때, 그 경험이 겹겹이 쌓여 학생들의 삶에 고스란히 녹아납니다. 제 딸들이 이모라고 부르던 사람이 유치원 선생님이 되고, 초등학교 1학년 담임 선생님이 되고, 자신이 제일 아끼는 우산을 잃어버렸을 때 찾아주신 고마운 삼촌이 마을학교 선생님이 됩니다. 지금 근무하고 있는 곡성중앙초등학교는 유치원, 초등학교, 중학교 학부모 네트워크가 연결되어 있습니다. 제가 근무한 두 학교의 공통점은 지역 안에서 사람 간의 연결이 탄탄하다는 것입니다.

　각 교육기관 급별로 교육목표, 교원양성과정이 다릅니다. 다르다는 것은 학생의 발달단계에 따라 그 수준과 상황이 다르기 때문에 우리는 함께 고민을 해야 합니다. 한 아이의 인생을 놓고 볼 때, 유치원, 초등학교, 중학교, 고등학교에서 전혀 결이 다른 교육과정이 각각 운영된다면 매번 급을 달리할 때마다 적응하느라 혼란스러울 수 있습니다. 단계에 따라 다양함은 있되, 함께할 수 있는 방향과 흐름은 있어야 합니다. 그 지역에 맞는 최적화된 교육과정이 있어야 하는 것입니다. 일상이 있는 연결은 교사 중심이 아니라 학부모, 지역 사람 중심이어야 합니다. 곡성에서 제가 지역민으로 경험한 참 좋은 것은 어린이집, 유치원, 초등학교가 서로 연결이 되어 있어서, 제 자녀가 급을 달리하여 성장할 때 힘들어하지 않았다는 것입니다. 각 급의 학부모와 학부모가 연결되고, 학부모와 교사가 연결되고, 교사와 교사가 연결되어 있기 때문입니다. 그 형태가 곡성 안에서 곡성지역학부모연합모임, 곡성지역학교장연합모임, 곡성지역교사모임 등입니다.

● 서로를 불러봅니다

어느 날 제 첫째 딸과 둘째 딸이 저에게 문제를 냅니다. '내 것인데 남이 더 많이 쓰는 것이 뭘까요?' 두 딸이 알려준 답은 '이름'이었습니다. 딸들의 이야기를 듣고 보니 부르는 말은 참 신기합니다. '사랑'하면 벌써 얼굴에 웃음이 돌고, '코로나'하면 벌써 얼굴을 찡그립니다. 누군가를 부르는 말은 그렇게 특별합니다. 이렇듯 부르는 말에 따라 친구가 되고, 이웃이 되고, 동료가 됩니다. 부르지 않으면 그냥 나와는 관계없는 사람일 뿐입니다. 그렇기에 우리는 서로를 불러야 합니다. 서로에게 이야기 걸어야 합니다. 그

것이 마을교육공동체입니다. 서로가 부르지 않으면 누가 먼저 인사할 겨를도 없이 스쳐 지나갑니다. 비록 다른 지역에서 출퇴근하는 교사이지만 학생들과 교육활동을 할 때는 그 학생이 살아가는 마을을 함께 들여다보는 누군가를 불러보아야 합니다. 그리고 자신이 자녀를 키우지 않는 지역민일지라도 지역에서 걸어다니는 학생들을 보면서 누군가를 불러보아야 합니다. 내 자녀가 학교에 다닌다면 단순히 학교에 무엇인가를 요구하는 보호자가 아니라 가정에서 마음과 정성을 다해 아이를 양육하는 지역민으로 누군가를 불러보아야 합니다. 더욱이 서로가 서로를 부르고 인사를 하면 그 뒤에 대화도 이어집니다. 배움이란 관계를 맺는 방법을 터득하는 것입니다. 제가 학생일 때 지금 자녀를 키우고 있는 지역 사람으로 살아가기까지 저를 불러준 사람들과 마을교육공동체에서 살아갈 수 있어서 행복합니다.

● 더 좋은 방향에 대한 같은 열망

늘 걷는 길, 늘 보는 길이 오늘은 왠지 낯설고, 늘 하는 행동, 늘 만나는 사람들이 오늘은 왠지 낯설다고 느낄 때가 있습니다. 그것은 상황이나 내 역할에 무뎌진 것일 수도 아니면 무겁게 느껴지는 것일 수도 있습니다. 지금 혹시나 마을교육공동체를 실현하면서 불편한 상황에 놓인 선생님, 마을활동가가 계시다면 뭐가 달라질까? 라는 두려움보다 함께하며 좀 더 행복하길 바랍니다. 굳이 괜찮다고 하지 않으셨으면 합니다. 진짜 괜찮지 않을 때는 주변 사람에게 털어놓고 이야기할 수 있어야 합니다. 분명 나의 말을 들어주고 공감해줄 사람은 옆에 있습니다. 저도 혼자인 줄 알았는데, 함께 걸어가고 있는 분들이 계시더라구요.

제가 가지고 있는 고민, 그리고 저에게 다른 분들이 말한 고민을 조심스럽게 꺼내보려 합니다. 수없이 내민 나의 손을 누군가 소리 없는 메아리로 답하지만 그 메아리에 색을 입히는 것은 바로 나입니다. 때로는 서로가 가진 감정이나 생각을 말하는 순간 초점이 갑자기 불명확해 지기도 합니다. '어? 나랑 같은 생각 아니었어?'라는 의문이 생깁니다. 하지만 그렇게 불명확한 것이 교육 현장입니다. 그 불명확함과 불안함 속에서 본질을 찾아가는 것입니다. 학교 울타리를 넘나들며 이루어지는 교육에 대한 바람은 개인마다 다양합니다. 비록 개인마다 관점과 원하는 형태가 조금 다를지라도 앎과 삶을 연결하는 더 좋은 교육에 대한 갈망은 같습니다. 예쁘게 포장된 결과만을 보고, 마을교육공동체에 접근하지 않으셨으면 하는 바람입니다. 뜻이 맞고 생각이 맞는 우리끼리만 하자는 것은 위험한 생각일 수 있습니다. 비록 공감을 얻지 못하더라도 사람들과 자꾸 소통하고 있는 그대로를 드러내고 싶습니다.

학생들에 대한 오해 아닌 오해

● 주변을 가만히 들여다보지 못하는 학생들?

학생들과 곡성군 입면의 제월섬이라는 곳에서 트리클라이밍(밧줄로 나무를 오르내리면서 나무를 보살피는 활동) 체험을 하는데, 이름 모를 새소리가 들리자 학생들은 그 새의 이름은 무엇인지, 왜 우는지, 무슨 상황인지 옆 친구들과 이야기를 나누었습니다. 아이들은 우리가 생각하는 것보다 주변과의 연결을 중시합니다. 아직 성숙하지 못해서 자기 자신에게만 갇혀 사는 존재라고 생각해서는 안 됩니다.

외로운 마을. 우리 마을은 북소마을.

우리 마을은 나빼곤 학생이 없다.

우리 마을은 외로운 마을

우리 마을에 나와 같은 학생이 왔으면 좋겠다.

학교가 끝나면 친구들이나 동생들과 항상 떨어져 있다.

우리 집은 마을 산속에 있다.

마을이 안녕하고 가는 것 같다.

나는 집에 혼자 걸어간다.

나는 집 가는 길이 솔직히 지루하다.

친구 집이 너무 멀어서 외롭다.

집 옆에 우리 마을에는 친구가 단 한 명도 없다.

주변에 친구 집이 없고 혼자 노니 너무 외롭다.

– 죽곡초 학생들의 목소리

　학생들이 자신이 살고 있는 마을의 의미를 생각하지 않고, 그냥 집과 학교를 왔다 갔다 한다고 생각하지 않으셨으면 합니다. 자신의 집 주변은 학생들에게 매우 중요한 곳임을 학생들의 목소리를 통해서 알 수 있습니다. 죽곡초등학교에서 〈내 친구 집은 어디인가〉 교육활동을 진행했습니다. 학생들과 자신들이 사는 마을을 소개하고 걷는 활동을 하였습니다. 마을을 걸으면서 자기 집 주변에 있는 나무 아래에서 있던 일화를 이야기하고, 옆집에 사는 개는 몇 살인지, 통학차가 너무 커서 자기 집 앞까지 오지 않아 아침에 15분 걸어 통학차를 타러 가야 한다는 것 등 많은 이야기들을 나눕니다. 또한 학생들과 함께 다니는 경험을 통해서 교사는 학생을 보다 깊게 이해할 수 있었습니다.

● 스스로 해나가는 힘이 부족한 학생들?

우리 생각보다 학생들은 스스로 하고 싶어 하는 것도 많고, 할 수 있는 것도 많습니다. 단지 우리가 기회를 주지 않았을 뿐이고, 우리가 섣부르게 '아직 어리니까' 하고 의사결정에서 제외시켰을 수 있습니다. 저는 학생들의 이야기를 듣고 반영하며, 학습자 중심의 교육활동 형태로 마을교육과정을 구현해 나가시기를 권장드립니다. 소규모 학교의 사례와 중규모 학교의 사례에서 학생들의 모습을 말씀드리려 합니다.

먼저, 죽곡면에 위치한 소규모 학교 죽곡초 학생들이 경험한 마을축제입니다. 토란도란마을축제는 지역사회와 학교, 학생 모두가 주인인 마을축제로 진행되었습니다. 보통 축제는 초대를 하는 쪽이 주인이고, 초대를 받는 쪽이 손님이 됩니다. 하지만 학생들은 축제준비위원회에 당당하게 참여하여 자신들이 원하는 축제의 모습을 제안했습니다. 그리고 자신들도 어른들처럼 부스를 운영해 보고 싶다고 제안서까지 제출하였습니다. 제안하고 참여하고 결정하고 만들어가는 하나의 주체로서의 경험을 한 것입니다. 특히 학생들이 마을교육과정으로 수확한 토란을 축제에 기증하고, 그 토란으로 토란요리대회, 토란 구워먹기 등 다양한 행사가 진행되는 것을 보고 행복해했습니다.

다음은 곡성읍에 위치한 중규모 학교 곡성중앙초에서 경험한 학생들의 체인지메이커[2] 활동 모습을 이야기하고자 합니다. 제가 마주한 아이들은

2 체인지메이커: 자신의 주변에서 변화를 스스로 만들어가는 주체적인 사람

수동적이지 않고, 주체적으로 무엇인가를 결정하려 했습니다. 학생들은 자신의 삶에서 분명히 바꾸고 싶어하는 게 있습니다. 우리 집, 우리 학교에서 바꾸고 싶은 것, 지역에서 바꾸고 싶은 것, 나라에서 바꾸고 싶은 것, 세계에서 바꾸고 싶은 것들을 이야기하고 실제 할 수 있는 것을 실천했습니다. 코로나 상황이다 보니, 학생들은 자신들이 그동안 경험한 것과는 다른 삶을 살아가게 되었습니다. 코로나 때문에 수학여행이나 체험학습을 갈 수 없었기에, 학교에서 밧줄놀이터를 만들어 놀거나 수도권지역 수학여행 대신 곡성기차마을 관광지에서 아쉬움을 달랬습니다.

당연하던 것들이 당연하지 않게 된 상황 속에서 코로나가 끝나면 어떨까 하는 바람을 담아 자신들이 생각하는 포스트 코로나 시대를 그렸습니다. 미래에 행복하기 위해서 지구촌 환경문제를 해결하기 위한 교육활동을 전개했습니다. 마을학교에서는 학생들이 환경에 대해 생각해 볼 수 있는 교육 자료와 대나무 칫솔을 지원했습니다. 또한 마을학교를 중심으로 주말마다 열리는 뚝방마켓-지역플리마켓의 자리를 맡았습니다. 기존 마을학교에서 진행하는 어린이 장터에 참가하되, 자신들이 캠페인 활동을 함께 전개하고자 한 것입니다. 환경을 살리기 위해서 더 이상 사용하지 않는 물건을 가지고 가서 나누고 판매합니다. 학생들은 패스트 패션(빠른 유행에 맞춰 옷을 쉽게 소비하는 현상)과 쓰레기 배출의 문제점을 이야기했습니다. 또한 자신들 삶의 주변에서 발견한 쓰레기에 눈을 붙여 이야기를 풀어쓴 작품들을 공유했습니다.

안녕, 나는 학교 운동장 나무에 걸쳐진 레몬 비타민 껍질이야.
내 친구 피자박스는 분리수거통으로 들어갔어.
그런데 나는 친구랑 헤어지고 지금 나무에 매달린 거야.

나도 누가 좀 쓰레기통에 버려졌으면 좋겠어.

– 곡성중앙초 학생의 글

안녕 나는 나무에 걸쳐진 레몬 비타민이야 내 친구 피자가 떠나가서 쓰레기통에 버려졌어. 나도 누가 좀 쓰레기통에 버려줬으면 좋겠어.

▲ 쓰레기에 눈을 붙여 이야기하는 활동

▲ 학교 안 밧줄놀이터 활동

　더 나아가 환경을 생각하는 마음으로 플로깅 활동을 하였습니다. 학교, 지역 주변을 걸으면서 쓰레기를 줍는 것이지요. 처음에는 학교 운동장에서만 했습니다. 방과후에는 학교 주변을, 주말에는 가족과 집 주변을 또는 친구들과 곡성 여기저기를 다니며 플로깅 활동을 하는 모습이었습니다. 계획도 스스로 세우고 진행하는 모습은 교사인 저보다 더 훌륭했습니다.

학생들은 자신들이 결정한 것은 자신들이 끝까지 해내려고 했습니다.

● 주어진 것을 소비하기만 하는 학생들?

곡성중앙초에서 중학교 입학을 앞둔 13살 아이들이 코로나 시대 학생들의 목소리를 담은 『내 머릿속 이야기』라는 책을 펴냈습니다. 사소한 이야기부터 포스트 코로나 시대와 마을의 문제, 전 세계의 문제에 대한 생각을 담았습니다. 집, 학교, 곡성, 세계에서 바꾸고 싶은 것, 상상 글쓰기 등 많은 이야기들이 모여 있습니다. 우리 지역이 사라지면 어쩌지라는 고민으로부터 출발하여 자신들의 생각을 표현했습니다. 학생들은 어른들이 미처 생각하지 못한 것, 상식이라 생각하는 것에 의문을 던집니다. 그 엉뚱발랄하면서도 색다른 이야기를 책에 담았습니다. 학생 스스로의 삶뿐 아니라 주변 사람, 지역, 사회, 세상을 변화시킬 힘을 가지고 있습니다.

> 코로나가 끝나더라도 이 지구는 질병이 끝도 없이 나올 것이다. 이 지구는 연약해졌고, 사람들은 점차 발전하며 불편이란 고통을 잘 느끼고 있지 않아서 대처능력이 저하되었다. 우리는 미래를 위해 대처하는 자세를 취하고 있어야 한다. 곡성에 사람이 많아지면 난장판이 될 것 같다. 사람이 많아져 공간이 좁아지고, 자연 환경이 파괴되어 더 이상 깨끗한, 안전한 곡성은 없어질 것 같다. 그래서 나는 지금처럼 곡성에 사람 수가 적었으면 한다.
>
> — 곡성중앙초 학생의 글

이 책은 곡성군과 곡성교육지원청, 곡성군미래교육재단이 협력해 진행한 〈나도 작가 프로젝트〉를 통해 기획됐습니다. 이렇게 지역에서 학생들이 하고자 할 때, 적극적으로 지원해주는 교육 환경에 학생들은 감사할 줄도 압니다. 아이들은 자신들의 요구를 들어주었다고, 계속 요구만 하는 건 아닙니다. 불평을 늘어놓으면서 단지 고발하거나 해달라고 요구만 하지 않고 책임 있게 행동할 줄도 압니다. 학교 운동장에 지역 분들이 버린 쓰레기를 보고 불평만 늘어놓지는 않습니다. 본인들이 직접 쓰레기를 주우며, 자신들에게 필요한 공간에 대한 의견을 지역에 전달하기도 합니다.

학생들의 운동장 쓰레기 문제와 놀이 환경에 관한 요구가 '곡성군미래교육재단'의 지원과 맞물려 지역 사람들과 함께 '꿈놀자 놀이터'를 만들어 가는 과정에 있습니다. 학생 공간지원단이 학생들의 의견을 수렴합니다. 지역의 놀이터TF는 놀이터 조성에 대한 주요 결정사항을 자문, 논의하는 역할을 합니다. 군청의 인구정책과, 건강증진과, 군의원, 교육지원청 행정지원과, 읍사무소, 지역 주민, 학교 인근 입주민대표, 청년회, 이장, 초록우산어린이재단, 건축사, 대한산업안전협회 광주지역본부 등 정말 많은 분들이 협의체에 참여해서 아이들이 만들어가는 놀이터를 지원해주십니다. 학교 단위의 공간혁신은 여기저기서 많이 이루어지고 있습니다. 그런데 하다 보면 학교 안에서 해결하기 어려운 문제들에 봉착하게 됩니다. 이를 위해서 지역에 함께 살아가는 사람들이 협의체를 이루어 지원을 하기에 학생들 그리고 학교, 지역주민들 모두가 행복합니다.

학교 운동장이라는 공간에 학생들은 다양한 의미를 부여합니다. 저녁에 가족과 함께 운동하러 나오는 공간, 친구와 다툰 후 화해하는 공간, 어르신들이 더위를 피해 그늘에서 쉬는 공간, 중고등학교 선배들이 야구하러 오는 공간 등. 우리가 살아가는 마을교육공동체도 마찬가지입니다. 학생들은 무심한 듯 보일 때가 있지만 의외로 주변에 대해 정말 관심이 많습니다. 안 보는 것 같지만 보고 있고, 듣지 않는 것 같지만 듣고 있으며, 느끼지 않는 것 같지만 느끼고 있습니다. 또한 주어진 것을 소비만 하며 편한 것만을 추구하지 않고, 생산하고 만들어가는 것을 좋아합니다. 그러니 우리는 마을교육공동체의 가치가 구현되는 모습을 경험하게 해주어야 합니다. 그리고 학생들의 목소리에 귀 기울여 주어야 합니다.

학교와 마을을 넘나들면서 배우는 것은 죽곡초 학생들에게는 당연시 되었습니다. 2018년에 출간한 『라면 맛있게 끓이는 법』에 이어 죽곡초 아이들이 2019년에 『토란밭에 뭐가 있을까』라는 책을 출간했습니다. 아이들의 요청으로 죽곡초의 마지막 한 해를 마무리하며 제가 쓴 글을 실었습니다.

누구나 처음은 설레고 서툴 것입니다. 죽곡초등학교에서 교직 생활을 시작하며 아이들에게 제 서툰 모습을 그대로 보였습니다. 그런데 아이들은 제가 보인 그런 모습을 있는 그대로 인정해 주었습니다. 그 덕분에 죽곡초에서 구년을 보낸 지금도 저는 설렙니다. 유치원 구살 때 반짝반짝한 눈으로 저를 쳐다보던 학생들이 어느덧 초등학교 교문을 나서는 졸업을 앞두고 있습니다.

그 세월 동안 학교를 지키던 아름드리나무는 벼락을 맞아 기억 한편으로 사라졌고, 그 세월 동안 아이들을 사랑으로 가르치던 교장선생님, 동료 선생님들은 다른 곳으로 가셨습니다. 변하지 않은 것이 있다면 그중 하나는 바로 죽곡초등학교 학생들의 따뜻한 마음입니다. 친구, 동생 부모님, 주변 어른들을 사랑하는 마음과 내가 할 수 있는 일, 하고 싶은 일에 최선을 다하는 마음입니다. 우리 학생들은 어른들을 흉내 내는 활동이 아니라 자신들의 이야기를 따뜻하게 있는 그대로 들려주었습니다. 그런 학생들에게 고마움을 표합니다. 제가 그랬듯이 이 이야기를 읽으시는 분들도 학생들과 사랑에 빠지면 좋겠습니다.

　　　　　　　　　　　　- 죽곡초등학교와 첫사랑에 빠진 교사 송민영

여기서 처음 사랑은 아이들에 대한 사랑이기도 하며, 마을교육공동체에 대한 사랑이기도 하며, 그렇게 살아가는 내 자신에 대한 사랑이기도 했을 것입니다. 그 첫사랑을 간직한 채 근무지를 옮기고 누구를 만나든 그 사랑을 나누려 합니다. 아이들은 만나는 어른들을 성숙하게 성장하도록 도와주는 인격체입니다. 아이들은 할 수 있는 게 많습니다. 그리고 어른들이 마을교육과정을 실현하려고 할 때, 서툴더라도 아이들은 그 서툰 상황에 대해서 불평불만하지 않습니다. 그러니 어른인 우리가 조금 서툴러도 용기내면 좋겠습니다.

교사에 대한 오해 아닌 오해

● 편의를 위해서 마음의 문을 열지 않는 사람들?

마을활동가들과 이야기하다 보면 거침없이 서운함을 내비칠 때가 많습니다. 불만보다는 서운함에 가깝습니다. 그런데 이러한 서운함의 목소리는 자연스레 지역의 어려움을 공유하고 미처 생각하지 못해서 벌어지는 일들을 찾아 함께 보완하고, 현장의 소리를 적극 반영할 수 있는 통로입니다. 반대로 저는 마을활동가들에게 선생님들의 목소리를 들려드리고 싶습니다. "교사들이 내용을 이해하고 취지에 동의할 충분한 시간을 주었는가?" 내용과 취지를 잘 알게 해준 다음에 동의를 구하며 추진한 것과 일방적으로 사업이나 업무 처리 차원에서 추진하는 것은 분명하게 다릅니다. 특히 선생님들은 학생들을 중심으로 교육과정을 운영하시는 분들입니다. 사업이나 업무보다는 교육활동과 교육의 의미에 중점을 두십니다.

"학교가 문을 안 연다"는 이야기도 어느 곳을 가든 들리는 이야기입니다. 물론 학교가 문을 열지 않는다고 느낄 정도로 학교의 협력이 소극적인 것도 일부 사실입니다. 교사들도 이를 인정할 줄 알아야 합니다. 학교와 마을의 협력으로 아이들의 온전한 성장을 이루기 위해서는 마을을 단지

교육자원의 동원이나 활용 대상이 아닌 협력 파트너로 보아야 합니다. 그것을 이해하고 있음에도 학교가 소극적인 데는 이유가 있습니다.

마을을 정확하게 이해하는 것은 쉬운 일이 아니며, 대개의 교사들 역시 마을에서 주민으로 살고 있지 않기 때문에 많은 한계를 지니고 있습니다. 아이들의 삶은 아이들의 삶이고, 교사는 교사의 삶을 삽니다. 아이들이 살고 있는 동네, 마을에 대해서 전혀 모릅니다. 삶의 터전이 달라서 아이들이 무슨 이야기를 하는지 학교 밖 이야기를 하면 교사는 알아듣지 못합니다. 제 동료 교사는 경기도에서 살다가 저와 같이 죽곡초에 첫 발령을 받았습니다. 처음에는 전남, 곡성, 죽곡을 낯설어했습니다. 그런데 학교 관사에 산 지 1년 뒤의 모습은 누구보다도 그 마을을 잘 알고, 아이들의 삶을 이해하는 선생님이 되었습니다. 지금은 어쩌면 저보다 그 동네를 더 잘 아는 선생님일지도 모릅니다.

그러나 대부분의 선생님들은 근무지에 갑자기 떨어진 존재입니다. 학생들이 다 아는 작은 마을 돌담길, 마을 농협 주변을 서성이는 집 없는 고양이, 떡볶이를 맛있게 만드는 공부방 선생님도 교사만 모릅니다. 하나를 알았다 싶으면 또 하나를 모릅니다. 그럼에도 교사는 날마다 자신이 만나 관계를 맺는 학생들의 삶의 토대를 알아가려고 합니다. 교육의 시작이기 때문입니다. 이렇게 힘들어하는 교사들을 위해 먼저 그 지역에서 교육활동을 하고 있는 교사나 지역민을 중심으로 네트워크를 구성하여 연결해야 합니다.

마을교육공동체 교육활동이 왜 주로 학교 밖 사람들이 학교로 들어가야 한다는 것으로 집중되어 나타났을까 하는 물음을 던져보아야 합니다. 밖에서 학교로 들어가야 한다는 생각들이 왜 우선하게 되었을까 생각해보아야 합니다. 마을이 변화하기 위해 어떤 것들을 학교가 함께해야 하는

지 고민해야 합니다. 마을교육공동체 교육활동은 마을 사람들이 특정한 교육 프로그램을 가지고 학교로 들어가야 한다는 것을 의미하는 것은 아니라고 봅니다. 학교만이 아니라 학교 밖 마을도 교육적 공간이 되어야 함을 말하는 것입니다. 마을교육공동체의 의미를, 학교 밖 사람들이 학교 안으로 들어와 학교를 혁신하는 것으로 오해하게 만들었기 때문에 선생님들이 불편해하셨습니다. 그러니 편의를 위해서 마음을 열지 않는 것이 아님을 생각해주시면 좋겠습니다.

마을활동가에 대한 오해 아닌 오해

● 안 되는 것을 요구하는 사람들?

마을학교란 마을활동가 양성 교육을 운영하거나 주민이 원하는 다양한 형태의 학습과 성장을 지원하는 학습공동체라고 생각합니다. 따라서 마을학교는 일정한 형태의 공간이 아닌, 공동체입니다. 학부모를 포함한 더 넓어진 주체라고 할 수 있습니다.

학교 선생님들은 마을활동가들의 제안을 받아들일 때 불편해합니다. 마을활동가들은 공교육을 애초에 부정하는 분들이라고 생각하는 경우가 있습니다. 그리고 마을교사는 깊지 않은 교육적 경험을 가지고 이래라 저래라 하는 듯 느끼기도 합니다. 이미 학교교육과정이 다 수립되었는데, 뒤늦게 뭘 자꾸 하고 싶다고 하니 어렵게 느껴지기도 하겠지요. 또한 마을학교가 학교와 학생들을 본인들의 돈벌이 수단으로 생각하고 있다고 오해하기도 합니다. 교사가 이미 다 교실에서 하고 있고, 별다를 것이 없는데 왜 해야 하는지 모르겠다는 이야기도 합니다.

마을학교 선생님들은 대부분 학년 및 학교교육과정 계획 수립의 절차와 의미를 정확하게 알고 있지 못합니다. 연간 시수 개념, 교과 및 창의적 체험활동 시간 배분에 대한 개념도 알지 못합니다. 그 부분에 대해 자세히 설명해 드리고 연말에 교육과정 의견 수렴부터 함께 구상해보자는 제안을 하면 "아, 몰랐다. 선생님들과 학교를 불편하게 해드려 죄송하다"고 말씀하십니다. 그동안 학교에 "왜 교육활동 시간 빼는 게 안 돼요?"라고 물은 한마디가 얼마나 선생님들을 불편하게 한 것인지 이해하십니다. 이렇게 서로의 상황을 이야기해야 합니다. 이 정도는 마을활동가 분들이 알고 있을 거라 짐작하여 대화를 하지 않으면 오해는 쌓이고 쌓입니다.

　　학교 선생님들은 마을학교 교사들이 따로 수당을 어디에서 받는 것이 아니라 지원금이나 공모를 통해서 또는 무상으로 아이들과 함께하고 있다는 사실을 알게 되었습니다. 그리하여 학교에서 소정의 강사비라도 드리고 싶다는 의견과 혹여나 아이들의 활동에 필요한 물품 구입은 학교에서 하겠다고 이야기했습니다. 마을학교 교사들은 예산에 관련된 이야기는 말 꺼내기가 참 힘든데, 학교에서 먼저 말해주어 감사하다고 했고, 학교 선생님들은 마을학교 교육활동의 지속성과 그 역할에 대한 중요성을 인정하고 지원의 필요성을 강조했습니다.

　　마을교사는 학생들이 만날 수 있는 마을의 구성원으로 네트워크에 소속되어 강의, 돌봄 등 다양한 형태의 교육을 실천하는 사람입니다. 마을교사의 역할을 한 가지로 규정하기는 어렵고 앞으로 더 확대되어야 합니다. 마을활동가들은 아이들이 마을과 함께 성장할 기회를 제공하고 학교와 가정, 이웃을 이어주는 사람 그리고 그렇게 살아가는 사람이기 때문입니다. 호칭은 단지 부르는 말에 그치는 게 아니라 그 부르는 대상에 대한 의미가 담겨 있습니다. 마을교사라는 호칭에 걸맞게 전문성을 꾸준하게 함양할 수 있도록 마을교사 발굴, 양성 과정을 지원해야 합니다. 학교와 마을의 장점이 연결될 수 있도록 도움을 주고받아야 합니다. 그렇기에 학교, 교육청, 지자체에서 마을교사가 성장할 수 있는 지원을 끊임없이 해야 합니다.

또 하나의 오해가 있다면, 마을활동가들은 서로 잘 알던 사람들끼리 모여서 무엇인가 하려고 한다는 것이었습니다. 같은 생각이 있었기에, 서로 시간이 지나면서 아는 사람이 되는 것이지 처음부터 우리 이런 것을 해보자 하고 시작된 만남들은 분명 아닙니다. 어떤 특별한 정치적 성향을 보이는 사람들도 아닙니다. 누구는 텃밭에서 농사를 짓고, 누구는 조그마한 가게를 운영하고, 누구는 집안 살림을 도맡아 하고, 누구는 저녁시간에 지역 학생들의 안전을 지키고, 각자 살아가는 모습이 다릅니다. 삶의 모습이 다른 이들이 공통된 가치로 이어집니다.

곡성읍권역교육공동체 '이음'

목적

1. 곡성읍권역 유아, 청소년, 지역구성원들의 행복한 삶을 위한 거버넌스를 통해 모두가 교육의 주체로 설 수 있도록 지역성을 회복한다.
2. 너, 나, 우리의 연결을 통해 존중, 신뢰, 공감을 바탕으로 대화, 협력, 실천의 장을 마련한다.

방침

1. 곡성읍권역 유아, 청소년, 지역구성원들의 교육에 관심이 있는 모든 이가 참여할 수 있는 열린 공간으로 운영한다.
2. 교육공동체 이음은 개인 자격으로 참여하며, 의무 참여가 아닌 자발성을 전제로 부담 없이 자유롭게 참여한다.
3. 교육공동체 이음은 세대 간의 간격을 잇고 각기 다른 사고를 잇는 이음의 역할을 수행한다.
4. 참여자는 대화 시 입장이나 견해가 다를 수 있음을 서로 존중하며, 유아, 청소년, 지역구성원들의 행복한 삶을 위해 모인 서로를 신뢰하는 것을 가장 우선시한다.
5. 필요시 각 기관별 업무담당자는 단체의 대표성을 띠고 상시적으로 곡성읍권역 실무협의체를 통해 협력하여 교육활동, 프로그램 등을 진행하고 연대한다.
6. 이음의 장에 대한 사전·사후 기록, 주요한 일정 및 공지사항은 공식 소통망에 누적 기록하며, 실시간 대화 소통망 역시 사적인 대화보다는 공식적인 사항을 알리는 수단으로 사용한다.
7. 운영 시 수반되는 간식, 식사 등 기타 운영비는 각 기관에서 지원 가능할 시 지원하되 특별한 명목의 회비 등 기타 운영비를 걷지 않는다.

결국은 같은 마음

어렵게 한발 내딛었는가 싶으면 또 다시 원점이고, 이제는 협력 관계를 이루었나 싶다가도 이것이 과연 협력일까 싶은 회의가 생깁니다. 잘 마무리된 결과만 봐서는 안 됩니다. 그 가운데는 주체별로 불편한 감정을 느낀 부분이 상당히 많았습니다. 그런데 불편함이 있다는 건 어쩌면 이미 연결되어 가고 있다는 것일 수도 있습니다. 상대를 신경 쓰고 있다는 것입니다.

학교 안에서도 동료 교사 간 협력하기가 어려운데 여러 주체가 함께 연결된다는 것은 더욱 어려울 것입니다. 마을교육공동체의 구현은 예쁘게 포장된 선물과 같이 누군가 주는 것이 아닙니다. 선물을 함께 고르고, 함께 포장하고, 그리고 다시 그 선물을 서로에게 주는 과정입니다.

마을교육공동체에 참여하는 사람들은 늘 만나서 가치와 의미를 이야기하며 공유해야 합니다. 곡성읍에서는 곡성읍권역교육공동체 '이음'을 운영하고 있습니다. 만날 때마다 마을교육공동체에 대한 서로의 생각을 공유하고 외연을 확장할 수 있도록 송경애 선생님의 『마을발견』이라는 책을 통해서 이야기를 나눕니다. 더불어 교육에 관한 다양한 배움을 서로 나눕니다. 격월로 학습 활동과 더불어 실무 협의를 이어서 진행합니다. 기관에서 협력이 필요한 부분을 제안하면, 지역민들은 서로 의견을 나눕니다.

지금도 어디선가 사람과 사람의 연결을 위해 애쓰고 계실 분들과 이야기 나누고 싶습니다. '할 수 있을 때, 후회하지 말고, 할 수 있을 때, 흔들리지 말고' 함께 격려하며 살아가자고 말입니다. 때로는 오해로 마음 아프고, 때로는 돌아오는 메아리가 없이 공허하기도 하지만 '왜' 그렇게 살아가는지 서로 끊임없이 이야기하고 싶습니다. 오해들은 누군가가 풀어 줄 수는 없습니다. 자신이 삶으로 보여주어야 합니다. 하지만 오해는 옆에 있는 사람이 대신 풀 수 없을지라도, 눈을 마주하고 격려의 눈빛으로 위로하는 것은 가능하다고 생각합니다.

왜 하는가? 무엇을 위해 하는가?

● 쉼 없이 학생들과 살아갑니다

비가 엄청 내리는 날 평상시면 교실에 도착해야 하는 학생이 오지 않았습니다. 그 전날 보호자와 연락하기로는 아침 일찍 어디에 가서서 학생이 혼자서 학교에 등교해야 하니 선생님이 알고 있으면 좋겠다고 했습니다. 통학차량 운전원 선생님께 여쭤보니 오늘은 학생이 통학차를 타러 나오지 않았다고 합니다. 보호자와 통화가 안 되어 학교로 보호자가 데려다 줄 거라 생각했다고 하셨습니다. 몇 번의 통화 시도 뒤에 드디어 전화를 받았습니다. 알람을 듣지 못해 일어나지 못하고 계속 잤다는 것입니다.

학생이 살고 있는 곳은 외진 곳이라 혼자서 오기가 어렵습니다. 학생은 "선생님 저 6학년이에요! 걱정마세요. 제가 걸어갈게요."라고 했지만 걱정이 되었습니다. 학교로 오려면 적어도 20분은 걸어야 할 텐데. 교실에 있는 학생들을 남겨두고 제가 갈 수도 없고, 기다리기로 했습니다. 그런데 조금 뒤 예상시간보다 훨씬 빠르게 학생이 왔습니다. "저 우산 쓰고 걸어오는데, 아랫집 이모가 밭에서 집으로 오시다가 저를 보시고는 태워다 주셨어요." 제가 지금 마주하는 학생의 삶을 바로 옆에서 함께해 줄 수 없다는 생각이 들었습니다. 그렇기에 마을에서 배우고, 살아갈 수 있도록 해줘야겠다고 다짐했습니다.

내가 이 일을 왜 하는가? 무엇을 위해 하는가 라는 질문을 스스로에게 던지고 답을 찾다 보면 조금 더 명확해집니다. 마을교육과정을 실천하던 중 스스로 질문이 생기면 수첩에 적어둡니다. 죽곡초에서 함께 이야기해 보고 싶던 물음은, '마을교육공동체의 비전과 가치를 어디에 두어야 할까? 마을교육과정을 전개할 때 유의점은? 지역사회의 다양한 교육자원과 인프라의 체계적 연대, 교육자치와 일반자치 간 협력적 거버넌스를 위해서 교육주체가 내어야 할 목소리는 무엇일까?'입니다. 곡성중앙초에서 함께 이야기해보고 싶던 물음은 '학교는 마을교육이 필요한가? 공교육 혁신과 마을교육공동체는 어떻게 연결되는가? 마을을 담은 교육과정이 지역사회와 관계맺기부터 출발한다면 무엇을 준비할까?'였습니다.

계속 그러한 물음들에 함께하는 사람들과 그리고 학생들과 살아가면서 대답해 봅니다. 왜 하는지, 무엇을 위해 하는지 스스로 대답하면서 지내고 있습니다. 그 가운데 대부분의 일들이 내 뜻대로 되지 않는 것은 우연일까요? 마을교육공동체 교육활동을 하다가 생각대로 되지 않는 건 참 멋진 일입니다. 그만큼 생각지도 못하던 행복한 일들이 일어나니까요.

● 삶과 앎이 연결되는 반짝이는 삶을 살아가면 좋겠습니다

한 가지 분명한 것은 미래사회에서 교육과 사회 전반의 문제들은 더욱 긴밀하게 상호의존적이 될 것이며, 미래교육은 우리 자신이 주체가 되어 지속적으로 만들어가야 한다는 것입니다. 변화의 속도가 빠른 시대에 우리가 주체로서 우선 먼저 파악해야 할 것은 방향입니다. 미래 교육의 방향은 미래사회에서 개인과 사회의 관계를 어떻게 설정하느냐에 따라 다르게 전개될 것입니다. 따로따로가 아니라 각자의 위치에서 학교대로, 마을대

로 하던 교육활동을 연결해야 하는 지점에 와 있습니다. 학교와 마을을 통해 학생들의 지적, 인격적 성장을 함께 도모하는 것입니다. 이것이 마을교육공동체가 생태계적 교육을 지향하는 모습이라 할 수 있습니다.

교실에서 이루어지는 미래교육과정에 마을교육공동체가 결합하는 모습은 삶의 과정을 담는 것입니다. 사실 절차는 훨씬 복잡해지지만 이러한 결과로 교사들은 학생들이 뭔가에 푹 빠져 몰입하는 장면을 볼 수 있습니다. 행복한 학교를 만들자는 것에는 동의합니다. 하지만 어떤 학교가 행복한 학교이고, 어떻게 해야 학생과 교사와 학부모가 행복한 것인지는 사람의 수만큼 의견이 다양하니, 맥락을 꼭 담아야 합니다.

마을교육과정은 일회성 행사나 사업이 아닌 교육과정 편성 및 교과 교육에 실질적인 변화를 가져올 수 있어야 합니다. 교육과정과의 연계·통합을 지향합니다. 그런데 이때, 학교교육과정의 자율성을 해쳐서는 안 됩니다. 교사는 교육철학과 수업을 혼자만의 틀에 가둬버리지 않도록 유의해야 합니다.

'나는 교육을 어떻게 생각하는가?', '나는 수업을 어떻게 생각하는가?', '나는 아이들을 어떤 존재로 생각하는가?' 이런 고민들을 바탕으로 교사, 학부모, 마을활동가, 지역주민들과 함께 교육철학을 나누자는 것입니다. 함께한다는 것의 전제는 만남일 것입니다. 서로에 대한 믿음과 함께 상대를 의지해도 좋겠다고 생각할 만큼 서로의 전문성을 인정해야 합니다. 살아있는 마을교육과정을 실천하는 교사는 아이들의 삶을 위해 어떻게 가르치고 교육할 것인지 결정하고 전문성을 발휘하게 됩니다.

곡성중앙초는 교사가 전문성을 발휘하여 마을교육과정을 프로젝트 형태와 마을학교와 협력하는 형태로 운영하고 있습니다. 담임교사가 진행하는 프로젝트로는 나눔장터 활동, 중심지 및 전통시장 탐방, 곡성문화유산 답사, 곡성읍 공공기관 견학, 지역문제해결 캠페인 활동 등입니다. 뚝방마을협동조합 마을학교와 운영하는 예술 관련 마을교육과정은 봄과 관련한 액자, 문패, 꽃화분 등을 만들어 집안 꾸미기 활동, 비즈공예와 보석십자수로 나만의 디자인 표현해보기 활동, 옛 도자기를 만드는 활동, 학생이 직접 고안한 생활소품을 가죽공예로 완성하며 바느질을 해볼 수 있는 과정 등이 있습니다. 더불어 지역 속에서 삶과 앎을 연결하는 학생 주도의 다양한 자율동아리가 있습니다.

많은 사람들이 미래를 준비하는 교육으로 나아가자고 말합니다. 그 출발점은 바로 지금 현재의 아이들이 경험하는 마을과 함께하는 학교운영에 있다고 생각합니다. 아이들은 학교에 와서 친구들과 어울려 놀고 배우고 익힙니다. 하루가 모여 한 달이, 일 년이 되고 이런 일상 속에서 아이들은 삶을 살아가는 이치를 깨우칩니다. 마을교육공동체와 함께하는 미래교육을 전개할 때 먼저 고려해야 할 것은 바로 학생들의 삶입니다. 학생들이 학교와 마을을 든든한 버팀목이라고 느낄 때 우리 교육은 희망을 찾을 수 있습니다. 그렇기에 학교는 천천히 마을에 대한, 마을을 통한, 마을을 위한 교육을 그리며 학생, 학부모, 지역사회와 마을교육공동체 실현을 꿈꾸며 실천해야 합니다. 그럴 때 미래를 그릴 수 있습니다.

저는 아이들이 반짝반짝 빛나는 삶을 살아가기 위해서는 '스스로를 사랑하고 자기가 살고 있는 둘레를 사랑하는 것'이 가장 중요하다고 생각합니다.

글을 닫으며

따뜻한 마을교육공동체는 삶과 앎이 하나 되도록 노력하는 사람들의 만남입니다.

따뜻한 마을교육공동체는 함께 성장하는 사람들의 만남입니다. 모자라면 함께 채우고, 조금 더디면 손잡고 걸으며 함께 커가는 공동체입니다.

또한 따뜻한 마을교육공동체는 상대를 존중하는 공동체입니다. 생각이 다름을 받아들이고 상대를 인정합니다.

따뜻한 마을교육공동체 안에서 실현되는 마을교육과정은 실천이 있는 철학입니다.

마을교육공동체 안에서 불편한 상황과 갈등에 직면하더라도 당황하지 않고 상대방을 더욱 필요로 하면 좋겠습니다. 오늘 그곳에서 행복해야, 먼 훗날 그곳에서도 행복할 것입니다.

찾아오는 학교, 마을학교가 미래다

최형구(낙안초등학교 교사)

학령 인구 감소와
지역의 교육 인프라 부재로
삶의 공간인 마을과 학교는 오늘도 위태롭다.
마을학교가 답이다.
지역의 브랜드 가치는 학교와 마을이 만들어간다.
아이들이 삶터에서 꿈을 꾸고 펼칠 수 있기를 소망한다.
교사도 마을활동가로서 역할이 필요하다.

학교의 위기, 어디에서 시작되었는가?

2019년 현재의 학교에 부임해오면서 학교의 위기가 감지되었다. 학구의 아이들 몇 명이 인근 지역의 학교로 전학을 가면서 분위기가 심상치 않았다. 교직원들은 '우리학교의 문제가 무엇일까?', '학부모들과 아이들이 우리학교를 떠나는 이유가 무엇일까?' 생각해보지만 딱히 해답을 찾지 못했다. 인근 학교의 교육활동이 우리 학교와 비교해서 월등하게 나은 것은 아닐까 싶어서 그 학교의 교육계획을 탐독해보기도 했다. 별다른 차이는 없었다. 단지, 오케스트라를 운영하면서 해외공연을 갈 수 있다는 이유를 건너건너 들었다.

교직원과 학부모들은 학교의 위기라는 생각이 들었다. 지역의 학생과 학부모, 지역민들이 지역을 소중하게 생각해주지 않고, 학교를 가치있게 생각하지 않는다면 미래는 없다는 생각을 했다. 학교의 브랜드 가치를 높이는 일은 지역의 브랜드 가치를 높이는 일이라는 사명감이 들었다. 우리 지역의 장점이 무엇일까 들여다보기 시작했다.

● 우리 지역의 브랜드 가치부터 찾아보자

(자연환경) 낙안면은 전라남도 순천시의 서쪽 20.2km에 떨어진 곳에 위치하며, 동편은 상사면과 별량면, 북쪽은 송광면과 승주읍에 접해 있으며 면의 동쪽에는 오봉산, 북동쪽에는 금전산, 서쪽에는 백이산, 남쪽에는 제석산이 솟아있고 낙안천과 교촌천이 낙안벌의 너른 들판을 가로질러 흐르고 있다.

(인문환경) 면적은 63.1㎢(순천시 전체의 6.9%)이고 19개 법정리와 36개 행정리로 구성되어 있다. 2020년 말 기준으로 인구는 3,322명이고 전체

1,768가구가 거주 중이며 세대당 인구는 1.88명이다. 다문화가족은 베트남, 필리핀, 일본, 캄보디아, 중국 등 40명이고, 1,749호의 주택 중에서 1,640호(93.8%)가 단독주택이며 연립주택 12호, 다세대주택 7호, 기타(초가) 90호이다.

(경제환경) 낙안의 주 특산물인 배는 다른 지역보다 일조량이 충분하여 당도가 높고 과즙이 풍부하다. 낙안민속 오이는 동절기 주 재배 작물이며 다음해 7월까지 생산된다. 이 밖에 벼, 맥주보리 생산과 더불어 축산업이 발달(87농가 108,526두)되어 있으며 요구르트, 치즈 가공 농장이 있다. 또한 마을기업은 총 5개 단체가 있으며, 130명이 참여하고 있으며, 협동조합은 5개 단체, 총 178명으로 구성되어 있고, 농업법인은 22개 단체, 653명이 참여하고 있다.

(주요시설 현황) 낙안면은 보육시설 1개소, 학교 2개소, 경로당 41개소, 숙박 및 음식점 119개소, 종교시설 13개소, 사업체 202개소, 공공기관 5개소, 온천 1개소가 운영 중이다. 문화시설은 문화재 19개소, 도서관 1개소, 박물관 1개소가 운영 중이며, 여가 및 체육시설은 공원 1개소, 체육관 2개소(학교 포함), 게이트볼장 1개소, 휴양림 1개소가 있다. 국가지정 문화재인 보물은 2개, 사적 및 명승 1개, 중요민속자료 9개가 있고, 시·도지정 문화재는 유형문화재 2개, 기념물 1개가 있고, 문화재자료 1개, 향토문화유산 2개가 있다.

(교통현황) 순천시에 대설된 주요 광역도로망의 경우 고속도로는 남해고속도로(영암~순천 포함), 호남고속도로 및 순천~완주 고속도로 등 총 4개 노선과 일반국도 7개 노선, 국지도 1개 노선 및 지방도 3개 노선으로 구성되어 있다.

(관광현황) 경관자원으로 드넓은 낙안고을의 운치와 풍광으로 소개하는 낙

안팔경이 전해져오고 있고, 걷고 싶은 길로는 금전산 능선길이 있다. 다양한 축제 등 공동체 자원으로는 낙안 민속문화축제와 남도음식문화축제가 해마다 열리고 있고, 읍성 백중놀이, 배꽃축제, 전국 가야금 병창대회, 전국 판소리 경연대회가 성황리에 진행된다.

● 학교의 가치가 높아지면 지역의 가치도 높아진다

학교는 그 자체로도 의미있는 지역의 기관단체이지만 지역과 함께하고, 지역의 삶을 배울 수 있고, 삶의 주체로 학생들이 성장할 수 있도록 도와주는 것이 가장 큰 의미일 것이다. 학교의 가치가 높아지면 지역의 가치도 함께 높아진다는 공감대가 필요했다. 학부모, 지역민, 교직원, 자치단체가 함께 모였다. 낙안마을학교 '너나들이'와 낙안마을교육자치회 '희망제작소'가 시작되었다.

● 마을교육자치회, 교육을 말하다

순천시청과 순천교육지원청에서는 마을교육공동체라는 이름으로 마을학교, 마을교육자치회를 공모하였다. 주말이나 방학동안 지역의 아이들이 신나게 뛰어놀 수 있는 프로그램이 없을까 고민했던 사람들이 하나둘 관심을 갖기 시작했다. 무엇부터 시작해야 할까 막막했다. 우선 학교가 시작을 해보자는 마음으로 학부모와 지역민에게 공청회를 열어 홍보하였다. 우리 아이들이 가까운 마을에서, 마을의 인프라를 통해서, 마을 사람들이 키워보자는 공감대를 이끌어내는 계기가 되었다. "먼저 하나라도 시작해봅시다." "이제 방학이니까 캠프라도 해봅시다." "지역의 아이들과 어른들이 모이면 그 다음에 하고 싶은 것들이 생기지 않을까요?"

마을교육공동체 출발 (2019. 5. 30. 낙안면사무소)	마을학교 시범사업 공모 신청 (2019. 6. 30. 낙안초등학교)

- 참여 가능한 인적·물적 자원 확보
- 학교중심으로 기관, 학부모, 주민 협력하여 학생교육지원

- 학교, 마을, 행정기관이 힘을 모아 낙안마을 교육 발전을 위한 사업을 추진해 보기로 논의
- 사업 운영 주체는 낙안마을 기관, 주민, 교사 등 마을활동가 중심으로 운영

너나들이 운영 방안 협의 (2019. 7. 10. 낙안면사무소)	마을교육공동체 컨설팅 (2019. 7. 22. 낙안초등학교)

- 씨앗동아리와 마을학교 추진팀 협력 운영
- 씨앗동아리'희망제작소' 배움의 공동체
  - 월1회 배움 모임
  - 컨설팅, 연수 운영
- 너나들이: 마을학교 추진팀 모임
  - 마을주도형   - 학교주도형

- 마을교육공동체란 무엇인가?(풀뿌리 김**)
- 죽곡함께마을학교운영 사례(대표 박**)
- 너나들이 사업 설명(교사 최**, 박**)
- 첫 번째 마을학교 운영 주제 협의
  - 가족야영캠프

첫 번째 가족야영캠프 협의 〔2019. 7. 26./8. 5. 고봉, 로와카페〕	'희망제작소' 8월 협의회 〔이화서당〕

• 마을주도형 가족야영캠프 운영 방법 　및 역할분담 협의 　- 일시: 2019. 8.7~8.8.(1박2일) 　- 장소:이레호스텔 　- 물(총)놀이, 물풍선 　- 바베큐파티 　- 가족영화관람 　- 이브자리 노래방	• 가족야영캠프 평가 • 향후 운영 주제 및 방법 협의 　- 마을축제 연계 운영 방법 　- 어르신들과 아이들의 만남 　- 아이들 중심 운영 고민 　- 풀뿌리 김** 지도
'희망제작소' 9월 협의회 〔금산 꽃마차마을〕	'희망제작소' 선진견학 〔죽곡깨움마을학교〕

• 서당스테이 평가 • 꽃마차마을 축제 운영 방안 협의 • 선진지 견학 운영 방법 협의 • 마을교육공동체란 무엇인가? 토론 방법 　- 월 1장씩 읽고, 낙안마을학교운영과 　　관련지어 토론하기 　- 풀뿌리 김** 지원	• 마을교육협의체 협약식 　- 기관 실무자 협의체 • 마을 주민 전체 대상 활동 사례 　- 학생 요리교실 -노년은 즐거워 　- 마을 어버이날 운영 -대학생 공동체 　- 개천 생태 놀이터

'희망제작소' 10월 협의회 〔이화서당〕	'희망제작소' 11월 협의회 〔덕천마을 회관〕

• 서문, 1장 나눔
  - 풀뿌리 임** 팀장 지원
• 죽곡 견학 평가
• 꽃마차마을 소풍 평가
• 낙안읍성민속문화 지킴이 준비
• 두능상송마을 정원 산책 운영 방법
	• 2장 나눔 토론
	  - 박지홍 마을활동가
	• 낙안읍성 지킴이 평가
	• 두능·상송마을 정원 산책 평가
	• 목공예 체험 평가
	• 알뜰 장터 운영 및 나눔 한마당 협의
	• 비전 워크숍 협의
	  - 장소, 내용 등

'희망제작소' 12월 협의회 〔꿈지락 도서관〕	'희망제작소'&'너나들이' 비전캠프 〔꽃마차마을〕
	• 대상: 낙안마을활동가, 마을학교 관계자, 희망자 • 낙안마을 역사문화 강좌(강사 박**) • 마을교육공동체 이야기 (풀뿌리 주관) • 2019. 마을학교운영 평가(퍼실리레이터) - 비전, 청사진 그리기 • 2020. 마을학교 계획 수립

• 3~4장 나눔 토론
  - 풀뿌리 김** 지원
• 나눔 장터 운영 평가
• 가야금병창 마을놀이터 운영 평가
• 나눔 한마당 운영 협의
  - 신문 제작, 사진전, 영상, 참석 안내 등
• 비전캠프 운영 협의
  -장소, 참석자, 활동 내용 등
	- 마을활동가 모집, 역할분담, 모임 방법
	  - 활동 방향, 주제, 방법 협의
	  - 중심 활동 공간 확정
	  - 마을교육협의체 협약식 등

● 우선 하나라도 시작해보는 '낙안골 가족야영캠프'

처음이기에 부족했던 캠프장 정리를 아빠들이 나선다. 잔디를 깎고 바비큐장을 꾸민다. 엄마들은 정성 가득한 아이들의 간식과 먹거리를 준비하고, 물풍선을 터뜨릴 수 있는 기구를 만들었다. 대학교 축제에서나 볼 수 있었던 기구에 어른, 아이 할 것 없이 물풍선을 던지며 논다. 마을영화센터에서는 영화 상영 시설과 팝콘 기계를 준비한다. 온 가족이 함께 간직할 수 있는 가족사진 촬영과 인화를 도와주신다. 중·고등학생들은 어린이집과 초등학교에 다니는 동생들을 살뜰히 챙기며 이부자리 노래방을 운영한다. 캠프장 주인장이 제공한 수영시설은 캠프의 가장 큰 도우미로 역할을 한다. 어른들은 오랜만에 얼굴을 보고 인사 나누며 낙안의 이야기로 밤 깊은 줄 모른다. 신면장은 물, 음료, 컵라면, 과일을 공수한다. 농협에서는 바비큐 200인분을 지원해주며 마을과 함께한다.

▲ 이부자리 노래방　　　　　　▲ 잔디를 깎아만든 바비큐장

아이들의 배움과 성장을 위해 마을의 어른들이 관심과 사랑으로 협력하는 그림이 완성된다. 그 관심과 사랑을 온전히 받은 아이들은 마을과 마을 주민을 이해하고 사랑하게 되고, 나의 정체성으로 갖고 자존감을 키울 수 있겠다는 확신이 든다. 그렇게 배우고 성장한 우리 아이들이 커서 이 지역

을 위한 일꾼으로 서게 되기를 바란다. 아이의 성장을 위한 마을교육공동체는 아이들뿐만 아니라 마을과 지역을 살리는 일이 되었다.

▲ 캠프장 주인이 제공한 수영장

▲ 어른들이 만든 물풍선 놀이

● 지역의 교육인프라를 찾아서 "이화서당 인성 예절 교실"

무더위의 끝자락에 이화서당 산천 훈장님 하루헌 훈감님의 초대로 서당스테이가 열린다. 낙안에 이런 서당이 있어서 얼마나 행복한지 모른다. 40여 명의 아이들은 방학의 끝을 서당스테이로 마무리한다. 1박 2일 동안 쉼없이, 원없이 놀아본다. 놀면서 배울수 있을까?

선비옷 입고 서당 공부하며 하루라도 선비가 되어본다. '有志竟成(유지경성): 뜻이 있으면 마침내 이루어진다.' 탁본에 담아 의미를 간직한다. 전

▲ 서당 국궁 체험

▲ 달집에 소원지 묶어 소원 빌기

통놀이로 활을 쏘고 조상의 기상을 이어받는다. 해가 기울어 날이 어두워지자 달집이 타오른다. 미리 소원지에 소원을 쓰고 달집에 묶었다. 소원을 빌며 불멍 시간을 갖는다. 남아있는 숯불에 감자를 구워 먹는다. 얼굴에 묻은 숯검정을 깨끗이 씻고 서당의 강당에 모여 여름밤의 영화를 보며 잠자리에 든다.

아침 기상과 함께 묵언 수행을 하며 걷는다. 밥상머리 교육과 함께 맛있는 유기농 식사를 마치면 생활 예절과 인성교육 시간이다. 대나무 필통을 만들고, 붓글씨를 따라 써보며 다채로운 활동이 마무리된다. 마을 어르신들의 영양만점 정성 가득 밥상과 서당의 따뜻한 돌봄이 빛났던 마을학교 프로그램이다. 바쁜 농사철에 주말을 이용하여 마을이 아이들을 안전하게 돌보아준다. 부모로서 뿌듯하고 감사하다. 멋진 추억이 함께하는 낙안에서 아이들은 자연스럽게 전통문화의 고장, 낙안에 물들어간다.

▲ 전통문화 체험 밥상머리 교육

● 마을 축제에 아이들이 찾아가는 "꽃마차마을 소풍"

'가족여행 하기 좋은 전국 농촌관광코스 10선'으로 선정된 낙안면 금산마을의 작은별 사무장과 마을 어르신들이 150여 명의 아이들을 마을축제에 초대했다. 마을 어르신들이 우리 아이들을 온 마음으로 맞아주신다. 마을에 아이들 웃음소리가 가득하니 생기가 넘친다며 즐거운 마음으로 봉사해주신다.

서울에서 유명한 죽방울 공연사가 기상천외한 기술을 선보인다. 체험관 마당에 모인 어른들과 아이들은 입을 다물지 못한다. 지역의 농악대인 두엄자리 풍물패의 장단에 맞추어 단심줄 놀이가 시작된다. 마을의 옛 돌담길을 돌며 이웃 마을의 가을을 둘러본다. 할머니표 시골 제철 밥상으로 점심을 해결하니 몸과 마음이 든든하다.

자그마한 산골 마을 축제는 학교를 살리고, 활기찬 낙안을 일구어준다. 마을축제와 더불어 아이와 어른들은 함께 성장하며 상생공동체로서 너나들이를 꿈꾼다. 너나들이가 나아가야 할 비전과 청사진을 보여준다. 축제장을 떠나는 아이들에게 어르신들은 토실토실 밤 한 봉지를 선물한다. 영원히 잊지 못할 따뜻함이 전해진다.

▲ 죽방울 공연사 공연

▲ 어른들의 군밤 선물

아이들이 행사의 주체로 참여하는 '낙안읍성민속문화축제'

올해는 '어서 와, 살아있는 조선은 처음이지?'라는 주제로 낙안읍성민속문화축제가 시작된다. 낙안의 아이들도 지역축제의 주인공으로 어떻게 함께 참여할까? 고민해본다. 단순한 구경꾼이 아니라 마을의 주민으로서 직접 참여하고 싶다. 축제의 일꾼으로 참여하고 좀 더 적극적인 주체로 마을의 지킴이가 되고 싶다.

개막 전야에는 낙안초등학교 어린이 민속군악 공연으로 축제의 시작을 알린다. 어린이 가야금 병창부는 '낙안읍성가'로 무대에서 흥을 올린다. 전통놀이마당에서는 금산마을 축제에서 배운 죽방울놀이를 시연한다. 접시 돌리기와 굴렁쇠 굴리기 체험장을 아이들이 운영한다. 훌라후프를 돌리고, 제기를 차며, 고리를 던지고, 윷놀이를 하면서 축제장을 풍성하게 만든다. 개막식에서 김빈길 장군 행렬에 3·1운동 민족대표 33인으로 참여한다. 민족대표의 이름을 새긴 깃발을 금산마을에서 준비해 주신다. 하루헌이 손글씨로 기록한 기미독립선언서 현수막을 가지런하게 준비한다. 깃발과 선언서를 들고 행렬의 중앙에 위치한 아이들에게 관광객들의 시선이 머문다.

지역 주민들과 관광객들은 아이들이 마을 축제의 주인공이 된 걸 축하해주며 박수를 쳐주신다. 주민의 일원으로서 자긍심을 갖고 적극 참여하는 모습이 대견하다. 축제를 준비하고 즐기면서 마을을 사랑하는 방법을 오늘도 배운다.

▲ 김빈길 장군 행렬식 참여

▲ 가야금병창 공연 참여

● 마을의 성장을 돕는 아이들의 힘 '정원 축제'

'정원, 낙안에 물들다'라는 주제로 낙안 두능·상송마을에서 정원 축제가 열린다. 마을 주민들이 협력하여 마을을 가꾼다. 함께 어울리며 살기 좋은 마을이다. 사람이 좋은 마을로 성장하는 이야기다. 열림식에는 그동안 갈고 닦은 초등학교 1~2학년 사물놀이 공연이 펼쳐졌다. 축제를 알리고, 온몸으로 마을 사랑을 표현한 우리 아이들에게 아낌없는 칭찬과 박수가 쏟아진다. 마을 어른들과 관람객이 예쁘게도 감싸주신다.

축제 준비를 위해서 마을 어른들이 두 달 전부터 힘을 모은다. 도로를 넓히고, 마을 수호 장승을 세운다. 꽃을 심고, 돌담길과 생태 연못을 깔끔하게 보수한다. 낡은 벽에 낙안 8경 벽화를 그린다. 아이들과 관광객을 맞이하기 위해 밤새워 준비한다. 힘들지만 어느 때보다 행복한 얼굴이다. 온 마을이 우리 아이들을 함께 키워주시는 사랑에 아이들은 마을 어르신을 존경하고 고마움을 간직한다. 우리 마을을 사랑하는 마음을 체득한다.

"우리 낙안 마을이 좋다. 평생 살고 싶다."는 우리 아이들이다. 앞으로 우리가 자란 곳을 우리가 살 곳으로 만들고 싶단다. 마을을 더 사랑하고 주인으로 할 일을 찾아 함께 해본다. 이러한 경험이 마을 일꾼으로 성장하는 밑거름이 되기를 기대한다.

▲ 마을정원축제 떡매치기   ▲ 마을정원 탐방

● 선배님과 함께 우리 학교를 바꿔보는 '햇살나무 쉼터 만들기'

한 달에 걸쳐 우리 아이들이 학교 안에 포근한 쉼터를 직접 만들어본다. "무엇을 어떻게 만들까?" 물건을 정하고, 제작 방법을 알아본다. 직접 재단하고, 조립하고, 다듬고, 칠한다. 아이들은 마을활동가 선배에게 묻고 또 묻는다. 아이들의 50년 선배인 마을활동가 하고재비는 아이들 문제를 해결하는 목공 선생님이다.

5~6학년 아이들은 톱질하고, 다듬고, 칠한다. 1~4학년 동생들은 쓱싹 쓱싹 잘린 나무토막을 사포질한다. 아이들은 시간이 될 때마다 찾아와 작업을 돕는다. 물론 자투리 나무토막을 탐내며 본인의 장난감을 만드는 귀여운 방해꾼도 있다. 작업자도 되고, 구경꾼도 되고, 놀기도 하니 놀이터가 따로 없다.

피크닉 테이블 3개, 흔들그네 2개가 완성되어 운동장 나무 그늘로 옮기니 그럴싸하다. 아이들 소원을 들어주기 위해 기꺼이 아이들의 조수가 되어준 부모님과 교직원 덕분에 아이스럽게 완성된 듯하다. 아이들의 상상과 바람이 마술처럼 현실로 된다. 나무 그늘 아래에 오순도순 모여 앉는다. 이야기꽃 피우는 평화로운 모습에 행복하다.

▲ 햇살나무 쉼터 제작

▲ 운동장 한켠 햇살나무 쉼터

● 마을의 지킴이가 되는 '가야금 병창 마을놀이터'

낙안은 전통문화가 살아 있는 고장이다. 소리의 고장인 낙안읍성은 동편
제의 거장 국창 송만갑 선생과 가야금병창 중시조 오태석 명인의 생가가
자리하고 있다. 특히 오태석 생가에서는 아이들의 주말 놀이터로 가야금
병창 수업이 한창이다.

이곳은 오태석 명인의 뒤를 이어 가야금병창을 이어가고 있는 황영
덕 명인의 연습실이기도 하다. 주변의 아이들이 이곳을 드나들자 명인
은 아이들과 이야기도 나누고, 정성 가득한 간식도 먹으면서 가야금병
창을 가르쳐주신다.

놀면서 배웠던 가야금병창 실력이 일취월장한다. 낙안읍성 민속축제
무대에 오르다 보니 경연대회 대상도 수상하게 된다. 오태석 생가는 누구
나 문을 두드리면 열려있는 곳이다. 미처 희망하지 못한 아이들이 주말에
찾아가 배우면서 방안 가득 아이들로 붐빈다. 마을 행사가 있으면 어김없
이 초대되는 유명인사들이 모이는 방이 된다. 조상들의 빛나는 전통을 이
어받아 발전시키고, 마을을 지키는 지킴이가 된다.

▲ 오태석 생가 가야금병창 놀이터   ▲ 도서관 개관식 초청 공연

다함께 樂安하세요

2019년 7월 문을 연 너나들이는 낙안의 마을과 학교를 잇는 마을교육공동체로 자리잡았다. '너나들이'가 서로 '너', '나' 하고 부를 만큼 허물없는 사이를 뜻하는데, 1년여 사이에 우리도 이름을 따라 많이 가까워졌다. 학교는 문턱을 낮춰 마을과 손잡았고, 마을은 학교와 소통하고 호흡하며 사이를 좁혔다. '다함께 樂安하세요'라며 정겨운 인사를 나누는 사이가 되었다.

무엇보다 학교와 마을의 인적·물적 자원과의 교류가 활발해졌다. 학생들은 두능마을 정원을 산책하며 자연을 접하고, 꿈지락 마을도서관을 드나들면서 또 하나의 학교로 받아들였다. 마을 주민이 강사가 되어 아이들에게 살아있는 배움을 전수하기도 했다. 너나들이 대표로 활동 중인 주민은 취미로 익힌 목공을 학생들에게 전수하고, 흔들 그네, 피크닉 테이블 만드는 수업을 진행했다. "마을학교 일원으로서 아이들과 지역의 정서를 공유할 수 있다는 것만으로도 보람인데, 다양한 활동을 함께하다 보니 욕심이 생깁니다. 학교가 다 채워줄 수 없는 부분들을 마을이 현장교육으로 채워줄 수 있으리라는 기대가 생겨요."

학교와 마을이 가까워질수록 학부모들도 희망을 본다. 낙안초 학부모이자 너나들이에서 활발하게 활동을 이어오고 있는 학부모는 아이들의 '행복'에 주목했다. "학교와 마을이 함께 마을학교를 고민하며 마을은 더 풍요로워지고, 아이들도 더 행복해하는 것 같아요. 지역의 좋은 자원들을 경험하면서 마을에 대한 사랑이 커지는 것 같고요." 그는 생업에 치이고 농사일이 바쁘면 돌봄에 공백이 생기곤 하는데, 마을학교가 그 자리를 메꿔 줘 학부모로서 든든하다고 덧붙였다.

● 지역의 박물관을 이용해서 사진전시회를 열어보자

낙안의 들녘은 참으로 아름답다. 2월이면 금둔사의 매화, 4월이면 낙안 배꽃, 6월이면 보리 익은 들녘, 10월이면 노오랗게 익어가는 들녘. 새삼 아름다움을 누군가와 나누고픈 마음이 든다. 의견이 삼삼오오 모여진다. 4월의 배꽃길 걷기를 하자고 한다. 오매~ 코로나로 저만치 달아난다. 그래도 할 수 있는 것이 있지 않을까? 그래 낙안스러운 사진을 휴대폰으로 찍어 여러 사람의 낙안 풍경을 모아보면 어떨까? 낙안에 살고 있는 청소년이 중심이 되면 어떨까? 의견을 물어본다. 좋다고 한다. 그래 모이자! 4월 22일 단톡방이 열린다. 마을활동가 3명과 초딩 활동가 3명, 중딩 활동가 3명이 서로 소개하고 사진전 이야기를 나누며 첫 모임이 이루어진다.

4월 25일. 너나들이 활동가와 청소년이 모인다. 사진전 이름부터 정해본다. '낙안스러운 사진전' 사진은 누가 모을까? 리플릿이 나오면서 홍보 방법에 대해서도 의견이 척척 진행된다. 현수막과 리플릿도 단톡방을 통하여 완성되어 간다. 드디어 홍보 시작. SNS, 단톡방, 밴드 기타 등등 전달 전달한다. 의견 나눈 대로 낙안읍성 안과 밖으로 역할을 나누어 홍보를 한다. 어떤 아이는 마을 형과 함께 자전거 타고 밤 9시 넘도록 덕천마을 정거장까지 붙였다고 하니 대견하다. 초등 친구들도 단톡방에 홍보물을 게시하고 읍성 가게들 문에 리플릿을 붙인다. 더운 날씨에 처음으로 하는 일임에도 적극적으로 하는 모습이 그저 흐뭇하다.

5월 16일. 사진 공모전 접수 현황 파악과 전시회를 어떤 방법으로 할 것인지 의견을 나눈다. 인터넷 찍스에서 앨범 제작을 검토하기로 한다. 액자와 인화를 각각 역할을 맡아 진행하기로 한다.

5월 20일. 사진 인화를 위해 마트를 방문한다. 접수된 사진 파일의 크기가 달라 최대한 파일을 크게, 원본으로 받을 수 있도록 재점검이 필요하다. 초등친구 사진은 초등에서, 나머지는 중등친구들이 역할을 나누어 모으기로 한다. 드디어 모든 사진이 모인다. 현상한 사진을 액자에 넣으니 스토리텔링이 숨어있는 사진처럼 여러 사람과 나누기에 손색이 없다.

6월 11일. 전시회 준비를 위해 청소년과 마을활동가가 만난다. 전시회 준비와 전시기간 관람을 돕는 도우미 역할을 정하고 전시회에 대해 이야기를 나눈다. 낙안스러운 사진전이 열린다. 지역의 자랑인 뿌리깊은나무 박물관에서 사진을 전시한다.

6월 13일. 오전 10시부터 6월 20일. 오후 3시까지 상시 전시 기간을 정하여 진행한다. 낙안초등학교에서도 며칠간 진행하기로 한다. 마을주민과 청소년, 그리고 지역 활동가, 교사들은 의미 있게 관람한다. 모두의 손길을 모아 함께, 주체로 이루어진 낙안스러운 사진전은 낙안 너나들이 2020 첫걸음을 환하게 밝혀주고 있다.

2019년 제1회 낙안스러운 사진전시회가 성황리에 마무리되어 올해도 이어가기로 한다. 1년 동안의 코로나 위기 상황이 모든 마을학교 프로그램에 영향을 미친다. 준비를 하고 공모를 마친 사진 작품들 전시가 미뤄진다. 박물관이 휴관하고 언제 문을 열어줄지 걱정이다.

우여곡절 끝에 제2회 낙안스러운 사진전시회가 열린다. 낙안중학교 형님들과 낙안초등학교 아우들이 마을활동가가 되어 모든 준비를 마친다. 마을의 작은별과 학교의 박교사는 아이들의 활동지원가가 되어준다.

사진공모를 홍보하고, 사진을 수합하고, 홍보물을 만든다. 마을을 돌아다니며 버스정류장에 홍보물을 게시한다. 청소년 마을활동가들 덕분에 낙안에는 생기가 도는 느낌이다. 전시 작품을 뿌리깊은나무 박물관에 정렬하고 관람객 맞이를 한다.

참여하는 작가들은 낙안의 주민이다. 아이들도 낙안의 주민으로 할 수 있는 일을 하고 있다. 저마다의 낙안스러움을 뽐내는 작품에는 이야기가 들어있다. 마을의 아름다움을 담아내고, 마을의 사람들을 이야기한다. 코로나 위기에서 가장 안전한 놀이터인 낙안을 소중히 담아내고 있다.

▲ 사진 전시회 준비

▲ 낙안스러운 사진 전시회

● 다문화 가족은 글로벌한 가족이다

1년 중 가장 무더운 여름날, 친구들이 더위를 물리치고 시원하게 놀 준비를 하고 서당에 모인다. 우리 지역 낙안은 다문화 가정으로 이루어진 글로벌 가족들이 많다. 늘 함께 생활하고 공부하기는 했지만 좀 더 이해하고 몰랐던 것도 알아보는 시간을 가지기로 한다. 함께 놀면서 나라마다 다른 문화와 음식, 예절도 배울 예정이다.

첫 번째 프로그램은 보물 찾기! 서당 주변에 숨어 있는 보물들을 찾아다니며 이곳저곳 뛰어다닌다. 나뭇가지 사이에서, 장독대 뚜껑 사이에서 쪽지를 찾은 사람들이 환호성을 질러댄다. 아이고 이런~ 힘들게 찾았는데 아쉽게 꽝이 나왔네! 하지만 더 재미있는 일들이 남았으니 괜찮아!

저녁을 먹고 아이들은 부모님께 편지를 쓴다. 평소에는 쑥스러워서 하지 못했던 말을 글로 쓰니 어색하면서도 뿌듯하다. 편지를 직접 읽고 엄마에게 전해드리자 삐뚤삐뚤 틀린 글자도 있다. 엄마는 눈물이 날 정도로 가슴이 뭉클하시단다. 겉으로는 표현하지 못했던 마음이 전해져 뿌듯하다.

다음 순서는 노래자랑과 퀴즈 풀기. 여러 나라의 문화를 이해하고 상식을 채워간다. 세계를 보는 눈이 넓어진 것 같다. 아직도 피부색과 언어가 다르다고 차별받는 경우가 있다고 하는데, 그런 편견들이 빨리 없어지도록 다 함께 약속해본다.

아침 산책 후 먹는 밥은 정말 꿀맛이다. 또 공심채, 코친따, 마하블랑카 등등 이름도 처음 듣는 여러 나라의 반찬들을 먹는 재미가 쏠쏠하다. 친구 엄마가 직접 만든 마스크를 선물로 받았는데, 알록달록 색이 정말 마음에 든다. 더운 여름 좋은 추억을 만들어준 글로벌 가족 캠프, 내년이 기다려진다.

▲ 글로벌 골든벨 퀴즈대회　　　　　　▲ 나라별 음식 나눔 식사

마을이 학교를 품고 함께하다 보니 낙안초등학교는 2020년부터 혁신학교로 지정된다. 2021년에는 농산어촌 유학생이 16명이나 유입되어 학령인구로 감소하는 학교의 고민을 해결해주고 있다. 마을과 학교가 만나는 아름다운 현장이 올해도 펼쳐진다. 글로벌한 다문화 어머니들의 주도로 요리교실이 만들어진다. 글로벌한 취미와 재능을 나누면서 서로가 강

사가 되기도, 학생이 되기도 한다. 사람들의 만남으로 낙안이 풍성하다.

학부모회에서 기획하고 학부모들의 의견을 수렴하여 목공, 포세린아트, 마크라메, 밴드, 그림책동아리를 개설하여 운영 중이다. 그 중에서 그림책 동아리는 전세계의 그림책을 함께 읽고 문화를 나누는 활동을 한다. 그림책을 읽다 보면 종종 그 나라의 전통음식과 특산물이 등장한다. 캄보디아 동화 '놈반쪽'을 함께 읽으며 쌀국수와 관련된 경험을 함께 나눈다. 필리핀 동화 '망고의 두 얼굴'을 보며 망고와 어릴 적 마당에서 기르던 나무에 대한 경험을 나눈다. 회원들은 책만 읽을 것이 아니라 책에 나오는 음식을 직접 만들어보고 함께 나누자고 한다.

순천시에서 운영하는 농촌 다문화가족 교류사업 '어깨동무'프로젝트와 낙안 마을학교 '너나들이'와 연계할 수 있는 프로그램으로 기획을 한다. 동아리 회원들과 머리를 맞대어 생각을 나누니 활동이 만들어진다.

바쁜 시기를 피해 날짜를 정한 후 필리핀, 캄보디아, 베트남, 일본 그리고 한국 음식을 나누기로 한다. 각 나라에서 오신 학부모님이 강사가 되어 프로그램을 준비한다. 무언가 주도적으로 해본 적이 없다고 부끄러워하던 분들이다. 하지만 어릴 적 먹었던 음식을 소개해보자는 제안에 용기를 내어 수락해주신다.

홍보와 신청은 마을학교 너나들이 오픈채팅방을 통해 진행한다. 첫 모임은 농산어촌 유학을 온 네 가족과 캄보디아, 일본, 한국, 필리핀 가족이 참여한다. 장소는 금전산 자락에 있는 꽃마차마을 체험관이다. 요리 실습에 필요한 도구들을 넉넉하게 갖추고 있어 요리 나눔 프로그램을 운영하기에 안성맞춤이다.

학교와 마을이 만나는 프로그램이 나날이 발전한다. 어디에선가 모두 家 달그樂거린다. 정기적으로 피어오르는 음식 향기가 달콤하다.

▲ 달그락달그락 요리교실　　　　　▲ 캄보디아 요리선생님

● 폐교를 살린 헌책방을 찾아가보자

온 마을의 아이들과 가족들이 한자리에 모이기 시작한다. 코로나19 상황에서 가장 안전한 배움터는 마을이다. 반딧불이 힐링캠프는 이렇게 시작한다. 여름방학을 맞아 무더위를 날려버리는 프로그램을 생각해본 것이다. 30만 권의 방대한 도서를 보관하고 있는 형설서점이 우리 마을에 있다. 폐교를 개조하였기에 운동장이 잘 보존되어 있다. 형설서점 주인장은 흔쾌히 운동장과 시설을 내어준다. 운동장 풀을 깎고 수도를 정비하고 텐트를 준비할 수 없는 아이들에게 숙소를 제공해준다. 어린 아이부터 중학교, 고등학교 학생들까지 함께할 수 있어서 좋다. 가족들이 방학 동안 즐거운 추억을 만들 수 있도록 마을활동가들은 프로그램을 준비한다. 캠프에 참가하는 가족들은 기꺼이 노동력을 제공한다.

낙안의 아이들은 낙안에서 樂安한가 보다. 낙안이 놀이터다. 봉숭아를 물들일 수 있도록 학교와 마을에 있는 봉숭아를 준비한다. 캠프에 참가한 사람들은 첫눈 오기를 함께 기다릴 것이다. 낙안에는 재능을 가지고 있는 많은 분들이 있다. 낙안읍성 안에서 운죽공방을 운영하시는 마을 분은 대금 공연으로 정취를 즐기도록 무대에 선다. 상송 마을에 사는 중학생은 본인의 기타연주를 들려주고, 학교 선생님은 음향 시설을 마련해주어 무대가 그럴싸하다.

어디서 어떤 분이 바닥에 깔았는지 미끄럼틀이 바닥에 설치된다. 아이들은 무더위를 잊은 듯 신나게 미끄러진다. 운동장 한쪽에서는 아빠와 아이들이 한데 어울려 배구를 시작한다. 바쁜 생활에 함께 놀아주지 못했지만 오늘만큼은 제대로 놀아주려나보다.

캠프에서 빠질 수 없는 불꽃놀이가 시작되었음을 알린다. 운동장 가운데에서는 모닥불이 피어오르고, 여름 하늘에 수놓는 불꽃이 아름답다. 낮 동안 만든 반딧불이 조명이 켜지자 캠프의 밤이 밝게 빛난다. 아이들은 밤을 잊은 채 오랫동안 노래방 기계 앞에서 노래를 불러댄다. 텐트 주변에서는 도란도란 이야기 소리가 이어지고, 각자 준비해온 먹거리를 나누어 먹는다. 식구가 된 듯하다.

하룻밤을 지새고 동이 트자 하나둘 캠핑장을 정리한다. 무더운 여름 땀으로 흠뻑 젖는다. 땀을 식혀줄 물놀이가 준비된다. 산천 훈장님은 시원한 지하수를 이화서당 풀장에 받아놓으셨단다. 무더운 날씨에 땀 흘린 아이들은 풀장에 몸을 맡기고 입이 떨릴 때까지 즐긴다. 물놀이 후 가마솥에

▲ 형설서점 캠핑장 중학생 재능 공연

▲ 반딧불이 불꽃축제

끓인 라면이 나오니 이 또한 낙안스럽다.

상설프로그램으로 거듭나자

낙안은 마을이 병풍처럼 둘러싸인 분지 지형의 고장이다. 그래서인지 마을을 품고 있는 멋진 산들이 많다. 우리가 사는 마을을 알아보자. 낙안 5대 명산 등반을 통해서 시작해본다. 4월부터 고동산, 백이산, 금전산, 제석산, 오봉산을 한 달에 하나씩 올라가기로 한다.

첫 번째 산행은 철쭉이 피기 시작한 4월 17일 고동산 등반을 위해서 마을활동가들이 모인다. 사전답사와 함께 너나들이 대표 하고재비의 인문학과 생태환경 설명을 듣는다. 4월 24일 아이들과 어른들이 고동산을 등반한다. 첫 산행이라 모든 것이 조심스러웠지만 봄의 절경을 만끽하느라 등산이 힘든지도 모른다. 이렇게 많은 철쭉이 둘러 쌓인 곳을 언제 또 볼 수 있을까? 정상에서 먹는 김밥이 꿀맛이다.

두 번째 산행은 낙안읍성 서쪽에 있는 백이 청풍의 산! 백이산이다. 5월의 어느 날 아침에 이슬비가 내려서인지 참여자가 적다. 하지만 가족 등반처럼 야생화 공부를 할 수 있어서 이 또한 새로운 느낌이다. 현장에서 하고재비는 참여자들에게 맞는 야생화 설명이 한창이다. 새롭게 발견한 야생화는 사진을 찍는다. 정상에서 식물도감을 펼치고 알아본다.

세 번째 산행은 금전산이다. 낙안읍성 동쪽에 위치하며 바위와 나무로 어우러져 있다. 오르는데 급경사와 바위는 험난하기만 하다. 오르고 오르니 낙안평야가 한눈에 들어온다. 땀 흘린 자만이 볼 수 있는 장관이다. 하산길은 완만한 경사지를 택한다. 사람들의 발길이 가장 많은 산이라 등산로가 잘 정비되어 있다.

네 번째 산행은 제석산이다. 6월 13일 사전답사, 20일 산행을 하기로 한다. 해발고도 563m 정상에서 바라본 낙안벌, 벌교뜰, 여자만은 단연 최고의 아름다움이다. 서울유학생은 마을학교 프로그램 덕분에 등산을 처음으로 시작했다고 한다. 하지만 몇 번의 산행으로 걸음걸이가 제법 여유롭다. 때 이른 더위에 이화서당 산천은 수영장을 준비한다. 하산길이 가볍기만 하다. 저마다의 멋진 방법으로 다이빙을 하면서 어린아이부터 형님들은 산행을 마무리한다.

마지막 남은 다섯 번째 산은 오봉산이다. 아직 등산길이 없어서 고민하고 있다. 아이들은 우리가 개척해서라도 가자며 열을 올린다. 어른은 어른대로 아이들은 아이들대로 산행이 의미 있었나 보다.

산행을 통해 마을의 소식을 나눌 수 있는 방법을 고민해본다. '너나들이' 공개 오픈채팅방을 만들어보자. 마을학교가 궁금하면 낙안너나들이 오픈채팅방으로 달려가보자.

▲ 정기산행 홍보 포스터

▲ 누구나 함께하는 정기산행-고동산편

● 아이들이 주인되는 마을학교

이제 낙안 마을학교 너나들이는 모두의 놀이터가 되고 있다. 프로그램을 만들어 제공해주기보다는 누구나 프로그램을 만들어 함께하기를 바라고 있다. 특히나 아이들이 하고 싶은 활동이 있으면 지원해 주려고 노력한다. 역시 중학교 형님들이 먼저 나선다.

오늘도 오픈채팅방에는 낙안FC 활동이 있음을 알리고 홍보하는 톡이 울린다. '5시 30분 낙안중에서 낙안FC 진행합니다. 참여하실 분들은 참여합니다 한 말씀 부탁드립니다.' 투박하지만 성의껏 안내하는 중학교 형님이 대견하다.

축구를 할 만한 장소가 있으면 어디든지 가능한가 보다. 초등학교, 중학교 운동장과 이화서당 운동장을 가르는 아이들의 목소리가 건강해 보인다. 낙안의 중심 상점인 파머스마켓에는 마을학교 외상거래 장부가 있다. 아이들이 운동 시작 전에 방앗간처럼 들른다. 참여자 수만큼 일정 금액의 음료수를 가져갈 수 있다. 한 달에 한 번씩 결제만 해주면 끝이다. 마을의 상점도 마을학교의 지원가이다.

▲ 낙안 FC 창단

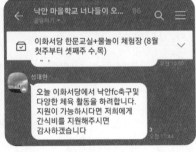

▲ 오픈채팅방 프로그램 제안

● 생태감수성교육은 지역이 최고

코로나로 인하여 배꽃길 마라톤대회가 취소되었지만 낙안에는 또 다른 볼거리가 있다. 바로 가을에 노랗게 익어가는 황금들녘! 낙안평야다. 너른 들판에서 풍경을 감상하며 느림의 즐거움을 느낄 수 있다. '황금들녘 뚤레 뚤레 걷기대회'는 이곳을 가로지른다.

가을의 정취를 가장 잘 느낄 수 있는 코스를 답사한다. 가을 들판 하면 생각나는 허수아비도 어린이집, 초등학교, 중학교 아이들 손으로 직접 만들어 준비한다. 마을 어른들께서 학교에 방문하여 그룹별로 도움을 주신다. "아이들이 나서는데 마을에서 가만히 있을 수 없죠!"라며 두 팔 걷고 나선 이들이 있다. 둑에 핀 잡초들을 말끔히 정리해 주시는 아빠들이다.

몸이 근질근질한 아이들은 대회 전날 미리 낙안들녘으로 나들이도 다녀온다. 낙안천에 있는 물고기 관찰을 위한 피리통도 넣고, 쌀로 만든 뻥튀기로 가면도 만들면서 다음날 있을 대회를 기다린다.

드디어 대회 당일! 화창한 가을하늘 아래 마을주민, 학생, 관람객 등 100여 명이 3.1운동 기념탑 앞으로 모인다. 웅장한 징소리에 맞추어 참가자들이 출발한다. 곳곳에 세워진 이정표를 따라 뚤레~뚤레~ 걸어가는 참가자들의 얼굴에는 웃음이 가득하다.

선택 코스로 돌아가면 아이들이 전날 설치해 놓은 피리통에 잡힌 물고기 관찰을 할 수 있다. 시원한 아이스크림을 마을 정자에 준비해두었더니 꿀맛이다. 대망의 도착지점! 완주한 참가자들은 꿈지락도서관 정자에 앉아서 오늘의 걷기대회를 주제로 도란도란 이야기를 나눈다. 완주를 격려해주는 김밥과 음료수를 나누어 먹는다. 낙안스럽게 준비한 다래와 배즙으로 건강한 에너지를 채운다. 완주 기념 메달 대신 양말과 수제 호박브

로치를 선물로 받는다. 기록에 연연하지 않아 여유롭다. 치를 선물로 받는다. 기록에 연연하지 않아 여유롭다. 기록에 연연하지 않아 여유롭다. 치를 선물로 받는다. 기록에 연연하지 않아 여유롭다.

▲ 중학생 희망자 행사진행도우미　　　　▲ 걷기 코스 허수아비 설치

"눈 뜨자마자 하늘을 먼저 살폈네요."

"모두의 마음들이 하늘을 움직였나 봅니다."

4월 4일 일요일 아침 눈을 뜨자마자 창밖을 보는 모두의 마음은 그랬나 보다. 역시나 구름은 하늘로 점점 올라가는 모양으로 조금 있으니 햇님도 보인다. 출발 장소인 이화서당은 아침 8시 30분부터 아이들로 인해 북적거린다. 9시 30분 등록 시간은 어른의 약속이었나 보다.

1차 사전답사 때 야생화가 눈에 띄어 2차 답사 때 식물 박사의 도움으로 야생화 배번을 만들어보기로 한다. 야생화 공부도 하면서 걸을 때 함께 나누면 좋겠다. 앞, 뒤로 붙어있는 배번표가 분위기를 고조시킨다. 출발시간이다. 징소리와 함께 출발하자 어린 친구들은 걷기가 아닌 달리기로 앞서나간다. 황금들녘 걷기 때도 마라톤을 하듯 달렸던 아이들이 생각났는데 에너지가 넘친다. 친구들은 주변의 배꽃길을 온몸으로 즐긴다.

친구들에게 너나들이 걷기 대회가 어떤지 물어본다. "좋아요." "집에 있는 게 싫어요. 밖에 나오고 싶어요." "벌교에 놀러 갔었는데 노래방 빼고 놀 게 없어요" "벌교하고 너나들이 선택한다면?" "너나들이, 너나들이!"

참가자들은 큰샘을 지나, 돌담도 보고, 사슴을 기르는 농장에도 서슴없이 들어간다. 배꽃이 떨어져 눈처럼 하얗게 덮인 머위도 살핀다. 버드나무 습지의 위대함도 보고, 모과꽃도 살피면서 고즈넉한 마을 길에 푹 빠진다.

마을 화단을 가꾸어본다. 봄꽃 데이지, 버베나, 스투키, 오스테우스 펄멈을 심는다. 우리의 마음을 이야기해주듯 아이스크림도 '설레임'이다. 가래떡과 배즙이 마련된다. 표고버섯 농장에서 표고 키트도 선물받는다. 어느새 비가 내리지만 개의치 않는다. '설레임'과 함께 이정표를 따라 걸으니 도착지인 형설서점이다. 삼삼오오 결승점에 모이는데 집으로 돌아갈 기색이 없다. 김밥을 나누고 거닐면서 추억으로 남기고 싶은 사진을 출력한다. 낙안중학교 국어 선생님의 자작시가 배부된다. 오늘의 이야기를 시에 담는 능력이 대단하다. 살고 있는 마을의 모습은 일상이다. 하지만 인문학을 얹으면 역사가 되고 삶이 된다. 마을의 아름다움과 소중함이 오늘의 선물이었나 보다.

▲ 출발 전 준비운동

▲ 돌담길 따라 걷기

● 학교 선생님도 마을활동가다

올해 3월은 학교와 교사들에게 그야말로 멘붕이다. 기약 없이 미뤄지는 개학! 아무것도 하지 않을 수도, 그렇다고 선뜻 무언가를 추진할 수도 없었던 당시를 떠올리면 벌써 이렇게 시간이 흐른 것이 믿기지 않는다.

코로나19로 인해 텅 빈 교실을 바라보며 아이들이 학교에 오면 안전(安)하면서도 신나게 즐길(樂)만한 무언가를 선물로 주고 싶었다. 마침 당시 상영하던 <슬기로운 의사 생활>이라는 드라마에서 밴드 활동으로 뭉친 의대 동기들의 모습을 보며 우리 아이들도 저렇게 멋진 우정을 키워나가면 어떨까 하는 상상의 나래를 펼친다.

'우리가 못 할 이유가 없잖아?'

악기 하나도 갖춰지지 않은 상황에서 밴드를 만든다는 것은 어렵지 않을까? 하지만 뜻이 있는 곳에 길이 있다고 하지 않던가! 밴드를 만들고 싶다는 제안을 듣고 교장선생님께서 흔쾌히 '원도심 학교 특색교육활동' 예산을 사용할 수 있도록 해주신다. 곧바로 가칭 '슬기로운 낙안생활'을 위한 준비를 시작한다. 큰 예산을 들여 시작하는 만큼 마을학교와 연계하여 학생들뿐 아니라 낙안 주민과 선생님들도 함께하면 좋겠다는 생각이 든다.

학교 예능실에 노래방기기와 악기를 설치하고, 학생들의 등교와 함께 첫 만남을 가진다. 쉬는 시간만 되면 누가 먼저랄 것도 없이 예능실로 달려가 마이크를 들고 열창하던 친구들 덕분에(?) 다른 학년 수업에 지장을 준다는 귀여운 민원이 들어오기 시작한다. 결국 악기들은 강당 무대 위로 자리를 옮겨가고 우리의 밴드부 아지트도 강당으로 결정된다.

악기 준비가 끝나고 활동을 시작해야 하는데 밴드 활동을 해본 적이 없어서 앞길이 막막하다. 다행히 경력을 갖춘 선생님을 모시고 일단 함께할 친구를 모집한다. 악기 수의 제약 때문에 많은 인원을 모을 수가 없어 현수막을 걸지 못했지만 상담하러 오신 부모님, 마주치는 낙안 주민들을 볼 때마다 열심히 홍보를 한다. "좋은 기회이고 멋진 의도이지만 시간을 내기가 쉽지 않아요." 각자 하는 일과 생활패턴이 달라 아쉬워하는 목소리가 많이 들리고, 그럴 때마다 신청자가 너무 없으면 어쩌나 걱정이 된다.

대망의 첫 연습 날. 두둥! 어디서 소식을 들었는지 낙안중학교 학생들 둘, 선생님 셋, 마을주민 한 명이 모인다. 그 다음 주에는 중학생이 하나 더 늘고 그 다음 주부터는 마을주민들이 한둘씩 모이기 시작한다. 코로나로 인해 3주째 쉬고 있지만 매주 7명 정도가 모여 합주를 위해 땀을 쏟고 있다. 사람이 더 늘어나면 밴드를 하나 더 만들까 하는 행복한 상상을 한다.

아이들과 낙안주민들 그리고 선생님이 어우러져 편안하게 수다를 떨고, 좋아하는 음악에 관해 이야기하고, 함께 노래 부르는 모습! 참 낙안스럽지 않은가?

▲ 학교근처 선생님 집에서 밴드

▲ 연습은 자유롭게

● 마을학교를 이끄는 힘, 마을교육자치회에서 모두가 말하다

낙안 마을학교는 코로나19 바이러스와의 싸움 속에서도 꿋꿋하게 활동을

이어올 수 있었다. 이 근간에는 매달 진행하는 정기모임이 있다. 2019년부터 낙안 마을교육공동체 '너나들이'와 낙안 마을교육자치회 '희망제작소'가 하나 되어 매달 첫 주 월요일에 정기모임을 진행하고 있다.

구성원은 초등학교 교장선생님을 비롯한 초·중등학교 교사, 학부모 그리고 마을 주민이다. 풀뿌리교육자치협력센터와 교육지원청, 낙안면사무소에서도 관심을 가지고 함께할 때가 많다. 서너 시간을 기본으로 많은 이야기를 하다 보면 어느덧 버스 막차 시간이 되곤 한다.

2019년 마을교육공동체 워크숍을 통해 모아진 활동 계획을 기초로 올해 초에 모여 시기별, 월별 활동계획을 세웠다. 이를 바탕으로 매달 정기모임을 통해 계획했던 활동을 구체적으로 논의한다. 진행된 활동은 마을과 학교의 가치를 공유하며 평가한다. 코로나19가 심각해져 사회적 거리두기와 모임이 제한될 때도 온라인으로 회의를 진행하며 모임을 넘기지 않는다.

모든 활동을 계획하고 평가하고 진행하는 과정에서 최대한 많은 고민을 나눈다. 토론하고 활동의 주체를 세우고 역할을 정한다. 일이 진행되는 과정을 SNS를 통해 공유하며 서로를 격려한다. 마땅한 사무실이 없는 우리가 주로 모이는 아지트는 마을활동가들이 내어주신다. 이화서당, 마을회관, 꿈지락작은도서관이다. 장시간 회의를 하면서 장소뿐만 아니라 맛있는 먹거리까지 제공되는 이곳이 든든하다.

1년의 마지막 달인 12월은 한해 평가와 다음 해 활동 계획을 세우는 비전 워크숍을 진행한다. 다른 지역의 마을학교 사례도 듣고 배우며 더 멋진 마을학교를 그려본다. 코로나로 힘들었지만 마을이 최고의 배움터이자 놀이터라는 걸 새삼 느끼게 된다. 어려운 상황에서도 우리 아이들이 낙안이라는 최고의 마을에서 신나게 뛰어놀며 배우며 마을을 사랑하며 성장하길 바란다. 내년에도 어김없이 매달 첫 번째주 월요일에는 찐한 데이트가 계속될 것이다.

▲ 마을교육자치회 월례회의

▲ 마을교육자치회 월례회의

▲ 마을교육공동체 비전워크숍

▲ 학교와 마을교육공동체 협약식

찾아오는 학교, 마을학교가 미래다

마을과 학교가 만나는 시너지 효과는 대단했다. 지역이 아이들의 교육을 함께 고민하고 지자체에서도 함께 관심을 갖는 계기가 되었다. 교육은 오로지 학교의 책임이 아니라 온마을이 책임진다는 공감대가 형성되었다.

아이들을 위한 프로그램은 누구나 기획하고 제안해보는 분위기가 만들어졌다.

학교가 아이들의 전인적인 교육을 하기에는 한계가 있는 것은 사실이다. 특히나 학생수가 감소하고, 시설 투자가 지속적으로 되지 않으면서 교육의 질은 떨어질 수밖에 없다. 지역의 중학교를 기피하고 시내의 학교, 시설이 좋은 학교로 진학하는 아이들이 생겨나는 악순환이 반복될 수 밖에 없다. 마을에 아이들이 없다면 미래가 없다.

낙안에는 마을학교를 통하여 많은 변화들이 일어나고 있다고 생각한다. 초등학교는 마을학교를 통하여 성장하기 시작했고, 교육활동의 질이 풍부해지고 있다. 코로나 상황에서 삶을 배우는 가장 안전한 교육 장소를 마을에서 풀어가고 있다. 전남혁신학교, 자율학교로 지정받아 교육활동에 대한 질을 평가받았다. 학교와 마을이 만나 아이들이 성장하는 모습을 배우기 위해 많은 곳에서 방문하고 있다. 시설적으로 열악한 학교이지만 마을이 채워주는 교육과정은 어디에서도 보기 힘든 보물이다.

서울과 전남교육청이 함께하는 농산어촌유학프로그램에서도 가장 많은 17명의 학생들이 낙안초등학교를 선택해주었다. 마을은 주거환경을 마련해주었고, 마을활동가들은 우리 품에 들어온 아이들에게 의미있는 프로그램을 제공해주었다. 학교는 유학생들이 신뢰할 수 있는 교육활동을 진행하고 지속적인 마을연계 교육과정을 운영하고 있다.

학교가 먼저 손을 내밀고 문턱을 낮추자 일부 여론에 부화뇌동했던 의사결정 방식이 모두가 함께 결정하는 구조로 바뀌었다. 유학생활을 연장 신청했던 아이들을 끝까지 품어줘야한다던 지역민, 학부모들의 마음이 학교의 힘이 되고 있다.

마을학교를 통하여 공교육의 신뢰를 얻게 되었다. 공교육을 신뢰하지

못한다고 했던 마을학교 대표는 지금 최고의 지원군이다. 찾아오는 학교,
마을학교가 미래다.

<낙안마을학교 youtube 채널>
구독과 좋아요. 알림설정! 꾸욱

<너나들이 오픈채팅방>
참여코드:1234abcd

동천아 고마워!
동천아 사랑해!

김현주(우리마을교육연구소 사회적협동조합 소장)

노동운동, 청소년노동인권운동, 마을공동체활동,
그리고 마을교육공동체운동으로 이어지는 발걸음이다.
밝아 보이는 세상 한편에 언제나 내 마음이 쓰이는 그곳으로 달려간다.
희망의 길을 만드는 한 사람 한 사람 엮어내고, 다시 또 다른 길을 찾는다.
누군가는 곁에 있어야 하는 그곳!

전국 어디서나 만날 수 있는 하천을 주제로 교육과정을 만들어가는 사람들이 있다. 2019년 가을 첫 만남을 시작으로 2021년 가을을 맞이하는 오늘까지 3년차 이어지고 있는 동천마을교육과정을 되돌아보는 이 순간에도 입가에 미소가 피어난다.

동천마을교육과정은 학교교사, 마을교사, 생태환경 전문가, 순천풀뿌리교육자치협력센터, 순천시지속가능발전협의회, 순천교육지원청이 함께 만들어가고 있다.

1년에 50회 가까운 학교교사와 마을교사의 만남이 이어지고 있다.

'무엇이 그것을 가능하게 했을까?'

함께한 모든 날 모든 시간이 행복한 동천마을교육과정의 3년 여정을 찬찬히 들여다본다.

2019년 10월 1일 첫 만남

순천시 마을교육공동체 중간지원조직인 순천풀뿌리교육자치협력센터 사무국장으로 활동하던 2019년 1월에 무주에서 열린 '마을교육공동체포럼[1] 워크숍'에 참석했다. 마을교육공동체에 대한 기조강연과 4개 지역(무주, 완주, 광주, 영광) 사례발표가 이어졌는데, 광주의 마을-학교 연계 교육과정 사례가 인상적이었다. 사례발표자인 광주 새별초등학교 교사는 학교 인근 풍영정천과 '풍영정천지킴이' 마을교사들과 함께 한 교육과정 운영 사례를 이야기했다.

---

1 마을교육공동체포럼: 마을교육공동체포럼은 마을교육공동체를 학습하고 실천하는 사람들의 배움 네크워크이자 전국 마을교육활동가들의 연대체이다. 2018년 12월 15일에 출범한 마을교육공동체포럼은 정기적인 포럼과 학습모임을 운영하고, 관련 정책개발 및 연구활동과 마을교육공동체 활성화를 위한 다양한 실천활동을 하고 있다.

무주 워크숍 이후 광주 풍영정천보다 더 아름다운 순천 동천을 기반으로 마을교육과정을 만들어야겠다고 생각했다.

혼자서 꾸는 꿈은 꿈으로 그치지만, 여럿이 함께 꾸는 꿈은 현실이 된다고 했다. 꿈을 현실로 만들어가는 가장 큰 힘은 사람이다. 동천 기반 마을교육과정을 함께 고민할 3주체가 만났다.

2019년 10월 1일, 순천풀뿌리교육자치협력센터(임경환 센터장, 김현주 사무국장), 순천시지속가능발전협의회(김인철 사무국장), 환경과생명을지키는교사모임(이윤숙 순천삼산초 교사)이 만났다. 중간지원조직과 생태환경 전문가와 학교교사가 만난 것이다.

이날의 첫 만남이 동천마을교육과정의 출발이었다. 우리의 만남이 이렇게 깊고 넓게 이어질 줄 그 당시는 상상조차 하지 못했다.

▲ 동천마을교육과정을 만들기 위한 첫만남(2019. 10. 1.)

첫 만남에서 우리는 생태도시 순천을 대표하는 자연환경 중 하나인 동천을 주제로 마을교육과정을 만들어 가기로 했다. '동천을 통한 교육, 동천에 관한 교육, 동천을 위한 교육'이 시작된 것이다.

동천마을교육과정을 함께 만들어갈 사람들의 모임을 진행하고, 준비과정을 통해 학교교육과정과 연결하고 2020년 동천마을교육과정을 실행하는 것을 목표로 준비를 하기로 했다.

첫 만남 이후 석 달(10월, 11월, 12월)은 동천마을교육과정을 준비하기 위한 토대를 쌓는 활동을 하기로 했다. 첫 번째 활동으로 11월 8일 워크숍을 진행하기로 했다. 공동주관으로 '순천시, 순천시지속가능발전협의회, 순천풀뿌리교육자치지원센터, 순천교육지원청, 환경과생명을지키는 전남교사모임'이 함께했다.

동천마을교육과정을 준비하는 첫 워크숍

2019년 11월 8일 오후 3시 30분, 조곡동 철도마을카페 2층 교육실에서 동천마을교육과정을 준비하기 위한 첫 워크숍을 36명의 참여자가 함께 열었다.

순천 도심을 흐르는 아름다운 동천을 주제로 다양한 교육주체들이 한자리에 모인 것이다. 학교교사(순천삼산초, 송산초, 순천성동초, 순천성남초, 순천승평중, 꿈초롱유치원), 지역활동가(순천시지속가능발전협의회, 그린해설가협회, 숲체험해설가협회, 순천환경운동연합, 전남동부지역사회연구소, 순천만습지해설사), 순천교육지원청, 순천풀뿌리교육자치협력센터가 함께 했다.

워크숍의 첫 순서는 생태환경 전문가인 김인철[2] 순천시지속가능발전협의회 사무국장이 열었다. 순천의 새 박사로 불리는 김인철 사무국장은 생태환경 전문가답게 동천을 비롯해서 생태·인문학적 관점으로 바라보는 하천에 대한 이야기를 풍부하게 풀어나갔다. 김인철 사무국장은 강의를 마무리하며 '연어 하나 키우는 데 온 유역이 필요하다'는 인식이 필요함을

---

2 현재 전남동부지역사회연구소 소장이자 우리마을교육연구소 사회적협동조합 이사장으로 활동하고 있다.

강조했다. 또한 '숲이 연어를 키우고 연어는 숲을 가꾼다.'는 벤쿠버 원주민들의 생활 철학을 이야기했다. 자연의 생명 하나하나가 자라는 데 모든 것들이 연결되어 있고 순환되어 있기에 우리가 생명을 어떻게 바라봐야 할지 느낄 수 있는 시간이었다.

▲ 정혜서 청년이 만든 '동천마을교육과정 워크숍' 웹자보. 동천의 4계절을 이야기
  하고 있다. 또한 동천의 4계를 통해 엄마 뱃속에 있는 아이가 자라나 청소년이
  되고 청년이 되고 노인이 되는 모습도 함께 그리고 있다.

'한 아이가 자라는 데 온 마을이 필요하다'라는 마을교육공동체가 지향하는 가치는 우리가 기대어 살아가는 자연 속에 그렇게 스며들어 있었다.

두 번째 순서로 광주 새별초등학교 황원주 교사로부터 풍영정천과 새별초등학교 마을교육과정 사례를 들었다. 순천 도심을 흐르는 아름다운 동천마을교육과정을 꿈꾸기로 한 계기가 된 풍영정천 마을교육과정 사례를 자세히 들었다.

풍영정천은 광주 광산구 하남공단 인근에 위치한 하천이다. 공단에서 나온 오·폐수로 인해 물고기가 집단 폐사한 것을 목격한 시민들은 '풍영정천은 내가 지킨다'는 마음으로 모니터링 활동을 진행하고 지자체에 대책을 요구하는 등 '풍영정천 사랑모임'을 만들어 10년이 넘게 활동하고 있다. 새별초등학교는 풍영정천 바로 인근에 위치한 혁신학교로 몇 해 전부터 '풍영정천 사랑모임'과 함께 풍영정천 생태교육을 진행하고 있다. 새별초등학교가 진행하는 학년별 풍영정천 생태교육에 대해 설명한다. 그는 워크숍 강의 제안을 받고 대부분 교사들이 참여할 것이라고 예상했는데, 학교뿐만 아니라 환경단체, 생태해설가, 일반시민 등 다양한 사람들이 함께 하고 있다는 사실에 놀라웠다고 한다.

참여자들과 함께 모둠 토론을 통해 동천마을교육과정을 상상하는 시간을 가졌다. 나의 삶에서 동천은 어떤 존재인지, 동천마을교육과정은 우리에게 무엇을 줄 것인지 나누는 시간이다. 순천 시민들의 일상의 쉼터이고 산책로인 동천이 마을교육과정으로 다시 태어날 순간을 상상하며 이야기는 이어진다.

- 동천마을교육과정이 생기면 (우리 아이들이 동천을 더 사랑할 것 같아) 좋을 것 같습니다.
- 동천마을교육과정이 생기면 (다른 사람들도 기여하는 '장', 학교 밖에서도 활

동할 수 있는 '장')이 생겨 좋을 것 같습니다.

- 동천마을교육과정이 생기면 (머물 수 있는 공간)이 생겨 좋을 것 같습니다.

- 동천마을교육과정이 생기면 (생태도시다운 주변의 환경을 일상생활에 담고
  활용할 수 있어서) 좋을 것 같습니다.

- 동천마을교육과정이 생기면 (환경공부에) 좋을 것 같습니다.

- 동천마을교육과정이 생기면 (순천만이 웃어서) 좋을 것 같습니다.

- 동천마을교육과정이 생기면 (제가 동천에 대해 잘 알 것)이 좋을 것 같습니다.

- 동천마을교육과정이 생기면 (내가) 좋을 것 같습니다.

- 동천마을교육과정이 생기면 (추억의 감성과 인연)이 좋을 것 같습니다.

▲ 2019. 11. 8. 동천마을교육과정 워크숍. 황원주 교사가 풍영정천과 마을
교육사례를 이야기하고 있다.

　　우리는 동천에서 어린이, 청소년들과 할 수 있는 다양한 생각을 나누었
다. 동천마을교육과정을 고민하는 과정에 교사, 생태환경 전문가, 관심 있
는 시민의 목소리가 소중하게 담기고 있었다.

　　생태 조사단 결성, 생물다양성 탐사, 서식하는 동식물 조사와 철새 관
찰, 물속 생물과 곤충 관찰, 순천의 동식물을 그린 동천 벽화 그리기, 맑은

동천을 지킬 수 있는 방법을 나누는 프로그램, 쓰레기 줍기, 환경오염 공부하기(간이 수질 측정, 동천 주변의 오염원 알아보기), 다양한 놀이, 수양버들 아래에서 바람 느끼기, 동천의 사계절 찾기, 계절별 동천 사진 찍기, 생태도감 만들기, 동천 생태지도 만들기……

동천에서 할 수 있는 배움은 너무나 많았다. '마을을 통한 교육, 마을에 관한 교육, 마을을 위한 교육'은 '동천을 통한 교육, 동천에 관한 교육, 동천을 위한 교육'으로 이어지고 있었다. 동천마을교육과정을 만들어가는 길에 각자의 위치에서 무엇을 할 수 있을지를 묻는 시간은, 마을교육과정을 만들어가는 것은 다양한 존재들이 서로 힘을 모아가는 과정에서 채워진다는 것을 느끼는 시간이기도 했다. 교과서를 중심으로 한 지식 위주의 배움에서 아이들의 삶터와 연결되는 교육을 학교와 마을이 함께 만들어가는 과정이 동천마을교육과정이었다.

마을교육과정을 함께 만들어간다는 것은, 다양한 주체들이 할 수 있는 역할을 확인하고, 서로가 잘하는 것을 중심으로 협업하는 것이다. 교사, 생태환경 전문가, 교육청, 지자체, 시민 등 각자가 할 수 있는 것들을 이야기하고 공유하는 과정을 통해 마을이 할 수 있는 것들이 많다는 생각을 하게 된다.

동천마을교육과정에 마을 주민들이 교육의 주체로 성장하는 모습을 상상해보았다. 그리고 2년이 흐른 지금 상상은 현실이 되고 있다. 학부모가 동천마을교육과정 양성과정을 통해 마을교사로 성장하고 있는 것이다.

순천의 어린이, 청소년들이 동천을 통해서 생명과 자연환경의 소중함을 배우고, 한국의 수많은 툰베리[3]로 성장하는 모습을 그려본다. 시민들이

---

3 스웨덴 출신의 청소년 환경운동가 그레타 툰베리

동천 지킴이가 되고, 동천 속에서 행복하게 뛰어노는 교육의 장을 만들고, 동천과 함께 성장하는 어린이 청소년들의 모습을 그려본 동천마을교육과정 첫 번째 워크숍.

그 만남에서 나온 소중한 이야기들이 3년의 시간을 통해 바로 오늘 눈앞에서 펼쳐지고 있는 것이다. 그 바람과 물결을 만들어간 소중한 사람들의 인연이 본격적으로 시작된다.

동천마을교육과정의 마중물이 된 사람들

태초에 길이 없었고 누군가 걷다 보니 길이 생겨났듯이 동천마을교육과정을 만드는 길에 마중물 같은 사람들이 있었다. 기꺼이 동천마을교육과정을 만드는 마중물이 되기로 한 이들이 있었기에, 동천마을교육과정의 물길은 이어진 것이다.

'환경과생명을지키는전남교사모임'의 순천삼산초등학교 교사 이윤숙, 순천혁신학교의 모델이 된 송산초등학교에서 삶과 배움이 하나 되는 교육을 위해 노력하는 교사 이만옥, 순천의 새 박사로 생태환경 전문가로 활동하는 김인철 순천시지속가능발전협의회 사무국장, 항상 겸손하고 따뜻한 모습으로 지속가능한 순천을 위해 묵묵히 걸어가고 있는 허경희[4] 순천시지속가능발전협의회 팀장, 그리고 순천풀뿌리교육자치지원센터 활동가들. 두 명의 교사들이 있었기에 더 많은 학교교사들과 연결될 수 있었고, 순천시지속가능발전협의회 활동가들이 있었기에 더 많은 생태환경

---

4 2021년 9월 현재 순천시지속가능발전협의회 사무국장으로 활동하고 있다.

활동가들과 연결될 수 있었고, 순천풀뿌리교육자치협력센터가 있었기에 마을교육활동가들과 순천교육지원청과 함께할 수 있었다.

▲ 동천마을교육과정의 마중물이 된 사람들(왼쪽부터 임경환 센터장, 이만옥 송산초 교사, 허경희 순천시지속가능발전가능협의회 팀장, 김인철 순천시지속가능발전가능협의회 사무국장, 이윤숙 순천삼산초 교사, 김현주 순천풀뿌리교육자치협력센터 사무국장)

11월 8일 1차 워크숍 이후, 11월 15일 2차 준비모임에서는 김인철 사무국장의 해설과 함께 동천을 만나기로 했다. 동천을 걸으면서 1차 워크숍에서 나온 이야기를 토대로 동천에서 아이들과 하고 싶은 것들에 대한 구체적인 아이디어를 모으기로 한 것이다.

2차 동천 현장워크숍은 순천삼산초 부근 동천에서 조곡교 방향으로 걸으면서 동천을 좀 더 자세히 들여다보기로 했다.

동천의 꽃, 새, 나무, 수생생물 하나하나가 우리들의 삶을 풍요롭게 하는 소중한 존재였고, 이 존재들과 함께 순천의 어린이 청소년들이 동천 속에서 배우고 성장하는 꿈을 현실로 만들기 위한 발걸음이 시작된 것이다.

김인철 사무국장의 해설과 함께 동천을 걷다 보니, 무심코 바라보던 동천 새들의 이름을 부르게 되었고 그들의 움직임 하나하나가 예사롭지 않았다. 왜가리, 중대백로, 쇠백로, 논병아리, 청둥오리…

그들이 무엇을 먹고, 먹기 위해 어떤 행동을 하는 건지, 암컷과 수컷은 어떻게 다른지, 새똥이라 불리는 새들의 배설물도 신기하기 그지 없었다. 동천의 징검다리를 걸으며 아이들과 어떤 놀이를 할지 이야기하고, 새봄을 기다리며 동면에 들어간 생명들에 대한 이야기도 이어진다.

자세히 보아야 예쁘다고 했다. 동천도 그랬다. 해설과 함께 한 2차 동천 워크숍은 동천에 있는 모든 것들을 자세히 들여다보고 싶은 마음이 생겨나게 했다. 동천에서 만난 크고 작은 새들과 꽃들과 곤충들을 보며 생명의 소중함을, 서로 다른 것들의 조화로움을 만났다. 아주 오래전 동천에서 미역 감던 시절이 있었을 텐데, 그런 동천이 되려면 무엇이 필요할까? 동천 마을교육과정을 통해 지속가능한 지구환경을 고민하는 어린이 청소년들이 생겨나고, 그런 마음들이 이어져 진정한 생태도시 순천을 만들어가는 길이 생겨나게 될 것이다.

학교는 준비가 되어 있지 않습니다. 제안해주십시오!

2019년 처음으로 순천 도심을 흐르는 아름다운 동천을 주제로 동천마을 교육과정을 만들기로 하고, 두 번의 준비모임과 두 번의 워크숍을 진행했다. 꿈을 키운 그 시간과 꿈을 품었던 사람들의 마음을 2020년에 어떻게 이어갈 것인지 고민하기 시작했다.

동천 인근 초등학교와 연계해서 실제로 동천마을교육과정을 현실로 만들어가는 것이 무엇보다 중요했다. 2020년 1월, 마을교육으로 인연을 맺어온 순천성동초등학교 전남윤 교사를 만났다. 2018년 순천성동초등학교 학년군별 체육대회를 진행한 놀이문화교육공동체 '노마야노올자'와 인연을 맺은 후로 마을과 학교 연계 활동에 관심을 가지고 있던 터였다.

전남윤 교사는 학교와 마을 연계 교육활동에 대해 솔직하게 말했다. "학교는 준비가 되어 있지 않으니, 먼저 제안해주십시오."

동천 인근에 위치한 순천성동초등학교와 동천마을교육과정을 하고 싶다고 이야기하자, 순간 생각에 잠기더니 바로 말을 이어갔다. "초등학교 3학년 지역화 교재가 있으니, 동천을 주제로 3학년 학생들이 상·하반기 각 8차시, 총 16차시 수업을 하면 좋겠습니다. 올해 다른 학교로 갈 예정이지만, 지금은 학교교육과정을 계획하는 기간이니 제안 내용을 후임 교무부장과 교사들과 이야기하겠습니다."

2020년 순천성동초등학교 3학년 교육과정과 연계하여 동천마을교육과정을 진행할 계획이 세워지자 순천삼산초등학교 이윤숙 교사도 학교에 제안하여 3학년 교육과정에 동천마을교육을 함께 하기로 했다.

이렇게 동천마을교육과정은 처음부터 동천 인근 2개 초등학교와 함께 시작하게 되었고, 순천성동초등학교와 순천삼산초등학교의 3학년 교사와 함께 만들어가게 된 것이다. 처음부터 학교와 마을이 함께 마을교육과정을 만들어가게 된 것은 2018년 순천에서 진행된 다양한 마을교육공동체 활동과 그로 인해 관계를 맺게 된 교사의 마음에서 시작된 것이었다. 첫 물길을 내어준 전남윤 선생님에게 감사하다.

2020년 2월, 동천마을교육과정 TF협의회를 시작하다

동천마을교육과정을 만들어가기 위해 학교교사, 마을교육활동가, 생태환경 전문가가 함께 TF를 구성했다. 2020년 2월 7일, 1차 모임을 시작으로

7월까지 20차 모임을 이어갔다. 한 달에 3~4차례 매주 목요일 모임을 이어간 것이다. 코로나 상황으로 인해 등교 수업을 하지 않은 상황에서 학교 교사들이 좀더 시간을 낼 수 있었던 객관적 상황도 우리의 만남을 촘촘하게 이어지게 한 요인이었다.

동천마을교육과정TF는 세 가지 목표를 세웠고 마을과 학교가 함께 마을교육과정을 만들어가기 시작했다.

- 순천 도심을 흐르는 아름다운 동천과 함께 마을교육과정을 준비한다.
- 동천 마을교육과정을 통해 배움과 삶이 일치하는 교육생태계를 확장한다.
- 동천을 통한, 동천에 관한, 동천을 위한 마을교육과정을 통해 마을교육공동체를 구축한다.

동천마을교육과정 TF에는 학교교사, 마을교육활동가, 생태환경 전문가, 중간지원조직, 순천교육지원청 파견교사가 함께했다.

김인철 순천지속협 사무국장은 2003년도에 제작한 경상남도교육청 인정 교과서인 '초등학교 자연 체험 활동 교과서' 집필진으로 활동한 경험을 바탕으로 순천성동초와 순천삼산초 3학년과 함께할 동천마을교육과정 16차시 학교 수업 예시안을 고민해서 제출했다. 학교 수업 예시안에 대한 설명을 들으면서 조금씩 동천마을교육과정에 다가서고 있었다.

● 함께 공부하며 토론하는 동천마을교육과정 TF

모임은 기본적인 이론교육(동천에 살고 있는 동식물)과 현장교육을 결합하고, 3~4학년 수업계획안을 논의하고 동천 현장에서 다시 교육과 토론을 이어갔다. 학교교육과정을 짜고, 수업지도안을 만들고, 성취기준에 맞게 수업을 진행하는 것은 모두 학교교사의 몫이었다. 마을교사와 학교교사가 함께 만나 함께 공부하고 토론하며 교육내용을 고민하는 과정 자체가 새로운 만남이었다. 그것도 한두 번의 만남이 아니라 한 달에 3~4차례 만남을 이어가는 신기한 경험을 마주한 것이다.

초등학교 3학년 동천마을교육과정을 만들어가기로 한 계획에 한술 더해, 순천삼산초등학교 4학년 담임교사인 이윤숙 교사의 제안으로 4학년 교육과정까지 만들기로 했다. 마을교사와 학교교사가 3학년 모둠과 4학년 모둠으로 나눠서 상반기 8차시 수업지도안을 만들어가기로 했다.

먼저 교실에서 아이들과 수업할 2차시 수업지도안을 모둠별로 고민하기로 했다. 마을교사와 학교교사가 마주앉아 수업지도안을 구성하려고 하니, 조금은 어색한 분위기와 막막함이 밀려왔다. 하지만 누구랄 것도 없이 자연스럽게 각자가 가진 전문성과 경험을 풀어놓기 시작한다.

▲ 마을교사와 학교교사가 함께 토론하며 수업계획안을 만들어가고 있다.

"작년에 삼산초에서 생태교육, 생태놀이를 할 때 ○○○○를 했더니, 아이들 반응이 너무 좋았어요."

"3학년 과학에 동물의 한살이가 나오니, 연결하면 좋을 것 같아요."

"처음 시작할 때는 마음을 여는 놀이로 하면 좋겠어요."

"동천에 가서 수업을 하니, 동천에서의 추억을 이야기하면 좋겠어요."

"동천에 대해 배울 게 많은데, 그중에서 무엇을 중심으로 할 것인지를 먼저 이야기해요."

"동천의 동물 중에서도 동천의 새들과 수서곤충을 중심으로 해요."

"3학년 1학기에 사회(우리 고장의 모습), 과학(동물의 한살이), 미술과 연계하면 좋겠어요."

"2차시 모든 수업을 운동장에서 하면서, 동천 골든벨을 준비해 봐요"

"2차시 수업을 통해, 이후 4차시 동천 현장교육에 대한 흥미를 가지게 해요."

● 협력하는 과정 자체를 배우는 동천마을교육과정

서로 다른 현장에서 살아온 교육주체들이 한자리에 모여서 각자 전문성과 경험한 것에 대한 이야기를 풀어내고, 귀 기울여 듣고 맞장구치는 과정을 통해 하나의 수업계획안을 만들어가는 현장은 모두에게 새로운 경험이었다.

3학년과 4학년 모둠에서 나온 이야기들을 발표하고 그 내용을 들으면서 또 다시 의견을 주고받기 시작했고 아이디어를 공유하기도 했다.

동천마을교육과정 상반기 8차시 내용 중 동천 현장수업 4차시 준비를 위해 다음 모임은 동천에서 김인철 사무국장의 해설을 들으면서 수업내용을 설계하기로 했다. 학교교사는 아이들과 협력수업을 중요시하고, 그 수업 준비를 위해 전문적학습공동체를 만들어 공부하면서 성장한다.

순천지역에도 교육과 관련한 수많은 민·관·학 모임이 있고 TF가 존재한다. 처음부터 끝까지 다양한 사람들로 구성된 TF 위원들이 함께하는 경우는 드물다. 어느 지점에서는 교사 또는 전문가가 중심이 되어 TF 활동을 마무리한다.

동천마을교육과정 TF는 학교와 마을의 성장, 지역 교육생태계를 조성해 나가가기 위해 교육주체들의 만남을 이어가고 있다.

동천마을교육과정은 학교교사, 마을교사, 생태환경 전문가 등 서로 다른 교육주체들이 만나 서로 배우고 성장하며 협력하는 과정 자체를 배워가고 있었다. 더불어 성장한다는 것과 존중하며 협력한다는 것을 알아가고 있는 것이다.

● 동천 현장에서 수업을 설계하다

2020년 상반기에 동천마을교육과정 TF는 과학 교과에 연계하여 3학년은 '동천의 동물', 4학년은 '동천의 식물'로 정하고, 동천 현장수업을 설계하기 위해 순천성동초 후문 옆 옥천에 모였다. 순천성동초 3학년 팀은 동천으로 이동하면서 김인철 사무국장의 생생한 현장교육과 함께했다.

비교적 깨끗한 물속에 산다는 플라나리아를 비롯해서 다슬기 등 옥천에서 볼 수 있는 다양한 수서곤충들을 만날 수 있었다. 플라나리아를 다치게 하지 않고 안전하게 관찰하는 방법에 대해 이야기하는 등 실제 동천 현장수업에 대한 의견을 주고받았다. 김인철 사무국장은 새 박사답게 옥천과 동천에 사는 다양한 새들에 관한 이야기도 풀어냈다. 동천에서 4계절 내내 볼 수 있는 새들과 곧 떠나갈 철새들의 이야기도 곁들였다. 동천에서 만나는 새들의 이름을 알게 되고, 그들의 모습을 망원경으로 보게 되니 평상시 만나던 새들이 새로운 의미로 다가오는 듯 했다. 아이들 역시 이런 설렘으로 동천의 동물들을 만나지 않을까?

▲ 옥천에서 생태환경 전문가의 해설을 들으며 수서생물을 관찰하고 있는 동천마을교육과정 TF

● 마을교사들은 현장교육 전문가였다

옥천과 동천을 지나 조곡교까지 가는 길에 피어 있는 들꽃과 식물 이름은 이애재 마을교사가 설명해 주었고 그것들로 할 수 있는 다양한 활동도 이야기했다. "물가에 주로 피어있는 '고마리'는 물을 정화시켜 주는 식물이에요. 얼마나 고마운 존재예요. 고마운 마음에 '고마우리'로 불리다 '고마리'란 이름을 가졌대요." "사계절 내내 동천에서 볼 수 있는 왜가리는 왜? 왜가리일까요? 겨울철새들이 봄이 되어 동천을 떠나면서 '너는 왜 안 가니?'라고 물었대요. 그러자 왜가리가 '내가 왜 가리?' 라고 말했대요."

수년 동안 현장에서 어린이 청소년들과 생태환경교육을 해온 마을교육활동가들은 생태감수성 넘치는 언어와 다양한 활동사례를 이야기하며 동천마을교육과정을 풍성하게 만들었다.

이은옥 대표 역시 동천에서 할 수 있는 다양한 생태놀이를 이야기하며 동천 현장교육 내용을 풍부하게 채워주고 있었다. 동천마을교육과정 TF를 하며 생태환경 전문가뿐만 아니라, 그동안 현장에서 다양한 생태환경 체험교육을 해온 마을교사들이야말로 전문가라는 생각을 하게 된다.

학교교사들은 마을교사들에게 배운 교육활동을 교과 성취기준과 연결하고 교육과정을 재구성하여 수업계획안에 반영하며 자신의 전문성을 녹여낸다. 이렇듯 동천마을교육과정은 학교교사와 마을교사, 생태환경 전문가들이 함께 배우며 스며들어가고 있었다.

▲ 마을교사와 학교교사가 함께 동천을 걸으며 서로 배우고 이야기하며 만들어 가는 동천마을교육과정은 2019년부터 2021년 현재까지 이어져 오고 있다.

● 우리는 왜 동천마을교육과정을 만들려고 하는가?

4월 2일 동천마을교육과정 TF 7차 모임은 우리에게 무척 의미 있는 만남이었다.

코로나19로 인해 등교 개학이 되지 못한 상황은 동천마을교육과정 TF 가 더 자주 만나게 하는 계기가 되기도 했다. 학교교사와 마을교사, 생태환경 전문가가 서로 배우고 공부하며 의견을 나누면서 걸어온 걸음을 조금 천천히 하고 호흡을 가다듬는 시간이 필요했다. 7차 모임은 두 가지 질문으로 시작했다.

첫 번째 질문은 '동천마을교육과정을 통해 우리 아이들은 어떤 사람으로 성장할 것인가?'였다. 동천마을교육과정은 일회성 체험교육을 넘어서야 하고, 맥락 있는 교육과정을 통해 아이들의 마음에 심어줄 가치와 비전을 품고 있어야 했다. TF위원들이 써내려간 이야기는 동천마을교육과정의 철학에 고스란히 담겼다.

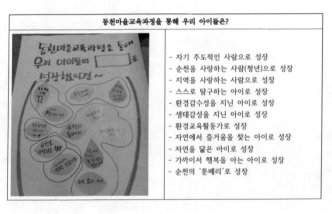

두 번째 질문은 '동천마을교육과정을 통해 우리는 어떤 성장을 하고 있는가?'였다. 두 가지 질문을 통해 느낀 것은, 동천마을교육과정 TF에 함께한 이들이 점점 더 순천을 사랑하고 자연을 사랑하고 우리 주변에 존재하는 다양한 존재들을 사랑하는 마음이 커졌다는 것이다. 동천 TF를 통해 생태감수성을 키워가고, 협력하고 협동하는 모습을 배우고 있으며, 서로에 대해 연결된 마음이 생겨났다는 것이다.

교육의 질은 교사의 질을 넘지 못한다. TF위원들의 이런 마음들이 녹아들었는지, 동천마을교육과정을 통해 우리 아이들에게 깃들었으면 하는 내용도 상호작용하고 있었다.

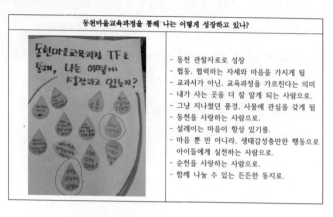

● 마을교육과정, 마을의 역할은 무엇입니까?

7차 모임에서는 동천마을교육과정 TF 운영과 수업지도안 작성에 대한 깊은 고민을 나누고 토론했다. 다른 의견이 제출된 것이다.

'순천만 생태탐사 프로그램은 순천지역 초등학교 42개교 4학년 전체 학급 대상으로 진행한다. 순천 전체적으로는 의미가 있으나, 학생 주도형 프로젝트 측면에서 보면 크게 의미가 없다.'

'8차시 수업지도안을 중심으로 고민하기보다는, 수업자료를 제공해주었으면 좋겠다. 학생 주도 프로젝트를 진행할 때 교사들이 수업과 활동을 할 수 있는 자료를 만들어주고, 지원해주는 역할이 TF의 역할이라고 생각한다. 자료들이 제공되면 TF에서 8차시 수업지도안에 대한 이야기를 할 필요가 없다. 3학년, 4학년 주제인 동물과 식물을 할 때 무슨 내용을 중심으로 할 것인지에 대한 논의가 필요하다.'

현재 마을과 학교의 상황을 현실적으로 이야기한 TF위원의 이야기를 들으면서 몇 가지 질문이 떠올랐다.

- 마을교육과정을 만드는 데 마을의 역할은 무엇입니까? 마을의 자원 조사 자료를 제공하고, 지역 전문가들이 자료를 취합해서 주는 것일까?
- 마을교육과정을 만드는 과정에 수업지도안, 수업계획서 작성 등의 몫은 오로지 교사가 담당해야 하는가?
- 마을교육과정을 함께 만들어간다는 것은 어떤 의미일까? 마을과 학교가 함께 교육생태계를 만들어간다는 것은 무엇일까?

다름은 우리를 더 깊게 들여다보게 했다

우리가 만들어가는 동천마을교육과정의 의미와 발걸음에 대해 또 다른 생각들이 나누어졌다. TF위원들의 이야기를 들으면서, 동천 TF 과정이 마을과 학교가 만나온 보통의 사례와는 다른 길을 만들어가고 있음을 느낄 수 있었다.

'동천 TF는 협업하는 과정 자체의 의미가 있다. 마을교육 역량을 키우는 것, 활동가가 교사가 함께 만들어간다는 것의 의미가 있다.'

'동천마을교육과정을 통해, 학교와 마을이 함께 교육과정을 만들어보자는 의미가 있다. 마을과 학교가 함께 만들어가는 실험의 장이기도 하다. 이 과정에 학생 주도, 활동가 주도, 교사 주도 등 역할이 주어질 것이다.'

'순천만 4학년 체험학습은 의미가 있으나, 교사의 역할은 없는 듯하다. 어떤 내용을 중심으로 수업할 것인지 순천만 해설사와 담임교사가 한 번도 논의한 적이 없다. 우리는 그렇게 하지 말자는 것이다. 이제까지 교육

을 학교에서만 했다면, 동천 TF는 교사와 시민이 같이하고 있다.'

'8차시 동안 동물과 식물에 대해 무엇을 중심으로 할 것인지를 합의하는 것은 필요하다. 마을과 교사와 같이 고민을 나눌 수 있어 좋다. 동천 TF를 통해 교육과정을 만들어가는 과정은 8차시만을 고민하지 않는다.'

'선생님들은 가르치고 싶은 욕구가 많은 것 같다. 동천에 나오는 것만으로도 훌륭한 공부이다. 동천 사랑에 대한 동기부여를 하는 시간이다. 이런 과정을 통해 동천을 진짜로 사랑하는 마음이 어느 날 느닷없이 생겨날 수도 있다.'

동천마을교육과정을 만들어가는 과정에 대한 의미를 TF에 함께한 이들의 목소리를 통해 다시 확인하는 시간이었다. 더불어 마을교사와 학교교사가 이 기나긴 시간을 왜 이렇게 만나는지에 대해 정리하는 시간이 되었다. 다름은 우리를 더 깊게 들여다보게 했고, 교육과정을 좀 더 촘촘하게 챙기게 했다.

3학년 교육과정을 중심으로 '동천의 동물-물속 곤충'에서 주로 배울 내용이 무엇인지에 대해 이야기를 나누는 시간을 가졌다. 옥천에서 만나는 물에 사는 생물, 옥천과 동천 합류지점에서 만나는 동물과 물에 사는 생물, 동천에서 만나는 동물, 아이들과 가능한 놀이, 보호종과 동천으로 돌아오는 물고기, 관련 그림책과 식물 등.

김인철 사무국장 제안으로 동천마을교육과정 자료집을 만들기 위한 준비도 하기로 했다. 관련 내용 자료 조사는 TF위원들이 역할 분담을 했다. 다른 의견으로 인해 좀더 깊게 토론하게 되었고, 그로 인해 좀 더 구체적으로 준비할 수 있게 되었다.

동천마을교육과정의 철학

"순천을 사랑하고, 자연의 소중함을 알아가며,
스스로 탐구하는 민주시민으로 성장합니다."

동천마을교육과정을 통해 마을을 사랑하는 아이들이 자라납니다.

어린이·청소년들이 자신들이 살아가는 순천을 사랑하는 마음을 가지는 것은 중요합니다. 이것은 단순히 순천이라는 행정구역에 살고 있다는 것만을 의미하지는 않습니다. 순천 지역의 소중한 역사문화, 자연생태자원뿐만 아니라, 순천에 살고 있는 다양한 사람들을 만나고 그들이 만들어가고 있는 다양한 공동체를 만나는 과정에서 순천을 사랑하는 마음이 자라날 것입니다.

동천마을교육과정을 통해 생명 존중과 생태감수성을 키워갑니다.

코로나19는 우리 삶의 많은 변화를 가져오게 했습니다. 코로나19는 그냥 자연적으로 발생한 것이 아니라, 인간의 무분별한 개발로 인해 동물들의 서식지가 파괴되고, 그 동물들이 가지고 있는 바이러스가 인간에게, 인간이 기르는 가축에게 전달된 것임을 알 수 있습니다. 우리가 살아가는 지구 환경은 인간과 그 주변의 많은 것들에 의해 엄청난 영향을 받고, 지구 환경을 파괴하는 것들로 인해 기후 위기가 오는 등 많은 것들이 무너져 내리고 있습니다. 순천 도심을 흐르는 아름다운 동천, 시민들의 일상과 함께하는 동천마을교육과정을 통해 모든 생명의 소중함과 지속 가능한 지구 환경을 위한 생태감수성을 배워갈 것입니다.

동천마을교육과정을 통해 스스로 탐구하며 생태도시 순천의 미래를 열어갑니다.

인간이 무언가를 배우고자 할 때 가장 먼저 준비해야 하는 것은 배우고자 하는 의지입니다. 배우고자 하는 의지는 무엇을 배울지 스스로 선택하고, 배우는 방법을 스스로 계획하고, 자신만의 방법으로 실천하는 태도로 나타납니다. 무언가 하고자 하는 의지는 관심과 사랑으로부터 나옵니다. 순천의 동천과 함께 더불어 사는 어린이·청소년들이 동천의 생물들을 더 가깝게 만나고 체험하는 과정을 통해 동천 사랑의 마음은 키워질 것입니다. 은 생명에 관심을 가지고 사랑하는 아이들은 자연뿐 아니라, 내 주변의 사람들도, 지구 환경에도 관심을 가지고 지키려고 노력할 거라 믿습니다. 동천마을교육과정은 스스로 선택하고 탐구하고 실천할 수 있는 내용으로 채우고자 합니다. 그 여정을 통해 지속가능한 생태도시의 미래를 열어가는 민주시민으로 성장할 것입니다.

● 동천마을교육과정 철학을 정리하다

TF 7차 모임의 고민을 세심하게 안고서 동천마을교육과정의 철학을 정리
하기로 했다. 이만옥 교사가 초안을 잡고 이윤숙 교사는 더욱 풍부하게 하
고 전체적인 부분은 TF위원 전체가 함께 토론하며 정리한 것이다.

● 맥락 있는 교육과정과 협업수업을 만들어내다

동천마을교육과정 TF는 3학년, 4학년 교육주제에 따른 목표를 정리하고
4단계 수업구성을 정리하고 세부적인 수업계획안을 작성하고 해설집, 워
크북, 학습교구, 참고도서 등을 꼼꼼하게 챙겼다.
　동천마을교육과정은 5단계로 구성되어 학교교사와 마을교사가 맥락
있는 교육과정으로 협업하고 있다.

구성	다가서기	알아가기	만나기	표현하기	실천하기
	놀이활동	기본지식습득	동천현장교육	표현활동	실천활동
교사	학교교사	학교교사	마을교사	학교교사	학교교사
차시	1~2차시	2~3차시	4차시	2~3차시	2차시

※ 교과 연계한 차시 운영계획은 수업계획안을 토대로 조정할 수 있음.

　학교교사와 마을교사는 동천마을교육과정의 5단계 교육활동 내용에
대해 함께 공부하고 토론하고 협의하며 맥락 있는 교육과정을 만들어가
고 있다.

[동천마을교육과정의 기본 내용]

■ 동천마을교육과정 교육 방향

동천마을교육과정은 '순천을 사랑하고, 동천을 통해 자연의 소중함을 알아가며, 스스로 탐구하는 생명생태교육을 통해 순천의 민주시민으로 성장한다.'라는 철학을 바탕으로 마을과 학교가 함께하는 교육과정이다.

동천마을교육과정은 이를 바탕으로 다양한 교과와 더불어 창의적 체험활동 시간을 활용하여 교과를 넘어선 자기주도적 생명생태교육을 실현하고자 하였다.

■ 교육 목표

1. 동천에 살고 있는 다양한 생물을 알아간다.
2. 동천에 살아 숨 쉬는 생명을 소중히 하는 생태감수성을 배운다.
3. 나와 동천의 생물이 연결되어 있음을 느낀다.

■ 교육(활동) 구성

동천마을교육과정(3~4학년)은 '동천 다가서기', '동천 알아가기', '동천 만나기', '동천 표현하기'의 4개 단원에 맞게 활동을 구성하였다.

동천 다가서기는 동천을 활용한 놀이를 통하여 학생들이 동천에 사는 동물을 간단히 알아보고, 동천에 대한 흥미를 끌어낸다.

동천 알아가기는 동천과 학생 각자의 경험을 연관 지어 동천의 소중함과 추억을 상기하고, 동천의 다양한 생물을 알아가는 활동을 하며 학생들이 기본 지식을 습득한다.

동천 만나기는 동천 현장에 나가 다양한 생물들을 관찰하고, 여러 동물과 그 흔적을 채집하면서 동천을 체험한다.

동천 표현하기는 동천 현장 교육을 통해 든 자신의 생각과 느낌을 표현하고, 이를 친구들과 공유하면서 동천과 동천의 생명의 소중함을 느낄 수 있도록 한다.

마지막으로 '동천 사랑 실천하기-동천 플로깅(plogging) 활동'으로 동천마을교육과정의 배움을 실천하기로 한다.

▲ 학교교사, 마을교사, 생태환경 전문가가 만나 동천마을교육과정 철학에 대해 토론하고 수업계획안을 함께 만들어내고, 교육에 필요한 여러 가지 내용을 만들어내고 있다.

● 아, 이렇게 교육과정이 만들어지는군요

동천마을교육과정은 10차 TF모임을 건너오며 정리가 되기 시작했다. 우리는 오프라인 모임뿐만 아니라, 온라인 단톡방에서도 수시로 의견을 주고받았고 틈나는 대로 동천마을교육과정과 관련한 자료들을 공유하고 있었다.

11차 모임에서는 그동안의 결실인 3,4학년 수업계획안과 워크북 한글 편집본을 검토하며, 세부적인 수정-보완 작업을 했다. 현장교사들이 자신들의 전문성을 살려 교과과정과 연계한 세부 수업계획안을 제출했고, 그

계획안을 바탕으로 워크북에 들어갈 내용을 중간지원조직 활동가가 정리하고 한글편집본으로 만들어냈다.

TF모임에서 마을교사들이 다양한 의견을 제출하며 가다듬기 시작했다. 순천삼산초 남현주 3학년 담임교사가 미소 지으며 이야기한다.

"아, 이렇게 마을교육과정이 만들어지다니, 너무 신기해요."

우리 모두 이 신기한 경험을 몸소 하고 있었던 것이다.

11차 모임에 동천마을교육과정 워크북과 해설집을 디자인할 신수진 청년 디자이너가 함께했다. 동천마을교육과정이 만들어지는 소식을 듣고 있던 터라, 흔쾌히 모임에 참여했다. 한 권의 워크북과 책자가 만들어지는 과정에 디자이너의 소중한 노동이 들어간다. 그 노동을 담당하는 이가 동천마을교육과정 내용을 좀 더 자세히 알았을 때, 거기에 더해지는 애정이 깊어지리라는 생각이었다. 워크북을 검토하는 과정에 신수진 디자이너 역시 의견을 보탰고, 우리가 간과하고 있던 사진자료에 대한 저작권 이야기를 덧붙여 주었다. 동천마을교육과정은 이렇게 책자를 만들 디자이너와도 마음을 모아가며 걸어가고 있었다.

● "와, 진짜 물고기가 잡히는구나."

동천마을교육과정 3학년 현장교육은 수서곤충을 관찰하고, 물고기를 채집하고 관찰하고 다시 물속으로 보내는 활동이다. 12차 모임에서 실제 동천에 나가 물고기 채집 시뮬레이션을 하기로 하고, 도움을 받기 위해 곽동민(전, 환경교사) 교사를 모셨다. 순천지속협에서 준비한 물고기 채집을 위한 가슴장화를 착용하고 채집 도구 등을 가지고 직접 옥천으로 들어갔다. 뜰채를 쥐고 물고기가 들어올 그물망을 치고, 그물망으로 물고기를 몰아가는 연습을 몇 번 하다 보니 정말이지 물고기가 잡혔다. "아, 이렇게 하면 아이들이 물고기를 잡을 수 있겠구나." 탄성이 터져 나왔고, 채집한 물고기를 채집통에 넣고 관찰수조에서 관찰하는 활동을 연습했다. 순천성동초 3학년이 동천에서 물고기 잡기 활동을 하기에 가장 좋은 곳이 어디인지, 동천 이수교 부근에서 옥천으로 올라가며 살펴보기도 했다.

▲ 동천마을교육과정 3학년 내용인 수서곤충 관찰, 물고기 관찰을 위해 학교교사, 마을교사, 생태환경 전문가가 만나 동천에서 직접 사전 준비활동을 하고 있다.

동천마을교육과정 4학년 현장교육은 동천에서 볼 수 있는 식물과 관련한 내용이다. 순천성동초 부근 옥천에서 물고기 채집 시뮬레이션을 마무리하고, 순천삼산초 4학년이 수업할 동천고수부지로 장소를 옮겼다. 이애재 교사로부터 풀잎바람개비 만드는 방법을 다시 배워, 바람개비를 날려보며 모두 신이 났다. 특히 이날 함께 한 세 명의 어린이가 바람개비를 날리며 즐거워하는 모습을 보니, 동천마을교육을 함께할 아이들의 모습이 벌써부터 그려졌다. 동천 현장에서 4학년 식물 수업 시뮬레이션을 하며 식물 수업 의견을 나누고, 준비물이 무엇인지를 체크했다. 이 모든 과정을 마을교사, 학교교사, 생태환경 전문가, 마을교육공동체 활동가들이 동천의 품안에서 해내고 있었다. 참으로 감동적인 순간들이 계속 이어지고 있었다.

14차 모임은 동천 고수부지에서 순천삼산초 4학년 수업을 준비했다. 우유갑으로 이름표 만들기, 다양한 풀피리 불기, 버드나무로 피리 만들기를 했다. "어, 소리가 안 나는데…", "어어, 진짜 소리가 나네~~"

워크북과 해설집에 실리는 사진 자료는 저작권 문제로 신경 쓰지 않도록 대부분 직접 만들고 사진을 찍어 책자에 싣기로 했다.

● "수업 시연을 한 것은 없었던 일이에요."

15차 모임을 마무리하면서 다음 모임엔 학교에서 이루어지는 3차시 교육(1차시-놀이, 2~3차시-사전교육)을 시연할 것을 제안했다. 학교교사들은 모두 당황스러워했다. "공개수업을 한 적은 있어도 시연을 한 적은 없어요. 너무 부담스럽네요."

다들 학교교사들의 3차시 수업 시연이 어떻게 이루어질지 설레는 마음으로 센터 교육실에 자리잡았다. 첫 번째 순서로 3학년 수업을 담당하는 이희은 교사와 남현주 교사가 1차시(놀이활동), 2~3차시(동천 사전교육) 시연을 했다. 놀이 시연을 하면서 어떻게 하면 아이들이 잘 이해하면서 재미있게 할 수 있을지 서로 의견을 주고받았다. 2차시 사전교육 시연을 통해서 수업계획안이 현실에서 아이들과 만나 어떻게 전개될지 좀 더 구체적으로 소통하고 보완하는 시간이었다. 애써 미뤄보려고 했지만, 결국 하게 된 4학년 이윤숙 교사의 시연을 통해서도 우린 서로 배우고 있었다.

'세상에, 학교교사들이 마을교사들 앞에서 수업 시연을 하는 모습을 보게 되다니…'

'동천마을교육과정 TF'라는 이름으로 걸어온 지 8개월의 발걸음이 서로를 신뢰하는 관계를 만들어내고 있었다. 넘나들며 배우는 것이 무엇인지 알아가고 있었다. 배움을 주고받는 과정에 '자격'이라는 것은 별반 의미가 없다는 것을 느껴가고 있었다. 참 좋은 교사들과 함께하고 있다는 든든함이 어느새 우리 곁에 채워지고 있었다. 마을교육과정을 만들어가는 것이 어떤 건지를 알아가고 있었다.

● 이런 공개수업은 처음이었다

2월부터 6월까지 동천마을교육과정 3~4학년 교육과정을 학교교사와 마을교사가 함께 만들었다. 그야말로 모든 과정을 함께했다. 우리가 만든 동천마을교육과정이 드디어 아이들을 만나게 되었다. 7월 2~3일 순천삼산초 4학년 1반과 3학년 1반 학생들을 만나게 된 것이다. 동천마을교육과정 첫 수업은 공개수업으로 진행됐다. 그 날의 이야기를 이윤숙 교사는 이렇게 정리하고 있다.

"우리 학교에서는 전체 선생님들을 대상으로 3, 4학년 공개수업을 했다. 이 공개수업에는 동천마을교육과정을 함께 준비한 마을선생님들도 오셨다. 이런 공개수업은 처음이었다. '동천 알아가기'를 주제로 3학년은 물속 생물, 4학년은 식물에 대한 수업을 했다. 4학년을 중심으로 얘기하자면 동천에 살고 있는 식물을 알아보고, 학생들이 자신의 식물 이름을 정하는 게 목적이었다. 20가지 식물에 대한 설명을 듣고 식물 이름을 정한 후에 미리 말려둔 우유갑으로 딱지를 접어 이름표를 만들었다. 목걸이 이름표라 끈이 필요했는데 끈도 몇 주간 아이들과 함께 모았다. 케이크 상자 끈, 신발 끈, 심지어 노끈까지 아이들은 집에서 끈이란 끈은 버리지 않고 학교로 가지고 왔다. 우유갑 이름표를 만들 때 마을선생님들과 함께 만든 영상을 보여주기로 했지만 아이들이 한 번에 잘 만들 수 있을까 걱정이 되었다. 하지만 기우였다. 마을선생님들은 가만히 않아서 구경만 하지 않았다. 아이들에게 먼저 다가가 도와주었다. 그때부터 아이들은 마을선생님들과 관계를 맺고 있었다.

수업이 끝나고 그날 오후, 학급 카페에 '동천에서 본 식물들'이라는 글이 올라왔다. 수업을 마치고 두 아이가 동천에 들러 "오늘 배운 식물들도 있으니 잘 보세요."라며 동천에 나가 찍은 사진을 올린 것이다. 애기부들, 개망초 등등. 실제로 보니 부들이 정말 소시지처럼 생겼다는 아이, 자신의 식물인 개망초가 많다는 소식에 기뻐하는 댓글을 다는 아이, 자기 식물은 못 봤냐며 서운해하는 아이, 자기 식물이라며 "나다."하는 아이까지… 아이들은 이미 동천과 식물에 빠지고 있었다. 동천마을교육과정의 마법에 빠진 것이다. 이걸 혼자만 알고 기뻐할 수는 없지! 마을선생님들과 함께 나눴다. 다들 다음 주 '동천 만나기'(동천 현장수업)를 기대했다."

▲ 동천마을교육과정 4학년 현장교육 하루 전에 현장 활동 교구를 만드는 학교교사와 마을교사.

● 동천마을교육과정, 순천성동초와 순천삼산초 학생들을 만나다

8개월간 함께 만든 동천마을교육과정은 2020년 7월 순천성동초등학교 3학년과 순천삼산초등학교 3~4학년 학생들을 만났다. 학교에서 진행한 '동천 알아가기' 2차시 수업은 공개수업으로, 마을교육과정을 함께 만든 TF위원들이 참관하였다.

함께 만든 교육과정을 학교교사가 어떻게 수업에 잘 녹여내며 아이들과 활동하는지 확인할 수 있었다.

2020년 7월 8일, 순천삼산초 4학년 학생들이 '동천 나들이' 약속을 적은 종이박스를 들고 동천둔치공원 느티나무 아래로 걸어오던 그 순간은 영화의 한 장면 같았다. 코로나로 인해 동천 현장교육을 할 수 있을까? 가슴 졸이던 순간을 뚫고 동천으로 나온 아이들로 인해 동천은 더욱 환하게 빛났다. 5명의 동천 마을교사들은 모둠 아이들과 함께 동천 일대를 다니며 때로는 친구처럼 관계를 맺었고 아이들의 밝은 모습을 통해 동천마을 교육과정은 꽃피고 있었다.

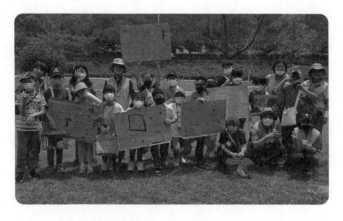

▲ 2020년 7월. 동천 마을교사들(김인철, 이은옥, 허경희, 김현주, 이애재)과 함께한 순천삼산초등학교 4학년 1반 학생들.

● 세 번의 만남으로 2학기 동천마을교육과정이 만들어지다

동천마을교육과정 TF를 해산하고 마을과 학교가 함께하는 생태환경 학습 공동체인 '생명생태 순천마을교육연구회'(생생연구회)가 만들어졌다. 2학기에는 매주 수요일에 동천마을교육과정을 준비하기로 했다. 1학급이던 순천삼산초는 학교 인근에 아파트가 들어서면서 3, 4학년이 2학급이 되었다. 새로운 2명의 교사가 합류하게 되었다. 2학기에는 학생들이 좀 더 주도적으로 동천의 곤충과 식물을 만날 수 있도록 '오리엔티어링'[5]을 동천마을교육과정에 접목해 보기로 했다. (사)대한오리엔티어링전남연맹에서 오신 강사의 강연을 함께 들었다. 그리고 바로 그 주말에 동천 현장모임(답사)을 시작했다. 킥보드를 끌고 나온 다섯 살 쌍둥이가 최연소 참가자였다. 학년별로 나눠 답사를 하며 사진을 찍어 공유하고 이야기를 만들어 냈다. 그리고 다시 순천풀뿌리교육자치협력센터 사무실로 돌아가 학년별 회의를 했다. 적어도 추워지기 전에, 그리고 코로나가 또 우리의 발목을 잡기 전에 2학기 동천마을교육과정을 시작해야 했다.

10월 중에 동천 현장수업까지 진행하기로 하고 수업 계획과 워크북 작업에 들어갔다. 3번의 교육과정 모임, 2번의 답사를 통해 놀랍게도 워크북까지 완성되었다. 너무나 짧은 가을이, 빠듯한 시간이, 그리고 지금껏 탄탄히 쌓아온 관계가 그걸 가능하게 만들었다.

● 한 달에 한 번은 동천에서 수업하고 싶어요

상반기와 마찬가지로 동천 현장에 나오기 전에 학교에서 미리 동천에서

---

5 지도와 나침반만을 가지고 목적지를 찾아가는 야외 스포츠로, 순차적인 통과 지점을 두어 경기의 재미를 더한다. 빠른 지도 독보력과 판단력, 지력, 체력을 동시에 겨루는 경기다. (출처: 스포츠백과)

만나는 생물들을 배우고, 코로나가 잠잠해진 10월 마지막 주 5일 동안 아이들은 동천으로 나왔다. 상반기에 마을교사들과 만나면서 이미 관계가 형성된 아이들은 "선생님, 오랜만이에요"라고 자연스럽게 인사를 건넨다.

가을에 만나는 동천의 식물, 곤충, 새들과 관계를 맺어가며 친구가 되어가고 있었다. 코로나로 지친 아이들에게 동천마을교육과정은 자연과의 만남이었고, 동천에서 만난 다양한 생물들과 친구를 맺는 과정이었다. 아이들은 동천 안에서 환하게 빛났다. 평소 곤충을 무서워해서 과학 교과서도 못 펴던 아이는 친구들과 함께 곤충을 관찰하고 암끝검은표범나비가 귀엽다며 사진을 찍었다.

아이들은 이야기한다.

"한 달에 한 번 이상은 이렇게 동천에 나와서 공부하고 싶어요."

> 나는 동천에 갔다.
> 껑다리 3형제 이야기를 듣고 각자 모둠별로 출발했다.
> 그런데 중대백로와 흰뺨검둥오리를 봤다.
> 그러고 나서 가고 있는데 풀을 발견하고 풀로 게임을 하고 곤충 잡기를 했다.
> 내가 메뚜기, 방아깨비를 20마리 정도 잡았다.
> 기분이 좋은 하루였다.
> 날마다 이런 수업을 하면
> 월, 화, 수, 목, 금, 토, 일 맨날 학교를 갈 수 있을 것 같다.
>
> – 이서율 /순천삼산초등학교 3학년 1반

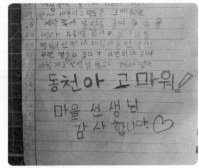

▲ 2020년 10월 마지막 주. 순천성동초 3학년, 순천삼산초 3~4학년 학생들이 5일간 동천의 생물들을 만나고 마을교사를 만났다.

● 기억은 사라지지만 기록은 남는다

동천마을교육과정 하반기 활동을 평가하는 2020년 12월, 신기하게도 마을교사, 학교교사, 생태환경 전문가의 의견이 일치한다.

"아이들이 동천에 나왔을 때, 동천을 만나고 느낄 수 있는 자유로운 시간을 더 많이 주자."

"계획한 것보다, 아이들은 더 많은 것을 보고 다른 생각을 하더라."

동천 현장에서 함께할 교육활동에 욕심을 내었지만, 아이들에게 더 필요한 것은 동천과 충분히 만나는 시간이었다.

1년을 지나오며 50번을 넘게 만나니, 힘든 일정도 이제는 웃으면서 함께하는 사이가 된 학교교사와 마을교사들. "우리에게는 함께하는 마을교사 동지들이 있다"고 말하는 순천삼산초 교사. 우리는 2021년 1학년부터 6학년까지 전 학년 맥락 있는 동천마을교육과정을 준비하기로 했다.

학교교사와 마을교사가 함께 만들어 온 동천마을교육과정은 마을교육과정의 좋은 사례로 여기저기 회자되기 시작했다. 함께 만난 시간들에 녹아있는 우리들의 땀방울을 세월의 강물에 흘려보낼 수는 없었다. 가능하면 기록하고 남기려고 노력했다. 함께 만들어온 여정과 사람들의 이야기는 기록하지 않으면 언젠가는 사라지기 때문이다.

　순천은 2020년 교육부가 추진한 '미래형 교육자치 협력지구'에 선정되었고, 생태도시 순천이 만든 첫 번째 지역화 교육과정인 동천마을교육과정은 순천풀뿌리교육자치협력센터의 예산으로 진행되었다. 행·재정적인 든든한 지원을 받으며 동천마을교육과정을 만들었고, 그 소중한 발걸음과 결과물들을 기록할 수 있어 감사한 마음이다.

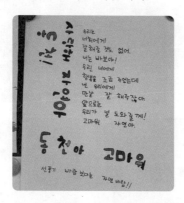

▲ 순천삼산초 3학년 엄지홍 학생의 시화

※ 2020년 동천마을교육과정 결과물

▲ 동천마을교육과정 초등학교
3~4학년 워크북(4종)

▲ 동천마을교육과정 해설집(1종)
상하반기 활동보고서(2종)

▲ 순천성동초, 순천삼산초 3학년 동천 시화집, 아이들의 그림으로 엮은 동천 노트

▲ 순천시청 1층, 순천교육지원청 1층 로 비에 동천마을교육과정 결과물 전시 (2020년 11~12월)

▲ 다양한 동천 굿즈: 동천 달력, 동천 컵받침, 동천 열쇠고리(아이들의 작품을 활용하여 제작)

2021년 전체 학년 동천마을교육과정을 만들어가다

2021년 순천삼산초등학교는 1~6학년까지 전학년 동천마을교육과정을 진행하기로 했다. 연초부터 학교교사와 마을활동가가 전학년 공통 주제

와 내용에 대해 고민을 주고받았다. 2월 새학년 집중 준비기간 3일중 날마다 한꼭지씩 학교교사와 마을교육활동가가 함께 동천마을교육과정 워크숍을 진행했다. 교육과정 혁신을 위한 혁신학교의 소중한 발걸음이다.

1~2학년, 3~4학년, 5~6학년 학년군별로 나눠 3명의 마을교육활동가들이 학년군별 교사와 모임을 진행했다. 상반기 학년군별로 12차시 교육주제와 교육활동 계획을 토론하며 내용을 함께 정리했다. 학교교사들도 몇 차례 고민을 더 했고, 3월에도 전체 교사와 함께하는 컨설팅을 통해 교육계획을 함께 토론해나갔다.

▲ 순천삼산초 학교교사와 마을교육활동가가 상반기 마을교육과정 내용과 향후 일정을 논의한다.(2021. 4. 9.)

4월 9일 오후 5시부터 늦은 밤 9시까지 학교교사와 마을활동가가 함께 상반기 전 학년 동천마을교육과정 계획안을 최종 확정하고, 동천 현장교육 일정을 결정했다.

마을활동가들은 동천 현장교육의 내용을 이야기하고 학교교사들과 함께 상반기 12차시의 내용을 결정했다. 그리고 학년군별 교사와 마을활동가가 서로 소통해 가며 상반기 동천마을교육과정을 준비하기로 했다. 우리 모두는 전 학년 동천마을교육과정을 만들어가며 가슴이 뛰고 설렜다.

동천 동지가 된 순천삼산초 교사들의 열정과 말 못할 노동으로 전체 교사가 함께할 수 있게 만들었다고 생각하니 코끝이 찡해졌다.

교육과정은 학교와 교사라는 교육전문가들이 만드는 것이라는 견고한 시스템을 뚫고 이를 가능하게 만든 훌륭한 교사들의 보이지 않는 사연과 노동을 생각해 본다. 학교와 마을이 함께 만들어가는 교육과정을 통해 우리는 이렇게 서로를 생각하며 서로 성장하게 한다.

※ 2021 동천마을교육과정 하반기 차시 운영 계획(안)

학년	주제	교과	시수
1학년	'동천아, 반가워' (동천에서 알아보는 가을 곤충)	자율활동 8시간, 즐생 2시간, 슬생 2시간	12차시
2학년	'동천은 즐거워' (동천과 함께하는 가을)	자율활동 6시간, 즐생 4시간, 국어 2시간	12차시
3학년	'동천은 신기해' (동천의 다양한 새와 곤충 살펴보기)	창체(학급특색교육) 8시간, 미술 2시간, 체육 1시간, 국어 1시간	12차시
4학년	'동천은 참 고와' (동천의 열매와 씨앗 알아보기)	체육 1시간, 국어 1시간, 미술 2시간, 창체 8시간	12차시
5학년	'동천은 다양해' (동천 생태계 서비스 알아보기, 핵심 서식지 알림판 제작)	창체10 (동천8+생태2) + 교과10(국어4+실과1+도덕1+과학2+미술2)	20차시
6학년	'동천을 그려봐' (동천 캐릭터 만들기)	창체 8시간, 봉사 3시간, 미술 2시간, 수학 1시간	14차시

● 학교교사와 마을교사가 함께 걸으며 배우며 이야기하며 만들어가는 동천 마을교육과정

동천마을교육과정의 협업 과정은 '학기 초 담당교사와 마을교육활동가 협

의 → 전체 교사 연수와 동천마을교육과정 컨설팅 및 협의 → 학년군별 학교교사와 협의 → 각 주체별 동천마을교육과정 준비(학교교사+마을교사) → 동천 현장교육 교사 직무연수 → 동천마을교육과정 진행 → 평가회의' 순서로 진행하고 있다. 2021년 상반기 전학년 동천마을교육과정을 만드는 여정은 결코 쉽지 않았다. 이제는 자연스레 정착한 학교교사와 마을교사의 수차례 만남과 협업의 이면에 있는 사연들은 모두 헤아릴 수 없다.

학교교사들은 국가교육과정에 근거하여 학교수업 준비와 관련 업무 외에 동천마을교육과정을 학년별로 진행하기 위해 교육과정 재구성과 학교 수업 준비를 위한 시간을 보내야 했다. 동천 현장교육 이후에는 학교에서 후속활동까지 이어지는 교육활동을 준비하고 실행한다. 동천마을교육과정을 담당하는 교사는 마을교육활동가들과 상시적인 연락을 하며 온갖 실무를 챙기고 있다.

마을교사가 주로 계획하고 담당하는 동천 현장교육을 실행하기 전에 반드시 학년군별 교사들과 동천 현장연수를 한다. 함께 동천을 걸으며 마을교육활동가가 동천에서 진행할 교육활동을 이야기한다. 그 과정에 함께 아이디어를 내고 현장수업 스토리를 구성하기도 한다.

● 우리는 왜 이 수고로운 여정에 함께하는가?

과연 무엇이 교사들을 이 수고로운 동천마을교육과정의 여정에 기꺼이 머무르게 하는 것일까? 이 과정 교육전문가인 교사로서의 성장과 더불어 동천을 통해 아이들과 만나는 교육적인 기쁨이 존재하기에 가능한 것이 아닐까? 마을교육활동가와 쌓아가는 관계 또한 이 만남을 가능하게 하는 요인일 것이다.

마을교육활동가 역시 동천마을교육과정을 만들어가는 녹록지 않은 시간들을 보내고 있다. 학교교사와 협의하고 연수하고 동천 현장교육을 준비하기 위해 수차례 답사와 현장교육을 하고, 아이들과 동천 현장에서 4차시 교육활동을 한다. 그로 인한 노동력의 대가는 4차시 강사비이다. 이를 두고 어느 마을교육활동가는 이렇게 이야기한다.

"이런 활동은 정말로 생태교육에 대한 애정과 열정이 없으면 못해요. 동천에서 기뻐하는 아이들 때문에 하는 열정페이 같아요. 어떨 때는 극한직업이라는 생각도 들어요."

그럼에도 불구하고 이 여정에 기꺼이 함께하는 것은, 생태교육은 현장에서 이루어져야 가장 큰 울림으로 다가설 수 있다는 걸 알고 있고, 밝은 아이들의 모습을 보면서 힘을 얻기 때문이라고 한다. 무엇보다도 자신이 동천을 너무 사랑하기 때문이라고 말한다.

▲ 순천삼산초 교사들과 마을교육활동가들은 학생들이 동천 현장교육을 하기 전에 반드시 현장연수를 진행한다.

● 함께 울컥하며 만든 동천마을교육과정, 모든 자료를 공유할게요

2021년 상반기 동천마을교육과정을 모두 마무리하고, 7월 15일 오후 4시간 동안 전체교사와 마을교육활동가들이 함께하는 상반기 평가워크숍을 진행했다. 각 학년 교사들이 진행한 12차시 동천 교육활동을 나누며 처음으로 모든 교사들이 자신의 학년뿐만 아니라 다른 학년의 마을교육과정이 어떻게 진행되었는지를 확인하는 자리였다. 1학년부터 6학년까지 연결되는 동천마을교육과정을 만들어온 학교교사와 마을교육활동가들의 그동안의 활동도 함께 공유하는 뜻깊은 시간이었다. 평가를 마친 후에는 학년군별 교사와 마을교육활동가들이 3모둠으로 나뉘어 하반기 수업을 계획하는 시간을 한 시간 남짓 가졌다.

2020년 동천마을교육과정을 만들기 위해 20번의 TF모임을 했다면 이제 우리들은 한 두 시간 정도의 만남으로도 동천마을교육과정을 계획하게 되었다. 그동안의 만남과 관계와 걸어온 발걸음이 어느덧 우리를 여기까지 안내한 것이다.

7월 26일 오전 순천영재교육원에서 동천마을교육과정 수업사례 공유회가 있었다. 참여자들은 순천지역 수석교사들과 관심 있는 교사들 20여 명이었다.

이윤숙 교사와 학년별 교사가 상반기에 진행한 동천마을교육과정 수업사례에 대해 차분하게 발표했다. 3시간 동안 사례 발표가 끝난 후 이윤숙 교사는 정리한 자료를 공유하며 마무리 발언을 했다.

"올해 상반기 처음으로 전학년 동천마을교육과정을 만들고 실행하기까지 쉽지 않은 여정을 지나왔습니다. 마을교육활동가를 비롯한 많은 분들이 계셨기에 가능한 길입니다. 그리고 특히 여기 함께하신 우리 삼산초

등학교 선생님들……."

이윤숙 교사는 쉽지 않은 과정을 함께한 동료교사들을 바라보며 울컥하여 잠시 말을 잇지 못했다. 순간 나도 내 옆의 6학년 선생님도 눈시울이 붉어졌다. 동천마을교육과정을 걸어온 순천삼산초 교사들 모두 그 순간 울컥했다.

우리는 안다. 우리가 어떻게 걸어왔는지.

동천마을교육과정에는 만남을 뛰어넘는 만남이 이어지고 있었다.

2021년 상하반기 전학년 동천마을교육과정을 마무리하면, 앞으로 동천마을교육과정을 하고 싶은 순천지역 모든 학교와 마을은 교육과정과 연계해서 교육활동을 적용할 수 있을 것이다. 생태도시 순천을 상징하는 생태자원 중 하나인 동천이 초등학교 전학년 마을교육과정으로 재탄생하는 과정을 만들어가고 있다.

동천마을교육과정을 만든 순천삼산초 교사들은 이야기한다.

"동천마을교육과정의 모든 자료를 공유할 수 있습니다. 학교에서 교사들이 활용해서 우리 아이들이 동천에서 생태감수성을 키우는 교육활동을 하는 데 도움이 되면 좋겠습니다."

학부모와 함께 성장하는 동천마을교육과정

동천마을교육과정을 지속가능하게 하기 위해서 안정적으로 활동할 수 있는 동천 마을교사들을 양성하기로 했다. 동천마을교육과정을 경험한 순천성동초와 순천삼산초 학부모를 동천마을교사로 양성해, 학부모가 교육의 주체로 성장하는 발걸음도 내딛기로 한 것이다. 이 과정 또한 쉽지 않겠지만 몇 명의 주체라도 함께한다면 그 발걸음이 또 다른 이에게 이어질 거라 믿는다.

상반기 12회 역량강화 연수와 현장교육 참관, 하반기 10회 역량강화 연수와 현장교육 참관 등으로 이어지는 '동천 마을교사 학부모 연수'를 순천교육지원청과 함께하고 있다. 상반기 학부모 연수를 마친 학부모들은 하반기 역량강화 연수를 진행하며 일부는 동천 마을교사로 활동한다.

상반기 교육을 마친 학부모들이 소감을 이야기한다.

"동천이 이렇게 아름다운지 몰랐어요. 동천에서 만나는 작은 생물, 식물들을 알게 되어 우리 아이에게 아는 체해야겠어요."

"자연과 인간은 같이 성장한다는 것, 자연이 주는 선물에 감동받았고, 관심을 더 많이 가져야겠어요."

"내가 살고 있는 지역의 생태환경을 설명할 수 있도록 계속 알아가야겠어요."

"엄마의 마음으로 다른 아이들을 대할 수 있고, 더 전문적이고 체계적인 수업을 위해 더 찾아보고 공부를 해야겠어요."

"나에게 교육이 무엇인지를 생각해보는 시간을 주었다. 왜냐하면 사고의 확장이 생겼기 때문이다."

아이들의 삶터와 배움이 하나 되는 공교육 혁신, 마을교육, 미래교육을 위해 더 중요한 것은 어른들의 변화이고 학부모들의 변화이다. 우리 아이들을 마을의 시민으로 키우는 마을교육은, 부모들 역시 마을을 사랑하고 마을의 미래를 함께하는 시민으로 성장해야 가능한 일인 것이다.

학부모와 주민들이 동천마을교사로 성장하는 과정을 통해 동천마을교육과정도 더욱 풍부해지고 지속가능해질 것이다.

▲ 동천마을교사 양성 학부모연수. 순천의 새박사 김인철 샘과 함께 동천의 새들에 대해 공부하고 있다.(2021. 9. 10.)

● 동천마을교육과정은 '마을교육과정의 마중물'

마을교육과정을 만들어가는 만남은 각 지역마다 학교마다 역사가 다르고 토양이 다르고 사람들의 관계맺음이 다르기에 정답은 없다.

마을교육이 일회성 체험학습을 넘어서려면 학교교사와 마을교사가 협력하는 과정을 만들어야 한다. 과정을 통해 관계가 쌓이고 함께할 내용을 고민하게 되면 다른 차원의 협업이 시작된다.

배움과 삶이 하나 되는 공교육혁신의 과정에 교육과정 재구성이라는 과제는 교사들의 수고로운 노동이 뒤따른다. 또한 마을교육을 위해 관계를 만들고 역량을 쌓아가는 학부모, 주민들의 노력도 동반한다. 길게 가려면, 한번을 만나도 수십 번의 만남을 준비한 것처럼 만나면 좋겠다.

좋은 만남은 좋은 관계맺음을 만들고, 좋은 관계맺음은 더 넓은 만남으로 이어진다는 것을 동천마을교육과정을 통해 깨달았다. 동천 인근에 위치하지 않은 순천비봉초 5학년 교사와 학생들이 동천마을교육과정을 만났다. 순천상사초 4학년 교사와 학생들은 이사천 마을교육과정을 만났다.

더 많은 학교들이 동천마을교육과정을 함께하면 좋겠다는 아쉬움이 많지만, 동천마을교육과정처럼 마을교사와 학교교사가 협력하는 과정과 관계맺음을 해야 가능하기에 하향식 사업으로 추진되기는 어렵다.

동천마을교육과정을 비롯해서 순천 전역에서 마을과 학교가 협력하는 마을교육과정이 만들어지고 마을 곳곳에서 순천의 어린이 청소년들의 생기발랄한 웃음이 퍼져가는 10년 후를 상상한다. 새로운 상상을 현실로 만들어가는 사람들이 있기에 그 길은 반드시 오리라 믿는다. 삶과 배움이 하나 되는 교육, 순천에서 자신만의 길을 당당하게 걸어가는 민주시민으로 성장하는 길에 공교육 혁신과 다양한 마을교육이 징검다리가 될 것이다. 지금부터 10년의 길을 여는 징검다리를 하나 하나 놓기 시작한다.

● 동천과 함께한 모든 날 모든 시간은 행복입니다

동천마을교육과정은 마을과 학교가 진정으로 협력해서 만들어가는 새로운 마을교육과정의 길을 만들어가고 있다. 이 길을 함께 만들어간 모든 이들과 함께 한 모든 날 모든 시간이 행복했다. 특히 이 수고로운 여정을 기꺼이 함께 한 동천 동지 이윤숙 선생님을 비롯한 순천삼산초 교사들에게 존경의 마음을 보낸다.

우리 마을 곳곳을 어린이 청소년들의 배움터로 만들고 지속가능한 순천을 만들기 위한 교육활동을 함께하고 있는 우리마을교육연구소 사회적 협동조합, 전남동부지역사회연구소, 놀이문화교육공동체 노마야노올자 활동가들에게도 감사하다. 순천시마을교육공동체 중간지원조직 '순천풀뿌리교육자치협력센터' 활동가들의 보이지 않는 지원과 격려도 이 과정에 스며들어 있다.

'우리는 동천의 생물들과 더불어 살아요', '동천아, 사랑해'를 외친 것처럼 우리 어린이 청소년들은 그 존재만으로도 빛나고 귀한 이름들이다. 동천의 생물들을 그저 스쳐지나가는 존재가 아니라, 하나의 생명으로 만난 것처럼 동천을 통해서 '있는 그대로의 나를 사랑하는 힘'을 키우고, 동천을 통해서 '순천을 사랑하고 자연을 사랑하는 마음'을 키우게 된다면, 우리가 함께 걸어온 여정의 끝자락은 순천만으로 흘러가고 있을 것이다. 앞으로 함께 만들어갈 아침을 기다리며…….

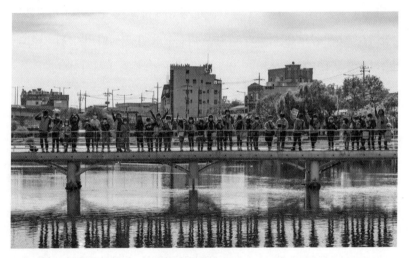

▲ 순천성동초등학교 3학년 2반. 동천마을교육과정을 마치고 학교로 돌아가는 현수교에서. (2021. 10. 27.)

※ 2020년 동천마을교육과정 동천활동책자 中 학교교사들의 후기에서

이윤숙(순천삼산초 교사)

무엇보다 함께하는 과정이 새롭고 즐거웠다. 보통 선생님들과 만나 교육을 얘기하는 경우가 많았는데, 다양한 활동을 하고 계시는 마을활동가 분들을 만나 무언가를 함께 만들어가는 과정이 새로웠다. 비록 생각보다 시간도 에너지도 많이 쏟아부어야 했지만 2학기도 함께 만들어가고 싶다. 마을과 학교가 함께한다는 건 이전에 꿈꾸지 못한 것들을 현실로 만들어갈 수 있다고……

누군가와 함께한다는 것은 쉽진 않지만 놀라운 일이다. 지금껏 대부분 교육활동은, 교육과정 운영은 주로 동료교사와 함께해왔다. 물론 나는 오래도록 학교도서관을 운영하며 학부모명예사서와 함께 도서관 프로그램을 기획하고 진행한 적도 있었다. 또한 학년교육과정을 운영하며 학부모의 지원을 받아 답사나 견학 프로그램을 운영하였다. 그러나 지역 사회와 지역의 사람들과 함께하고 싶어도 잘 몰라서 함께하지 못하거나, 하더라도 극히 일부분일 뿐 함께 교육과정 자체를 만들어 나간다는 것은 생각지 못했다. 그런 편견을 깬 것이 바로 '동천마을교육과정'이었다.

동천마을교육과정을 시작하고, 어느 해보다 많이 동천을 만났다. 그리고 동천마을교육과정 TF모임이 아니더라도 동천에 가고 싶은 마음이 생겼다. 아이들도 나와 비슷하겠지, 생각해본다.

동천에 나와 활동을 마친 후에 함께 사진을 찍을 때마다 아이들과 외친다. "동천아", "사랑해!" 이 말을 함께 외친 아이들은, 이 속에서 작은 풀들과 만난 아이들은, 이곳에서 다양한 생명과 만난 아이들은, 동천에 한 번도 오지 않거나 그냥 지나치는 아이들과는 분명 다를 것이다. 동천을 통해, 동천에 관해 공부한 우리 아이들은 분명 동천을 위한 삶을 사는 아이들이 될 거라 믿어 본다.

그 동천이 '우리'이고, '순천'이고, 또 '지구'로 확장될 거라 믿는다.

아무쪼록 동천이 '안녕'하고 동천에 깃든 생명들이 '안녕'하길 바라며, 오늘도 외쳐본다. 동천아, 안녕!

가고 싶은 학교,
살고 싶은 마을

이민희 ('깨움마을학교' 사회적협동조합 대표) ————————————

영광군 묘량면이라는 작은 시골 농촌에서 '깨움마을학교'를 운영한다.
나보다 더 사려 깊고 유쾌하며 일 벌리기 좋아하는 동료들과 함께하기에 행복하다.
실패하더라도 괜찮다. 좌충우돌하면서 나아간다. 이것은 그냥 '삶'이다.

가고 싶은 학교, 살고 싶은 마을

시작은 '복지'였다. 우리의 관심사는 학교가 아니었다. 농업이 국가기간산업으로 격상되고 농민이 '공익농민'으로 우대받으며 농촌이 사람 살 만한 곳으로 되어야 한다. 21세기 농촌이 붕괴한다면 과연 우리의 삶은 지속가능할 수 있을까. 성장의 종말과 문명의 대 전환기에 '농촌'은 시대의 화두이자 대안의 거처이다. 도시생활을 청산하고 귀촌을 결행하면서 대안적 농촌 복지를 꿈꿨다. 대한민국에서 소외된 지역, 주목받지 못하는 변방(邊方)[1]의 시골마을에서 지역주민들과 더불어 '공생공락(共生共樂)'하는 공동체를 만들어보자 의기투합했다.

농촌의 생사존망이 임계점을 향해 치닫고 있다. 현실은 답답하고 희망은 멀어 보인다. '웰빙라이프'의 열풍을 타고 먹거리에 대한 관심은 폭발적으로 증가했지만, 정작 그 먹거리를 생산하는 농촌은 갈수록 쇠락하고 있다. '푸드포르노'가 '먹방'이라는 이름으로 소비되는 현실 어디에서도 농업과 농촌에 대한 진지한 관심은 찾아보기 어렵다. 농촌은 점점 더 과소화되고 주변으로 밀려나고 있다. '과밀화'의 반대말인 '과소화'는 인간이 기본적인 삶을 살아가는 데 필요한 최소한의 생활기반시설과 사회적 인프라가 붕괴 지경에 이른 상태를 말한다. 예컨대 우리 집 반경 6km 안에는 병원, 약국, 슈퍼마켓, 학교 등이 한 개도 없다. 어르신들은 하루 서너 번 정도 다니는 버스를 이용해 읍에 나가야만 식재료와 생필품을 구입할 수 있

---

1 신영복(2012), 『변방을 찾아서』, 돌베개, 26쪽.
"중요한 것은 변방이 공간적 개념이 아니라는 사실이다. 그런 점에서 변방은 변방성, 변방 의식의 의미로 이해되어야 한다. 비록 어떤 장세의 중심부에 위치하고 있는 경우라 하더라도 모름지기 변방 의식을 내면화하는 자세가 필요하다. 크게 보면 인간의 위상 자체가 기본적으로 변방이기 때문이다. 우주의 광활함과 구원함을 생각한다면 인간의 위상 자체는 언제 어디서든 변방의 작은 존재일 수밖에 없다. 그렇기 때문에 변방 의식은 세계와 주체에 대한 통찰이며, 그렇기 때문에 변방 의식은 우리가 갇혀 있는 틀을 깨뜨리는 탈문맥이며, 새로운 영토를 찾아가는 탈주 그 자체이다. 변방성 없이는 성찰이 불가능하다."

다. 일상생활의 필요를 제때 충분하게 충족하기 어려운 곳에서의 삶은 '난민'의 처지와 다르지 않다. 공공성은 고사하고 시장이 제공하는 흔한 서비스마저도 접하기 어려운 곳, 도시에 비해 턱없이 부족한 인프라, 생활의 불편함을 넘어서 당장의 생존조차 위협을 받을 수 있는 곳. 마을이 없어질 위기에 처한 농촌은 전원의 로망 대신 생존의 치열한 사투가 일상화된 곳이다. 의료, 복지, 교육, 문화, 주거, 교통, 일자리 등 삶의 거의 모든 영역에서 절대적인 열세에 놓여있으므로 활력이 느껴지지 않고 지역적 열패감이 삶을 무겁게 누르고 있다. 이런 곳에서 다시 꿈을 꿀 수 있을까. '어차피 없어질 마을'이라거나 '뭘 해도 안 될 것'이라는 우리 안의 냉소주의, 패배주의를 극복하고 희망을 만들 수 있을까.

파멸적 생태위기 속에서도 농업, 농촌을 홀대하는 분위기는 여전하고 도시와의 삶의 격차는 계속 벌어진다. 지방의 위기와 소멸을 경고하는 지표들[2]은 우리 사회가 점점 더 극단화되고 있음을 잘 보여준다. 과밀화의 역습으로 감염병의 손쉬운 먹잇감이 된 도시의 삶도 위태롭기는 마찬가지다. 도시 사람들은 모여있으나 연결되어 있지 않다. 쪽방촌의 비극, 생계 비관 자살, 고독사가 이어지는 도시문명의 디스토피아 안에서 사람들은 각자 외로운 섬으로 존재한다. 과도하게 몰린 도시의 인구를 분산하고 수도권과 지방의 격차, 도시와 농촌의 격차를 줄여 고른 발전을 도모하기 위해서라도 농촌 문제를 반드시 풀어야 한다. 농업으로 먹고살 만하고 농민뿐만 아니라 다양한 직업군들이 조화를 이루며 교육, 문화, 의료, 복지의 영역에서 격차가 해소되어야 한다. 시골살이의 행복지수가 높아져야

---

2 2021년 8월 19일 감사원이 통계청의 자료를 분석해 발표한 「저출산고령화 감사 결과 보고서」에 따르면, 대한민국 전체 인구는 2017년 5,136만 명에서 50년 뒤인 2067년엔 3,689만 명으로, 100년 뒤인 2117년엔 1,510만 명으로 감소(-70.6%)할 것이라고 한다. '재앙적 소멸'이라 할 정도로 충격을 준 이 보고서는 저출생 고령화 여파로 100년 뒤, 229개 기초지방자치단체 중 96%가 소멸할 수 있다고 경고했다. 수도권으로의 집중 강화와 지방의 몰락이 더 가속화될 것이라는 비관적 진단이다.

비정상적으로 비대화된 도시도 다이어트가 가능하다. 대한민국이 골고루 지속가능한 발전의 열쇠는 '농촌'에 있다.

농촌을 권력과 물질의 힘에 의존하지 않고 주민들의 자립, 자치, 협동의 힘으로 꾸려나가는 건강한 공동체로 만들자. 그러자면 연결을 회복하고 네트워크를 강화해야 한다. 필요한 역량을 개발하기 위해 사람과 자원이 유연하게 연결되고 지지할 수 있는 체계를 고안해야 한다. 이는 기존의 관료적인 행정 시스템으로는 달성하기 어려운 목표이다. 마을의 자연력을 키우는 공동체 복지, 주민들이 단합해 지역의 문제를 자립적인 협동으로 해결해 나가는 마을공동체의 복원이 절실하다. 우리는 묘량면에서 살림살이 진보와 마을공화국의 꿈을 이루기 위해 노인 돌봄, 협동조합 조직과 일자리 창출, 사회적 농업, 경로당을 거점으로 한 마을복지 활동 등 '복지—노동—경제—문화'가 융합하는 농촌 마을 재생의 그물망을 짜나갔다. 사람들의 꿈을 묻는 복지, 주선하고 연결하는 복지, 이웃과 이웃이 서로를 돌보는 복지, 자립과 공생의 공동체 복지를 달성하고자 하였다.

그런데 의외의 곳에서 복병을 만났다. 묘량면 마을재생의 설계도 안에 애당초 없던 문제, 바로 '학교'였다. 2009년 8월 마을의 유일한 교육기관으로 남아있던 묘량중앙초등학교 폐교 방침이 발표되었다. 학생 수 감소로 인한 농산어촌 학교 통폐합 대상이 된 것이다. 당시 학생수는 12명이었다. 묘량면은 이미 중학교 1개, 초등학교 1개가 폐교된 경험이 있어서 그런지 묘량중앙초등학교 폐교를 당연한 수순으로 받아들이는 분위기였다. 처음에는 당황스러웠고 그 다음에는 절박해졌다. 마을에 남은 유일한 학교가 사라진다면 지역은 더 이상 희망을 꿈꿀 수 없을 것이다. 떠나가는 농촌에서 찾아오는 농촌으로 만드는 데 학교는 없어서는 안 될 요소이다. 마음 놓고 아이를 키울 수 없는 곳에서 과연 미래를 장담할 수 있겠는가.

이미 많은 것들이 붕괴되어 사람 살기 힘든 지경이 되었는데 학교마저 사라진다면 누가 살러 들어오겠는가. 2007년 마을복지 활동을 시작한 지 3년 만에 부닥친 거대한 난제 앞에서 '궤도수정'은 불가피했다. 학교를 살려야 마을이 더 이상 후퇴하지 않고 지속가능한 발전을 도모할 수 있다. 마을의 꿈과 미래를 지키는 '작은 학교 살리기'야말로 '복지 너머의 복지'를 실현하는 길이라고 믿었다.

변방 작은 학교의 반전 드라마

국가는 시골학교를 포기했으나 지역주민들은 포기하지 않았다. 관료행정의 냉소와 무관심에도 불구하고 폐교만큼은 반드시 막아야 한다고 생각했다. 2009년 10월 학부모들과 지역주민들은 '학교발전추진위원회'를 결성하고 작은 학교 살리기에 팔을 걷어붙였다. '학교의 운명이 곧 마을의 운명'이라는 명제를 성의 있게 설득하는 데 인내심을 갖고 공을 들였다. 결핍이 있으므로 그만큼 간절하다. 가진 자원이 부족하기 때문에 더 많이 뛰고 더 굳게 협동해야 한다. 작은 학교 살리기 운동에서 부족한 자원은 외부에 의존하지 않고 지역사회 연대와 협동의 힘으로 충당했다. 교직원들이 퇴근한 학교 건물에 모여 농촌 교육의 진로와 마을의 미래에 대해 학습하고 토론하는 밤들이 이어졌다. 학부모들은 '온종일 엄마품 돌봄교실'을 열고 재능기부와 봉사활동으로 아이들을 함께 돌보며 교육의 주체로 성장해 나갔다. 교통인프라가 취약하고 접근성이 떨어지는 문제를 해결하기 위해 십시일반 모금으로 통학용 승합차를 마련했다. 2018년 3월 묘랑중앙초등학교에 두 대의 통학버스가 생기기 전까지, 학부모들은 꼬박 8

년 동안 봉사활동으로 차량을 운행하며 아이들의 등하교를 책임졌다. 차량운행 봉사는 계절에 상관없이 하루도 빠지지 않고 이어졌다. 우공이산(愚公移山). 지극한 노력들이 켜켜이 쌓여 사람들의 마음을 움직이고 마을의 역사를 바꿨다.

학교로 주민들을 초청해 함께하는 자리를 다양하게 조직했다. 강연회, 공청회, 일일밥집, 음악회, 가족캠프 등을 열면서 폐교 방침 철회에 관한 지역사회 공감대를 형성했다. 학교 운동회를 마을축제로 변화시켰다. 42개 자연마을의 어르신과 주민들이 학교로 모였다. 두 돌 아기부터 90세 이상 어르신까지 4세대가 어우러지는 모습은 뭉클한 감동을 자아냈다. 열띤 응원전이 펼쳐졌다. 폐교의 위기감은 찾아볼 수 없었다. 평생 학교 문턱을 넘어본 적이 없는 어르신들도 이날만큼은 주인공이다. 운동장 한 켠에 솥을 걸고 음식을 만들어 공동체 밥상을 나눴다. 학교에 사람들이 모이고 축제를 벌이자 온 마을이 들썩들썩하다. 나는 이 과정 자체가 훌륭한 마을교육이라고 생각한다. '마을이 무엇인가?'에 대해 딱딱한 이론으로 설명하는 것이 아니라, 사람들의 눈빛과 몸짓에서 자연스럽게 느낄 수 있다면 그 현장이 곧 '마을교과서'이다.

잠재력과 가능성의 보고인 농촌의 작은 학교는 '오래된 미래'이다. 학교는 아이들이 성장하는 배움터이자 주민들에게 열린 평생학습터이고 지역문화의 아궁이다. 경제적 효율성만으로는 따질 수 없는 작은 학교의 가치에 동의한 사람들이 마을로 들어왔다. 기존의 틀과는 다른 교육, 더 나은 교육, 더 행복한 교육을 열망하는 이들이 시골 학교에 아이를 보내기 위해 이사해 왔다. 30~40대 정주 인구가 늘어나고 다시 아이들의 웃음소리가 들리기 시작했다. '내 고향 주소 갖기'와 같은 형식적인 인구 늘리기 사업으로는 절대 달성할 수 없는 일이 일어난 것이다. 2012년 지역사회의 끈

질긴 노력 끝에 결국 학교 통폐합 방침은 철회되었다. 2009년 12명이던 학생 수는 작은 학교 살리기 운동 10년이 된 2019년 102명(병설유치원 포함)이 되었다. 10년 동안 10배에 가까운 성장을 한 셈이다. 간절함이 만들어낸 기적이다.

"작은 학교의 길을 묻고 싶습니다. 참된 학교란 무엇인가 끊임없이 질문합니다. 아이들 한 명 한 명이 자율적인 존재로 존중받고 인격적 성장을 이뤄가는 학교, 교육주체들의 지지와 상호협력 속에서 아이들의 행복한 배움터로 성장하는 학교를 꿈꿉니다. 이런 학교에서 우리 아이들이 작게는 자신의 삶을 스스로 결정할 수 있는 능력, 크게는 자기가 속한 공동체의 운명을 결정하고 선택하는 데 참여할 수 있는 실력을 갖춘 존재로 성장해 가기를 원합니다. 크기는 작지만 '교육력'은 결코 작지 않은 학교가 바로 우리 묘량중앙초등학교라고 생각합니다."[3]

학교가 살아나자 마을의 풍경이 달라졌다. 통폐합에 순응하고 학교가 사라졌다면 지금의 마을은 없었을 것이다. 지역공동체의 사활이 걸린 문제를 해결해 나가는 과정에서 사람들은 모이고 연결되기 시작했다. 해체되었던 관계망이 복원되고 크고 작은 실천들이 쌓일수록 마을의 역량도 성장하였다. 마을은 부동의 상태가 아니다. 생명 유기체인 마을은 늘 변화한다. 학교를 살렸다고 끝이 아니다. 이제 학부모들과 주민들은 '마을학교'를 만들어 아이들 교육과 돌봄에 참여한다. 마을학교를 통해 마을의 교육의제를 주민들의 자립적인 힘으로 해결해 나가고자 분주하게 움직인다. 학교교육을 지원하는 수준을 넘어 학교와 마을이 지역교육의 비전을 함께 토론하고 공유하고 협력함으로써 동반 성장해 나간다. 마을은 처음부

---

3 묘량중앙초등학교 학부모회(2017년), '교원-학부모연석회의'에서 학교장에게 제출한 「의견서」.

터 거기에 존재하는 것이 아니라 사람들 안에서 태어나고 소멸한다. 마을이란 사람들이 서로의 관계망에 접속하고 그 안에서 깊게 얽혀 뿌리내리는 과정 그 자체다. 묘량면의 작은 학교 살리기 운동은 마을재생과 부흥의 원동력이었다. 작은 학교 살리기 운동의 성공으로 묘량면은 새로운 도약의 꿈을 꿀 수 있게 되었다. 지역교육이 살아나야 지역공동체가 산다. 폐교 위기에 놓였던 작은 학교가 지금은 마을공동체의 심장이 되었다. 지역주민들은 마을의 미래 자산 1호로 '묘량중앙초등학교'를 꼽는 데 주저함이 없다. 학교의 크기는 작지만 품고 있는 교육적 열망은 결코 작지 않다. 우리는 작은 학교가 미래 교육의 대안으로, 지역사회의 희망으로 계속 성장해 나가길 바란다.

표 1 묘량마을교육공동체가 걸어온 길 : 함께 꾸는 꿈, 현실이 되다

2009년 12월	폐교 위기의 묘량중앙초등학교를 위한 '작은 학교 살리기' 워크숍 묘량중앙초등학교를 살리기 위한 '학교발전위원회' 창립
2010년 1월	묘량중앙초등학교 살리기 지역민 간담회 / 공청회 개최
2011년 5월	희망농촌 행복 체육대회 '지역민과 초등학생 공감 한마당'
2011년 11월	행복한 작은 학교 가을한마당 '마을과 학교, 희망을 노래하다'
2012년 3월	학생수 12명에서 34명으로 증가, 학교 통폐합 대상에서 제외됨
2012년 9월	복식수업 해소
2013년 3월	교실 4칸 증축 (초등학생수 42명, 유치원생 17명)
2013년 8월	행복한 작은 학교 1박 2일 가족캠프
2014년 3월	초등학생 56명, 유치원생 22명 전라남도교육청 혁신학교 지정
2015년 2월	체육관(장암관) 완공
2015년 3월	초등학생 59명, 유치원생 22명

2015년 5월	전라남도교육청 '꿈키움 행복나래' 마을학교 사업 선정
2016년 3월	직영급식소 설치, 자체 급식 시작 초등학생 63명, 유치원생 21명
2016년 12월	전라남도 교육과정 우수학교 교육감상 수상
2017년 3월	깨움마을학교, 6개 프로그램 연중 운영 (총 85회차, 누적인원 1,023명 참여) 초등학생 66명, 유치원생 21명
2017년 12월	전라남도 교육과정 우수학교 교육감상 수상
2018년 3월	깨움마을학교, 12개 프로그램 연중 운영 (총 108회차, 누적인원 2,105명 참여) 유치원 특수 1학급 증설(초등학생 78명, 유치원생 23명) 2010년부터 8년 동안 지속해 온 학부모 통학차량 봉사 종료
2018년 9월	초등학교 특수 1학급 증설
2019년 3월	깨움마을학교, 11개 프로그램 연중 운영 (총 102회차, 누적인원 1,776명 참여) 초등학생 76명, 유치원생 24명 깨움마을학교-묘량중앙초등학교 '마을교육공동체 협약' 체결
2019년 10월	깨움마을학교-묘량중앙초등학교-여민동락 영농조합법인 '사회적 농업 교육 교류 협약' 체결
2020년 3월	초등학생 70명, 유치원생 24명 전라남도교육청 공모 학교단위 공간혁신 대상 학교로 선정 깨움마을학교, 12개 프로그램 연중 운영
2020년 9월	교육부 학교단위 공간 혁신 사업 선정, 미래학교로 제2의 도약 깨움마을학교사회적협동조합 창립
2021년 3월	초등학생 69명, 유치원생 20명 깨움마을학교와 묘량중앙초등학교 '묘량마을교육과정' 공동 운영

지역과 교육, 공생(共生)에서 상생(相生)으로

1960년대 이후 산업화, 도시화 영향으로 '이촌향도'(離村向都)의 바람이 불었다. 이 때부터 농촌의 인구는 지속적으로 감소해 왔고 도시와 농촌의 격차가 벌어졌다. 농산어촌 소규모 학교통폐합은 지역사회의 정주 여건을 악화시키고 공동체를 해체하는 역효과를 불러일으킨다. 폐교는 지역 사회의 미래로 향하는 문을 완전히 닫아버리는 행위나 다름없다. 한국교육개발원이 발표한 「농산어촌 소규모 학교 통폐합 효과 분석」 보고서에 따르면, 폐교는 지역사회의 인구를 유출시키는 역효과를 불러왔다.[4] 실제 학교 통폐합으로 인한 재정 절감 효과는 미미한 수준이다. 오히려 지역사회의 인구 감소를 촉진하고 지역공동체 문화를 후퇴시켜 정주 여건을 악화시키는 결과를 초래했다는 분석이 설득력을 얻는다. 보고서는 학교의 규모를 기준으로 삼는 경제성 논리가 아니라 지역의 특성을 반영하고 작은 학교의 장점을 최대한 살리는 방향으로 학교 모형에 대한 연구와 실천이 필요하다고 지적한다. 묘량면의 경험이 실증하듯이, 작은 학교는 경제적 논리만으로는 따질 수 없는 가치와 의미를 지니며 지역 회생과 발전의 구심적 역할을 할 수 있다.

　지방 소멸의 시간표는 지역마다 다르게 흘러간다. 특히 전남은 타 지역에 비해 인구절벽의 속도가 가파르다. 인구 감소는 학령인구 감소와 정비례한다. 수도권과 지방, 도시와 농촌의 격차가 더 벌어지고 있는 상황에서 학령인구의 절벽은 필연적으로 수도권 쏠림 현상과 지방교육 소멸을 야

---

4 한국교육개발원(2010) 연구보고 RR2010-07, 「농산어촌 소규모 학교 통폐합 효과 분석」 233쪽
"폐교가 지역사회의 인구 이동에 미친 영향을 분석한 결과, 폐교수가 1개 증가할수록 시군 지역의 초·중·고 학생 수는 79명~130명 줄었고, 학부모 인구수도 111명 줄었다. 전라남도의 면 지역만을 대상

기할 것이다. 지방교육 소멸의 위기는 시군구보다 읍면동에 집중될 것이다. 1997년부터 2017년까지 20년 동안 준학령인구(0세~20세) 감소 비율이 50% 이상인 지방자치단체는 전국적으로 총 95개이다. '지방교육 소멸 위험도'를 광역자치단체별로 비교하면 전남이 13곳으로 가장 많고, 경북(11곳) 강원(6곳) 경남(6곳) 충남(6곳) 전북(6곳) 충북(4곳) 순이다. 특히 전남은 22개 기초자치단체 중 절반 이상인 13개 시군구가 지방교육 소멸 위험지역에 포함됐다.[5]

지방교육 소멸 위기는 학교의 존립에 직접적인 영향을 미친다. 전남의 경우, 전체 학교 수는 줄어드는 반면 작은 학교는 늘어나는 양상이다. 2021년 현재 전남 전체 874개교 중 농산어촌학교가 657교(75.2%)로 압도적인 비중을 차지하고 있다. 이 중 6학급 이하 학교는 374교(42.8%), 60명 이하 학교는 377교(43.1%), 도서벽지 학교는 125교(14.3%)가 분포하고 있다.[6] 학령인구 절벽은 전국에서 전남이 가장 빠르고, 도시보다는 농촌지역이 훨씬 심각한 상황이다. 지방교육 공동화는 정주 여건을 악화시키고, 악화된 정주 여건은 다시 지방교육 공동화로 이어지는 악순환이다. 경제적 효율성을 앞세운 획일적인 학교 통폐합 정책은 지방교육 소멸을 가속화시키는 정책으로 근본적인 제고와 전환이 필요하다. 인구 절벽과 지방 소멸 위험에 직면한 전남의 지역적 특수성을 반영하여 농산어촌 교육이 회생할 수 있는 정책을 수립하는 것이 절실하다. 사회구조와 인구변동에 따라가는 수동적인 관점이 아니라, 지역교육을 회생시킴으로써 지역문제, 인구문제에 대응하는 적극적인 관점으로의 전환이 필요하다. 농산어촌의 교육문제는 지역공동체 붕괴 문제와 밀접히 연관되어 있기

---

5 홍은광(2018), 「인구절벽시대의 농산어촌 지방교육 정책」 교육비평 42호
6 전라남도교육청(2021), 「2021 간추린 전남교육통계」

표 2 전남지역 지방교육 소멸 위험 현황 : 1997년 대비 2017년 준학령인구 50% 이상 감소, 2017년 준학령인구 1만명 미만 기초지자체 홍은광(2018), 『인구 절벽 시대 농산어촌 지방교육 정책』 중 발췌 재구성

순번	시군구	1997년 준학령인구합	2017년 준학령인구합	준학령인구합 비율변화
1	고흥군	27,399	7,880	-72.40%
2	신안군	15,109	4,536	-69.98%
3	보성군	17,091	5,801	-66.06%
4	장흥군	16,376	5,887	-64.05%
5	진도군	12,553	4,674	-62.77%
6	함평군	11,950	4,453	-62.73%
7	강진군	14,477	5,521	-61.86%
8	완도군	20,217	7,968	-60.59%
9	곡성군	9,839	3,977	-59.58%
10	구례군	9,269	3,850	-58.47%
11	영광군	21,397	8,920	-58.31%
12	담양군	14,477	6,245	-56.86%
13	장성군	14,873	7,288	-51.00%

때문에 교육행정의 힘만으로는 풀 수 없다. 주거, 경제, 복지 등 정주 여건을 좌우하는 교육 외적인 요인들과 연관시켜 통합적으로 고민해야 한다. 학교 혁신의 내재적인 노력도 중요하겠거니와, 지역주민들이 지역교육문제의 주체로 서서 함께 해결해나가는 지역공동체적 관점을 세울 필요가

있다. 주민들의 참여와 협력으로 지역교육력[7]을 강화하고 지역교육 생태계 안에서 교육과 지역이 선순환[8]함으로써 동반성장해 나가야 한다. 교육문제이면서 동시에 지역문제이기도 한 농촌의 학교문제는 국가 균형 발전 및 농촌공동체 재생의 관점에서 접근해야 할 중대한 사안이다. 농촌의 현실을 충분히 반영해 농촌 교육 회생 정책과 농촌 마을 재생 정책은 상호 연계하여 추진되어야 한다. 교육문제와 지역문제를 하나로 인식하고 양자를 연계하여 통합적으로 풀어나가는 해법을 찾아야 한다. 교육부뿐만 아니라 농림부, 문화관광부 등 농촌 교육에 관여할 수 있는 부처들이 칸막이를 허물고 머리를 맞대야 한다.

무엇보다 일반자치와 교육자치의 협력적, 융합적 접근이 절실하다. 막대한 행정력과 재정력은 교육청보다 지자체에 집중되어 있다. 지자체가 교육경비를 지원한다고는 하지만 여전히 교육문제는 교육청 소관이라는 인식이 강하다. 지방 소멸의 관점에서 본다면, 교육문제 해결은 교육청보다는 지자체에 더 시급하고 중대한 사안인데도 지자체의 미온적인 대응은 아쉽기만 하다. 지방의 교육이 지방의 인재를 길러내 지역사회에서 일을 하면서 꿈을 펼칠 수 있는 장을 열지 못한다면 지역의 미래는 없다. 교육청과 지자체로 분리되어 있는 구조를 뛰어넘어 지역을 살리는 관점으로 과감하게 협력해야 한다. 협력이 일상화되고 제도화되어야 한다. 협력을 어렵게 하는 모든 제도적 관행적 장벽들을 걷어내고 공동으로 지역 교

---

7 양병찬(2015), 『농촌의 교육공동체 운동』, 교육아카데미, 126쪽.
"농어촌 지역의 교육력을 강화하기 위해서는 첫째, 농촌 지역의 열악한 교육 여건을 개선하고 둘째, 지역사회를 회복할 수 있는 교육프로그램을 개발 운영하며 셋째, 학생을 포함한 전 주민들의 역량 개발에 필요한 평생학습 기회를 보장할 수 있는 제도적 기반이 마련되어야 한다."

8 추창훈(2017), 『로컬에듀』, 에듀니티, 220쪽.
"마을이 학교를 품어 학교가 제 역할을 할 수 있도록 가능한 모든 방법으로 지원해야 하지만, 학교를 통해 마을이 살아 움직일 수 있는 방법 또한 모색해야 한다. 학교에 다양한 일자리가 만들어지고 그 일자리를 통해 마을이 살아나도록 해야 한다. 그리고 시간이 지나 궁극적으로 아이들이 이 일자리에 참여하고 스스로 일자리를 만들어가는 마을을 그려야 한다."

육문제를 풀어나가야 한다. 이렇게 사활을 걸고 뛰어들어도 당장 해결하기 어려운 과제가 바로 교육문제이다. 교육은 단기간의 성과를 정량적으로 측정할 수 있는 영역이 아니므로 지역 차원의 장기적인 청사진을 세우고 끈기 있게 정책을 밀어붙여야 한다. 때로는 위기가 혁신의 강력한 동기가 되기도 한다. 그런 의미에서 현재의 위기 상황을 획일화된 공교육 체제를 혁신하고 지역의 특성을 살리는 교육의 자율성, 지역성을 강화하는 계기로 전환해가면 좋겠다.

로컬 지향의 시대, 학교의 길을 묻다

"인류는 전례 없는 혁명기를 맞이했다. 우리가 아는 옛이야기들은 다 무너지고 있는 반면에 그것을 대신할 새로운 이야기는 아직 등장하지 않았다. 이토록 전례 없는 변혁과 뿌리째 흔들리는 불확실성의 세계에 우리 자신과 아이들을 어떻게 대비시켜야 할까?"[9]

코로나19는 무분별한 개발로 인한 문명의 붕괴가 임박했다는 신호인지도 모른다. 지금 즉시 전환을 시작하지 않는다면 미래는 없다는 강력한 경고 말이다. 낡은 것을 전복하는 사고, 변방으로의 탈주, 구패러다임의 과감한 해체 없이 지속가능한 미래를 꿈꿀 수 있을까. 틀을 바꾸고 판을 엎어야 하는 것은 교육도 예외가 아니다. 산업화를 통한 대량생산 체제를 유지하기 위한 근대 학교교육의 유효기간은 끝났다. 획일화된 학교교육의 문법은 새로운 시대와 더 이상 호응할 수 없는 낡은 교리일 뿐이다.

---

9 유발 하라리(2018), 『21세기를 위한 21가지 제언』, 김영사, 388쪽.

'마을이 세계를 구한다'고 한 반세기 전 간디의 외침은 21세기에 맞닥 뜨린 위기를 극복할 패러다임 대전환의 선언이 되었다. 마을은 자본주의 세계화 전략에 맞선 '지역화'[10] 전략의 거점이자 상호연대와 호혜 협동의 원리로 삶을 재구성하는 새로운 터전이다. 지금 '마을'이라는 이름을 달고 벌어지는 모든 활동들은 자율, 연대, 생태, 자립, 자치와 같은 삶의 방식으로 사회를 재구성하려는 집합적인 움직임이다. 자본주의 경쟁 논리와의 싸움을 동반하는 마을의 부활은 화려한 귀환이 아닌 '오래된 미래'로 돌아가기 위한 쉽지 않은 여정일지 모른다. 교육도 같은 맥락이다. 입시 위주 경쟁과 서열화 구조 속에서 교육이 소비상품으로 전락해버린 현실은 '배움의 실종'이라는 극단적인 상황을 낳았다. 이제 본질을 회복해야 할 때다. 로컬 지향의 시대, 길은 '지역'으로 통한다. 고르게 존중받고 고르게 행복한 세상을 위해, 지금 당장 지역에서 변화를 시작해야 한다. 본디 교육은 국가와 시장에 일방적으로 맡겨버리는 상품이 아니라 지역공동체의 의무였다. '무엇이 좋은 교육인가?'라는 질문은 '무엇이 좋은 사회인가?'라는 질문과 맞닿아 있다. 학부모와 지역사회가 교육의 주체로 각성하고 참여하는 것은 공교육 시스템을 부분적으로 개혁하는 노력에 머무르지 않는다. 그것은 교육과 배움의 본질을 회복하기 위한 운동이면서 좋은 사회 안에서 좋은 아이를 길러내겠다는 어른의 책무이다.

오늘날 지역교육에 '지역'이 존재하는가? 지역을 살리고 지역에서의 삶을 가능하게 하는 자치분권 시대의 요구에 발맞춰 지방의 권한이 강화되

---

10 헬레나 노르베리 호지(2012), 『행복의 경제학』, 중앙북스 49쪽, 292쪽.
"지역화란 근본적으로 관계에 관한 것이다. 사람과 자연계와의 상호의존적 관계를 재구축하는 것이다. 이런 관계는 인간 본질적 욕구이므로 경제활동의 규모를 줄여야만 행복을 증대시킬 수 있다. 수많은 사례가 보여주듯이 지역화는 우리가 직면하고 있는 수많은 위기에 대한 현실적이면서도 아마도 유일한 해법이다."
"지역화된 사회에서는 현대 교육을 완전히 재구성해야 한다. 지역화된 교육은 인간과 자연공동체에 혜택을 주기 위해 지역 자원을 파악, 보호 및 관리하는 방법을 가르친다. 학생들에게 그들이 살고 있는 특정한 환경에 대해서 가르치고, 그 안에서 생존하고 번성하는 데 필요한 기술을 제공해야 한다. 아이들은 세계경제라는 기계 속에서 생산과 소비를 반복하는 톱니바퀴 같은 존재가 되어서는 안 된다."

고 있으나, 교육 영역은 매우 더딘 편이다. 여전히 많은 지역에서 인재육성을 명목으로 수도권 대학에 아이들을 보내기 위해 자원을 쏟아붓고 있다. 아이들이 지역의 시민으로 성장해 지역을 떠나지 않고도 살 수 있는 환경이 되지 않으니 지역사회 안에서의 선순환은 기대하기 어렵다. 선순환하지 않는 지역은 지속가능하지 않다. 학교교육의 목표는 지역시민을 키우는 교육으로 재정립되어야 한다. 학교는 여전히 국가가 만든 단일화되고 표준화된 교육과정을 사용하고 있으므로 교육의 다양성, 지역성, 창의성이 발현될 여지가 대단히 협소하다. 교육의 자주성과 자율성을 보장하기 위해서는 학교 단위의 자치 권한과 역량을 강화해야 한다. 그것이 분권의 취지이다. 로컬 중심의 패러다임 전환 시대, 학교는 '로컬의 강화'라는 지향점을 분명히 하며 민주시민을 양성하는 배움의 요람이자 지역주민의 평생학습터, 커뮤니티 공간으로 지역사회의 주체를 형성하는 역할을 해야 한다.

학교와 지역이 머리를 맞대고 지역교육의 목표와 방향, 내용과 방법을 담은 지역교육 로드맵을 만들어야 한다. 학교는 이를 교육과정에 적극적으로 반영하고 지역은 지원과 협력이 가능한 체계를 구축해야 한다. 이런 시스템을 구현할 수 있다면 학교와 지역사회의 관계는 전환된다. 학교와 마을의 분리와 단절을 넘어 지역사회 주체들과 학교의 지속적인 협력체계가 구축될 것이다. 지역의 교육적 요구를 학교운영에 반영하고 배움의 영역을 확장하며 학교와 지역이 함께 교육을 만들어나간다. 이는 독점적이고 관료적인 근대 학교교육 모델에서 탈피해 지역사회 기반의 협력적 교육네트워크로 학교의 상을 재구조화하는 것이다. 지역사회와 결합하는 학교교육 운영이 가능할 수 있도록 제도적, 행정적인 지원은 어떻게 개편되어야 하는가? 민주적이고 효과적인 학교운영을 위해 교육과정 편성, 예산 편성, 학습 평가 및 지원, 교직원 인사 배치 등에서 학교의 자율적 재량권을 확대할 수는 없는가? 초중통합형 혁신학교, 학급간 종적인 네트워크와 지역사회와의 횡적인 네트워크가 가능한 혁신적인 학교운영 모델 개발, 상급학교 진학과 진로 설계를 돕는 농촌형 전환학교 등 다양한 학교 유형들이 생겨나고 새로운 교육적 실험을 장려하며 과감하게 지원했으면 좋겠다.

'자발성', '민주성', '지역성', '창의성', '공공성' 등의 가치를 중시하는 '혁신학교'에서 '지역성'은 여전히 가장 취약한 부분이다. 혁신학교가 지역성을 담보하지 못할 경우 학교교육과정을 지역과 연계할 수 없으므로 혁신학교의 변화는 학교 안의 노력으로만 그치고 말 것이다. 학교교육을 로컬 중심으로 전환하려면 학교의 자율성이 담보되어야 한다. 단일한 국가교육과정을 효과적으로 전달하는 수준을 넘어서, 덴마크처럼 지역교육과정을 적극적으로 연구 개발하고 교실 안으로 도입할 수 있는 권한[11]이 학교와 교사들에게 주어져야 한다. 학교의 자율적 권한을 강화하는 방향으로 시스템을 바꾸지 못한다면 지역사회에 기반한 학교 모델 구축은 요원하다. 로컬 중심의 교육 혁신, 그 시작은 자율성의 확대이며 그 종착지는 교육자치 시스템의 완성이 될 것이다. 혁신학교가 학교 내부에서 공교육의 변화를 도모하는 것이었다면, 마을교육공동체 운동은 학교와 지역사회의 총체적인 변화를 도모하는 교육운동이자 사회운동이다. 마을교육공동체와 결합한 학교, 지역사회 기반의 학교 정체성은 학교교육의 질을 높이는 미래 교육의 새로운 패러다임이 될 것이다.

---

11 마르쿠스 베른센·오연호(2020), 『삶을 위한 교육』, 오마이북, 215쪽.
　"덴마크의 '학교법'에 따르면 교사는 자신의 교실에서 어떤 방법으로 수업할지 스스로 선택할 권리가 있다. 수업 방식의 자율성에 대한 교사의 권리는 그 누구도 침해하거나 개입해서는 안 된다. 물론 국가교육과정에 따라 포괄적인 목표는 정해져 있다. 그러나 그 과목을 어떻게 어디서 누구와 공부할지 결정하는 것은 완전히 교사의 자율적 권한이다."

학부모 공동체 '한울타리' 이야기

묘량중앙초등학교 학부모회 '한울타리'는 단순한 친목회 수준을 넘어 학부모가 교육의 '공적 주체'라는 자각을 기반으로 운영해 왔다. 2021년 현재 총 56가정(초등학생 69명, 병설유치원생 20명)이 학부모회에 소속되어 다양한 방식으로 교육활동에 참여하고 있다. 각 학년별 대표와 분과위원장, 학부모 운영위원으로 구성된 한울타리 '대표자회의'는 총회로부터 권한을 위임받은 상설적 대의기구로 기능한다. 학교운영과 교육활동에 관계된 여러 의제와 현안들에 대해 책임있게 의견을 수렴하고 토론으로 결정한다. 한울타리는 각 학년별 모임과 상설/비상설 분과위원회를 통해 전체 학부모들과 상시적으로 소통하는 체계를 갖추고 있다. 마을교육공동체 활성화를 위해 '깨움마을학교' 운영에 주도적으로 참여할 뿐만 아니라 주요 프로그램 운영을 직접 주관한다. 한울타리는 공공성, 민주성, 공동체성을 운영원리로 하고 있으며 학교 거버넌스와 자치 실현의 주체로 서고자 노력 중이다. 폐교 위기의 작은 학교 살리기부터 깨움마을학교에 이르기까지 묘량마을교육공동체의 모든 도전과 성취는 한울타리가 있어 가능했다.

한울타리 구성원들은 교육활동이나 사회운동에는 참여해 본 적이 없는 평범한 생활인들이었다. 내 아이가 다니는 학교가 없어질지도 모른다는 위기감이 학부모들을 각성시킨 기폭제였다. 학교교육문제에 관심을 갖기 시작했고, 다양한 재능기부와 봉사활동을 하며 교육의 주체로 성장해 나갔다. 한울타리는 학교 존폐의 위기를 재도약의 기회로 바꿔내고 마을교육공동체의 핵심 역량으로 성장해 왔다는 점에서 여타의 학부모회와는 다른 강한 결속력을 보여준다. 물론 이 과정에서 여러 우여곡절도 겪었다. 다수의 사람들이 함께하는 과정이 어찌 매끄러울 수만 있을까. 의견 충돌과 갈등을 빚기도 하고 때로는 오해가 생겨 공동체를 떠나는 이들도 생겼다. 평소에는 굉장히 합리적인 것처럼 보이던 학부모가 정작 자기 아이 문제에 있어서는 폐쇄적이고 이기적인 모습을 보이기도 했다. 아름답게 보이는 공동체의 속살이 이렇다. 군데군데 상처가 있고 때로는 실패하기도 한다. 한울타리의 학부모들은 희로애락을 함께 겪으며 난관을 극복해왔다. 현장의 치열한 경험들을 바탕으로 학부모 '역할론'을 만들어나갔다. 그 결과물이 바로 「묘량중앙초등학교 학부모 선언문」(2014)이다. 우리가 지향하는 학교는 학생뿐만 아니라 교사와 학부모 모두가 함께 배우고 신뢰하는 곳이 되어야 한다. 학생, 교사의 성장과 더불어 학부모도 끊임없는 배움과 실천을 통해 행복한 작은 학교를 만들어가는 주체가 되어야 한다. 아이들의 올바른 성장을 위해 가정과 학교가 공유하고 협력하는 문화, 존중하고 배려하는 문화를 만들어야 한다. 한울타리는 매년 전체학부모총회에서 이 선언문을 학습하고 교육공동체의 약속으로 삼는다.

지역교육생태계 구축과 마을교육공동체 강화를 위해 학부모 역할론[12]을 잘 정립해야 한다. 학부모는 참견하는 사람인가, 참여하는 사람인가? 학부모는 민원인인가, 주체인가? 교육거버넌스의 중요성이 대두되면서 학부모의 역할 강화가 필수라고는 하지만 아직은 걸음마 수준이다. 단위학교 학부모회 운영은 과거 '자모회' 수준의 인식과 실천에 머무르고 있으며, 교사들 입장에서도 학부모는 여전히 부담스러운 존재다. 학부모에 대

---

12 이동성(2019) 「미래사회와 새로운 학교체제」 2030 미래교육 한-OECD 국제교육컨퍼런스, 250쪽
"학부모는 계몽의 대상이 아니라 학교 운영의 중요한 주체이자, 지역사회의 주민이기도 하며, 다양한 역량을 지닌 중요한 인적 자원이다. 부모는 유치원부터 오랜 기간 학부모의 이름으로 불리지만, 동시에 지역에 다양한 삶을 살아가는 주민이기도 하다. 따라서 점차적으로 자치와 분권이 사회적 화두가 되는 시기에 즈음하여, 학부모는 주민자치 강화를 위한 중요한 인적 자원이라는 인식의 전환이 필요하다. 이러한 인식의 전환이 전제되어야 자발성을 바탕으로 지역사회의 다양한 주체들과의 거버넌스 구축이 가능해져 주민자치의 중요한 축이 될 수 있다."

표 3 「묘량중앙초등학교 학부모 선언문」

1. 묘량중앙초 학부모는 교사와 학부모, 아이들 모두를 한식구처럼 서로 믿고 배우며 협력하는 배움의 공동체를 지향한다.
2. 묘량중앙초 학부모는 가장 먼저 눈이 마주치는 아이에게 인사를 건네는 작은 일에서부터 내 아이만이 아니라 우리 아이 모두의 부모가 되고자 노력한다.
3. 묘량중앙초 학부모는 아이들을 되도록 자연을 가까이하여 마음껏 뛰어놀게 하고, 협동과 배려, 나눔의 미덕을 배워, 이 사회에 선한 영향력을 미치는 사람으로 살아갈 수 있는 힘을 키우는 것을 기본적인 교육 방향으로 한다.
4. 묘량중앙초 학부모는 학교의 교과 교육활동을 교사에게 일임하여 교사의 자율성, 전문성을 최대한 존중한다.
5. 묘량중앙초 학부모는 이 시대의 바람직한 아동교육의 정신을 늘 학습하고 구현하여 행복한 작은 학교를 만들어가는 데 일조하고 어린이들에게는 자신이 주인 되는 삶, 행복한 삶을, 자신에게는 공동체 교육을 통한 성숙과 성장의 기회를 가지도록 노력한다.

6. 묘량중앙초 학부모는 아이들의 교육활동 시 필요할 경우 최대한 함께하거나 재능봉사로 참여하며 행복한 배움의 공동체 묘량중앙초등학교를 만들어나가도록 협조한다.
7. 묘량중앙초 학부모는 불필요한 인신공격이나 험담으로 인해 학부모 간, 교사와의 오해, 불신이 생기지 않도록 한다.
8. 묘량중앙초 학부모는 본인의 자녀와 다른 학생 간에 문제가 발생 시 해당 아이의 인격을 침해하는 어떤 행동도 해서는 안 되며 또한 그와 관련하여 교권을 훼손하는 행동도 절대 해서는 안 된다.
9. 묘량중앙초 학부모회는 소통과 협력을 통한 민주적 운영을 일상화하며 학부모는 학부모회의 의사결정 시스템을 적극적으로 활용, 참여하도록 한다.

한 불신과 편견을 스스로 걷어내기 위한 자정 노력도 중요하겠거니와, 학부모를 교육의 주체로 인정하고 수용하고 경청하려는 학교의 자세도 중요하다. 서로 노력하여 태도와 관행을 바꾸고 협력해나갈 때 학부모는 교육의 공적 주체로서 역할을 할 수 있을 것이다.

학부모를 비롯한 구성원들의 자발적인 참여로 만들어가는 학교 민주주의는 교육거버넌스 확립의 필요충분조건이다. 학교 민주주의는 제도적으로 확립되고 문화적으로 꽃피워야 한다. 제도적으로는 학교운영위원회를 비롯한 학내 각종 회의 및 의결기구의 내실과 책임성을 높여야 한다. 문화적으로는 학생회, 학부모회, 교사회 등의 자율적이고 자치적인 활동이 활성화되고 서로 소통하며 협력해야 한다. 민주주의가 잘 작동하는 학교라야 창의적인 교육활동이 가능하다. 민주주의가 잘 작동되는 학교라야 협력적인 문화가 가능하다. 민주주의가 잘 작동되는 학교라야 마을과의 소통도 가능하다. 민주주의가 교과서에만 존재한다면 학교는 민주시민을 양성하는 그릇이 될 수 없다. 교육주체들이 다양한 의견을 충분히 개진하고 소통할 수 있도록 보장하며 학교운영에 반영함으로써 학교를 민주적으로 운영해야 한다. 교육의 각 주체들이 자유롭게 의견을 내고 소통할 수 있는 수평적이고 개방적인 분위기여야 창의적인 교육도 기대할 수 있다.

엄연히 국가 공공재인 교육에 관여하는 만큼 해당 주체들은 공공성을 최대한 발현시키고 발전시켜 나가는 방향으로 각자의 역할을 해야 한다. 학부모가 교육의 공적 주체라면 당연히 교육의 협력적 파트너가 되어야 한다. 이를 제도적으로 보장하고 뒷받침하는 것이 바로 2019년 3월 14일에 통과된 「전라남도교육청 학교 학부모회 설치 및 운영 조례」[13]다. 학부모회는 더 이상 임의조직이나 단순한 친목모임이 아니라, 교육적 사명이 분명한 교육활동단체로 그 역할을 분명히 해야 한다.

이를 위해서는 우선 개별 학교의 학부모회가 자율적이고 민주적으로 운영되어야 한다. 학부모회를 통한 학부모들의 만남과 소통이 일상화되고 학교 운영에 의미 있게 참여하기 위한 다양한 모색들이 필요하다. 교육

---

13 전라남도의회(2019) 조례 제 4807호 「전라남도교육청 학교 학부모회 설치 및 운영 조례」 제1조
  "전라남도 내 학교의 학부모회 설치와 운영에 필요한 사항을 정하여 학부모회의 민주적이고 효율적인 운영을 도모하고, 학부모들이 교육공동체의 일원으로 교육활동에 참여하여 학교교육 발전에 이바지함을 목적으로 한다."

의 공적 주체로서 학부모들의 자율적이고 책임있는 역할이 강화될 때 학생-교사(교직원)-학부모가 조화를 이루는 '학교공동체'를 만들어나갈 수 있다. 학부모들의 자율적이면서도 공적인 활동을 활성화하려면 교육행정의 관행도 일신할 필요가 있다. 사전에 충분한 취지 설명과 의견 수렴 과정 없이 공문을 하달하는 'top-down'식 관료행정의 모습은 쉬 바뀌지 않고 있다.

학부모들을 필요할 때 동원하는 대상으로 학부모들을 대하는 게 아니라 교육의 협력파트너로 여겨 마땅히 권한을 부여하고 책임을 다할 수 있도록 지원해야 한다. 학부모가 교육의 수요자, 소비자 수준에 머물러서는 교육의 공공성을 강화하기도 어렵다. 수요자와 소비자는 시장의 언어이다. 교육이 시장의 영역에 머물러서는 곤란하다. 학부모가 수요자, 소비자에서 능동적인 주체로 전환하는 과정은 입시경쟁 서열교육의 공고한 벽을 허물고 교육의 공공성을 회복하는 과정이기도 하다.

마을을 품은 학교, 학교를 품은 마을

'마을을 회복하자'는 말은 다른 말로 표현하면 '공동체를 복원하자'는 뜻이다. 공동체를 복원하는 방법은 단절되고 해체된 사람과 사람 사이의 관계망을 재구성하는 것이다. 농촌은 고령화, 과소화의 문제로 전통적인 마을의 모습이 빠르게 사라져가고 있는 중이다. 마을에 새로운 사람들이 들어오고 원주민과 귀촌인이 융합하는 새로운 공동체를 구축해가지 않는다면 농촌의 미래는 없다.

'마을'이라는 단어가 가치지향적인 측면을 담는다면 '공동체'는 마을의 삶이 가능하도록 만드는 '시스템'[14]을 세우는 문제와 관련이 있다. 시스템을 어떻게 설계하느냐에 따라 변환이 가능하다. 자본주의의 교리에 따라 설계된 우리 사회는 '호모이코노미쿠스(Homo economicus, 경제적 인간)'를 위한 것으로 무한경쟁의 규칙이 지배하는 시스템이다. 많은 학자들이 지적하듯이, 시스템을 재설계하는 출발점은 이타성으로 이기심을 충분히 통제할 수 있는 '호모리시프로칸(Homo reciproca, 상호적 인간)'을 기본 원리로 하는 것이다. 호모리시프로칸의 사회는 경쟁 대신 호혜 협동이, 불평등 대신 평등의 가치가 우위에 서는 공동체가 될 것이다. 마을이 지속가능한 공동체가 되기 위해서는 '마을에서의 삶'이 가능해야 한다. 자치를 이야기하면서도 마을에 자치적인 의사결정구조(주민자치조직, 민관거버넌스 조직 등)가 없고, 자급을 말하면서도 자원은 모두 외부에서 조달해야만 하는 신세라면 마을공동체를 제대로 꾸려나갈 수 없을 것이다. 자주, 자립, 공생의 원리에 바탕을 둔 건강한 공동체는 '사회적 자본'의 총량을 늘려가면서 마을을 지속가능한 삶의 터전으로 발전시켜 나간다.

'배움'이란 자기가 배운 것의 의미와 가치를 삶과 연결시켜 이해함으로써 '주체'를 세우는 과정이다. 내일을 준비한다는 명목으로 오늘을 거세해 버리는 학교에서 삶과 동떨어진 교육은 성찰의 힘을 잃어버렸다. 삶과 불일치하는 학교교육의 모순을 극복하고자 다시, '마을'이 호출되었다. 한국의 마을교육공동체 운동은 '찻잔 속의 태풍'에 그칠 것인가, 아니면 대한민국 교육의 새로운 패러다임을 창출하는 21세기 교육 혁명의 진원지가 될 것인가. 아직은 잘 모르겠다. 부러움의 대상으로 떠오른 북유럽 덴마크의

---

14 세실 앤드류스(2013), 「유쾌한 혁명을 작당하는 공동체 가이드북」, 한빛비즈, 26쪽.
 "우리에게 필요한 것은 사람들의 연대 그리고 공동의 목표와 정체성 인식 형성에 중점을 둔 시스템이다. 우리는 공감, 결속력, 공정성, 신뢰를 불러일으키는 방법으로 사람들을 결집해야 한다. 사람들은 협력의 기회를 얻을수록 점점 더 협력의 힘을 믿게 되고 더욱더 협력하게 된다."

오늘도 그 시작은 교육운동이었다. 150년 전, 덴마크 교육의 아버지로 불리는 그룬트비는 '농민학교'를 만들고 '깨어있는 농민 되기 운동'을 주도했다. 이곳을 거쳐 간 인재들은 나라의 혁신을 주도한 리더가 되었고 전국에서 협동조합을 일구었다. 이들이 덴마크 복지국가 모델의 근간이 된 115년 전 '사회적 대타협'을 이끌어낸 주역들이다. 마을교육공동체는 사업이 아니라 '운동'이다. 우리 교육을 바꾸고 삶을 바꾸는 전환의 노력이다.

마을교육공동체는 공동체의 강화, 즉 마을의 사회적 자본을 축적하고 관계력과 자치력을 강화하며 지속가능한 삶의 체계를 세우는 데 어떻게 복무하고 있나? 주민들의 삶과는 무관한 형식적이고 일회적인 '사업'에 치중되어 있지는 않은가? 고민해볼 문제다. 마을공동체의 본질은 '마을자치'이다. 마을교육공동체의 본질은 '마을교육자치'다. 양자의 내용적 본질은 같다. 그 지역적 범위는 생활권인 읍면동 수준이 적당하다. 마을의 지속가능성 관점에서 ① 공통으로 향유하는 목표가 존재하고 ② 마을의 교육 의제를 상시 발굴하며 ③ 민·관·학이 긴밀하게 소통해 해결해나가는 자치적인 협력구조가 존재한다면 마을교육공동체가 작동하고 있는 것이다.

영광군 묘량면을 예로 들자면, ① 1단계(2009년~2014년)의 지역교육 핵심 의제는 '학교 통폐합 저지와 작은 학교 살리기'였다. 지역사회 내 유일한 교육기관인 묘량중앙초등학교를 마을공동체의 구심이자 지역교육의 거점으로 만들기 위해 온 마을이 협력했다. 이 과정에서 학부모와 지역주민들은 교육의 방관자가 아니라 책임 있는 역할을 수행할 주체라는 자각을 하게 되었다. ② 2단계(2015년~2019년)의 핵심 의제는 '마을학교를 통한 마을교육역량의 강화와 사회적 자본의 축적'이다. 폐교 결정을 철회시키는 것으로 소기의 목적을 달성하고 다음 단계로 이행하는 시기다. 2015년 '깨움마을학교'의 출범은 묘량면의 지속가능한 마을교육공동체

모멘텀을 확보하는 데 필연적인 수순이었다. 깨움마을학교는 묘량마을교육공동체 계획의 수립과 집행, 지역사회 교육자원 발굴과 연계, 민·관·학을 연결하는 마을교육거버넌스 활성화, 아이부터 노인까지 참여하는 다양한 마을학교 프로그램 운영, 공동체 내부 교육과 역량강화 등의 활동을 펼치고 있다. 깨움마을학교는 단기적인 프로그램이나 체험활동을 제공하는 수준을 넘어서, 묘량마을교육공동체의 다양한 주체들을 연결하고 협력을 촉진하는 중간지원조직 역할을 수행한다. 이러한 활동을 통해 학교와 마을의 협력이 상설화되었으며 지역교육의 문제를 함께 해결하는 상생의 관계로 발전하고 있다. ③ 3단계(2020년~현재)의 핵심 의제는 '묘량중앙초등학교를 자율과 자치에 기반한 농촌형 미래 혁신교육의 메카로 만드는 것'이다. 묘량면이 농촌교육의 대안적 모델이 되도록 지역사회 내 전방위적인 협력을 강화한다. 이 시기에 젊은 세대의 이주를 촉진함으로써 건강한 인구 구성을 통해 마을공동체를 재구조화하고 지속가능한 발전을 도모한다. 현재 묘량면에서는 새로운 인구의 정착 기반이 될 주거 공간 조성, 지역주민의 커뮤니티센터로 기능할 마을교육문화복합공간 건립 등 생활 인프라 확충 사업을 주민들과 함께 추진 중이다.

삶의 총체성 측면에서 본다면 교육은 삶을 구성하는 하나의 요소다. 마을 안에서 인간다운 삶의 질을 향상하고 유지하기 위해서는 경제, 노동, 교육, 문화, 의료, 복지 등의 측면에서 복합적으로 접근해야 한다. 따라서 마을교육공동체는 교육과 지역의 상생을 도모하는 지역사회운동[15]이라고 할 수 있다. 마을의 공동체성과 자립적 문제해결력이 살아나고 협력이 활

---

15 김용련(2019), 『마을교육공동체 생태적 의미와 실천』, 살림터, 155쪽.
  "지역과 주민공동체의 생태적 건강함 없이 아이들이 올바르게 성장하기를 바라는 것은 모순이다. 모두가 함께하는 교육, 지역을 위한 교육, 공동체를 위한 교육을 통해서 아이들도 행복하고 건강하게 자랄 수 있다. 앞으로의 실천이 학교와 아이들에게만 집중되는 것이 아니라, 지역의 역량을 강화하고 발전시키는 것으로 전환되어야 하고, 이를 위해서는 지역공동체의 유기적 상생을 위한 명료한 비전과 목표가 수립되어야 한다."

발해지면 당연히 마을의 교육력은 강화된다. 건강한 마을공동체는 마을의 교육의제를 찾아내고 주민들의 관계력과 협동력을 바탕으로 해결해나갈 것이다. 마을공동체의 넉넉한 품안에서 아이들이 건강한 마을시민으로 자랄 수 있다면 그것이 바로 마을교육공동체이다. 마을교육공동체는 마을을 기반으로 한 공동체 교육을 통해 학생들의 역량을 강화하고, 학습과 성장의 결과가 다시 지역으로 환원되는 선순환적 구조의 지역공동체를 지향한다. 마을에서 자라나며 배운 아이들이 그 마을의 민주시민으로 성장하고 정주할 때 지속가능한 발전을 해나갈 수 있다.

▲ 묘량마을교육공동체 비전

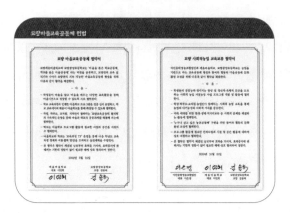

▲ 묘량마을교육공동체 협약서, 묘량 사회적농업 교육교류협약서

묘량마을교육공동체는 학교와 마을이 교육비전, 핵심과제, 협력방안 등을 함께 논의하고 결정한다. 묘량교육공동체협의회, 마을교육과정 TFT, 희망농장 운영회의 등 다양한 수준의 거버넌스 체계를 구축하고 상시적으로 소통한다. 묘량중앙초등학교와 깨움마을학교는 '마을을 품은 학교, 학교를 품은 마을'이라는 비전을 공유한다. 학교와 마을은 지역사회의 지속가능한 발전과 마을교육과정 운영 등 공동의 프로젝트 수행을 위한 지원과 협력을 상설화한다. 이를 통해 학교혁신과 지역혁신을 동시에 도모하며 마을교육공동체 구성원들의 협동으로 제기되는 문제들을 풀어나가고 있다. 마을교육공동체는 정책과 제도의 산물이 아니라 삶을 변화시키는 '공동체 운동'[16]이다.

묘량마을교육과정 : 다른 배움을 상상하라

21세기는 새로운 지식과 가치를 창조하는 능력이 요구되는 시대이다. 학습내용, 학습방법, 학습공간의 총체적인 혁신이 필요하다. 학교를 넘어 마을로, 마을을 넘어 지역사회로, 지역사회를 넘어 세계로 소통하고 유연하게 관계 맺으며 협력하는 능력을 키워야 한다. 지역에 기반하고 삶과 직접적인 관련이 있는 교육은 '마을을 통해서' 가능하다. 아이들이 마을에서 마을의 시민으로 주체적인 성장을 해야 한다. 빠르게 변화하는 미래 환경은

---

16 이호(2017), 『풀뿌리운동 새로운 복원』, 포도밭출판사, 219쪽.
"공동체는 지향이다. 그리고 현실에서 공동체를 만들기 위한 시도는 이러한 지향을 향해 지속적으로 나아가는 과정으로서 의미가 있다. 그런 점에서 오히려 공동체인지 아닌지를 구분하는 기준은 그 지향에 있다고 할 수 있다. 자기들만의 이해를 구현하는 것이 아닌 구성원들의 수평적이고 민주적이며 상호호혜적인 관계형성과 발전을 지향하는가가 보다 중요한 기준인 것이다. 공동체는 내적으로 보다 굳건한 관계를 심화시키고, 외적으로 사회에 영향을 끼치고 변화시키는 '과정'으로서 의미가 있다. 그런 점에서 그것을 공동체라 부르든, 마을이라 부르든, 실천적으로는 '운동'으로서 의미를 가질 수밖에 없다."

특정 기술 하나만을 연마한다고 해서 대처할 수 있는 것이 아니다. 주체적인 사고, 자립적인 문제 해결 능력, 자치적인 협력 능력을 갖추고 시시각각 변화하는 환경을 스스로 헤쳐나가야 한다. 이는 배움이 확장되는 공간, 마을에서 가능하다. 다른 방식의 새로운 배움을 상상하기, 결국 다시 마을교육공동체다.

표 4 미래지식기반사회 핵심 역량(Key Competency)[17]

사회문화의 기술적 도구를 활용하는 능력	새롭게 변화하는 기술에 보조를 맞추고, 자신의 목적에 맞게 이러한 도구들을 변용하며, 세상과 적극적으로 대화하기 위해 필요한 역량 상호교감하며 도구를 사용하는 핵심역량	• 언어, 상징, 텍스트를 활용하는 능력 • 지식이나 정보를 활용하는 능력 • 테크놀로지를 활용하는 능력
다양한 사회그룹에서 인간관계를 형성하는 능력	다원화된 사회의 다양성에 적응해야 하고, 공감이 중요하며, 사회자본이 부각되기에 필요한 역량	• 타인과 원활하게 인간관계를 구축하는 능력 • 협동하는 능력 • 이해충돌을 제어하고 해결하는 능력
자율적으로 행동하는 능력	복잡한 세상 속에서 개인이 자신의 정체성을 확보하고 목표를 정해야 하고, 권리를 행사하고 책임을 져야 하며, 소속된 환경과 그것의 작동 원리를 이해하는 데 필요한 역량	• 거시적으로 행동하는 능력 • 인생설계나 개인의 계획을 만들고 실행하는 능력 • 권리, 이해, 책임, 한계, 필요를 이해하는 능력

올해 7년차인 깨움마을학교는 10여 개가 넘는 다양한 프로그램들을 연중 운영한다. 주로 저녁 시간이나 주말을 이용한 공동체 활동을 위주로 해왔다. 해를 거듭할수록 고민이 생겼다. 아이들은 하루 대부분의 시간을

---

17 OECD(2005) 핵심 역량의 정의와 선정(The definition and selection of key competencies : DeSeCo) 발표

학교 수업과 프로그램 활동으로 보낸다. 그것도 모자라 하교 이후에는 학원에 가기도 한다. 대한민국 교육은 아이들의 시간을 빼앗았다. 놀 시간, 쉴 시간, 잘 시간, 생각할 시간을 빼앗아 프로그램을 욱여넣었다. 시간을 빼앗았다는 것은 '권리'를 빼앗았다는 말의 다른 표현이다. 놀 권리, 쉴 권리, 잘 권리, 생각할 권리, 행복할 권리는 없고 오로지 공부할 의무만 부과하고 있다. 그래놓고 '자기주도적'으로 살아야 한다고 다그치는 모순적인 현실. 우리는 '어른들이 만든 시간표 쫓아가느라 바쁜 아이들에게 마을학교마저 프로그램을 보태야 할까?'라는 질문을 품게 되었다. 마을학교 활동이 프로그램 이상의 의미를 갖지 못한다면 진정으로 아이들을 위한다고 할 수 있을까? 이 지점에서 마을교육은 학교교육과 결합하고 되도록 학교 안으로 들어가야 한다는 방향성을 세웠다. 그래야 마을교육이 사변적으로 흐르거나 일회성 체험 활동의 수준을 뛰어넘을 수 있다. 공교육 체계 안에서 많은 아이들이 다양하게 어울려 참여하므로 마을교육은 보편성과 공공성을 획득할 수 있다. '묘량마을교육과정'을 계획한 배경이다.

배움이 지역사회로 확장되려면 학교와 마을의 상시적인 협력구조가 작동해야 한다. 학교와 마을이 지역교육의 가치를 공유하고 교육의 목표, 내용, 방법을 담은 교육과정을 공동으로 계획한다. 묘량마을교육과정은 '우리마을역사탐험대'(3학년) '어린이농부학교'(4학년) '마을생태과학교실'(5학년) '와글와글마을기자단'(6학년) 등 4과목으로 구성되어 있다. 각각의 교육과정은 학부모, 지역주민, 지역단체, 전문가 등이 결합하여 콘텐츠를 생산한다. 이를 학교교육과 구체적으로 연결하기 위해 묘량중앙초등학교 교사들과 '마을교육과정 TFT'에서 의논하고 협력한다. 평상시에는 각 학년별로 담임교사와 마을교사와는 수시로 소통하고 협력하면서 공동으로 교육과정을 운영해 나간다. 나는 학교와 마을의 서로를 향한 개방적인 태도와 신뢰가 묘량마을교육과정의 강점이라고 생각한다. 두터운 협력의 문화가 있으므로 틀에 얽매이지 않는 유연하고 창의적인 접근이 가능하다. 필요에 따라서는 2~3개 학년을 통합해 운영하기도 하고 교육시간을 탄력적으로 바꿔 적용하는 것도 가능하다. 4학년의 '어린이농부학교'에 5학년이 참여해 거들거나 보조교사 노릇을 하기도 하고, 5학년의 '마을생태과학교실'에 6학년이 합류해 함께 장암산을 오르기도 한다. 6학년 마을기자단은 교육공동체 전체를 대상으로 신문에 실을 원고를 모집하고, 3~5학년의 마을교육과정 수업 현장을 취재 무대로 삼아 활약한다.

마을교육과정은 수평적인 배움의 네트워크다. 참여하는 아이들, 학교 교사, 마을교사, 동네 어르신들, 학부모들이 함께 만들어가는 협동의 예술이다. 누가 누구를 일방적으로 가르치는 관계가 아니라 함께 배우며 성장하는 관계이다. 생전 호미 한번 잡아보지 못한 학교 선생님은 아이들과 함께 농사를 지으면서 새로운 세계를 알았다. 지역주민과 학부모들도 참여하지 않았다면 몰랐을 새로운 배움의 가치를 마을교육활동을 통해 알아간다. 마을생태과학교실을 하지 않았다면 마을의 장암산과 생태습지의 가치를 알 수 있었을까. 우리마을역사탐험대를 하지 않았다면 몰랐을 묻혀있던 마을의 역사도 아이들의 눈빛에서 되살아난다. 학교와 마을이 관계망을 촘촘히 엮여나간다면 마을교육공동체는 매우 역동적이고 다채로운 모습으로 발현된다. 그런 관계망, 학습과 성장의 생태계에서 자라는 아이들에게 배움은 삶이 된다.

어린이농부학교 시간, 4학년 아이들은 밭농사 구역, 논농사 구역, 과수 구역으로 나뉜 '희망농장'에서 다양한 농작물을 키우고 수확한다. 각자의 이름을 붙인 매실나무를 돌보고 가꾼다. 매일 농장에 들러 물을 주고 풀을 뽑고 작물들이 잘 자랄 수 있도록 정성을 기울인다. 본격적인 더위가 시작되면서 농장은 풀과의 전쟁이다. 호미 들고 땀을 뻘뻘 흘리며 힘들게 풀을 맨 아이는 그날의 '농사일지'에 "풀 지옥에 빠진 것 같다"고 적었다. 유기농으로 수확한 작물은 필요한 만큼 나누거나 무인장터를 통해 공동체 안에서 판매한다. 가족 단위로 와서 채소를 직접 따고 무게를 잰 다음 돼지저금통에 돈을 넣고 가는 풍경이 낯설지 않다. 상추, 감자, 양배추, 고추, 토마토 등 직접 키운 작물이 어떤 과정을 거쳐 밥상에 올라오는지 경험하는 것이다. 농사 현장에서 땀 흘려 본 아이들은 우리 삶과는 뗄 수 없는 '농'이 갖는 귀중한 가치를 깨닫게 될 것이다. '어린이농부학교'라는 낯선 세상에는 농사–생태–인문–사회–경제가 모두 들어 있다. 학교와 마을을 넘어서고 다양한 과목이 융합한다. 땅을 통해 배운다. 땅을 통해 학교와 마을이, 아이들과 마을사람들이 수평적으로 연결된다. 땅을 통해 교육의 새로운 가치를 창조해나간다.

▲ 어린이농부학교

　작은 시골 동네에 처음으로 '마을신문'이 생겼다. 「와글와글 묘량이야기」는 영광군 묘량면에서 마을의 이름을 단 최초의 매체이다. 묘량중앙초등학교 6학년 학생들이 만든 이 신문도 묘량마을교육과정을 통해 탄생했다. '최초'라는 꼬리표가 붙으면 어깨가 으쓱 올라가는 법이다. 창간호를

손에 쥐자 작업할 때는 죽을 둥 살 둥 하던 아이들의 입꼬리가 귀에 걸렸다. 신문은 마을을 탐구하는 활동이다. 신문에 담을 이야기를 찾고 사람을 만나고 자료를 모으고 글을 쓰면서 마을을 들여다보고 알아간다. 별 생각 없이 지나가던 장소들, 무심하게 스치던 사람들, 큰 의미를 두지 않던 소소한 이야기들이 가치 있게 살아난다. 논리적, 분석적, 비판적인 시각으로 접근하면 단면이던 세상이 입체가 된다. 유튜브 '짤'에 익숙하고 독서도 학습만화 위주인 아이들이 기승전결을 갖춘 완결된 구조의 글을 쓴다는 게 보통 일이 아니었다. 짧은 글을 고치고 또 고쳤다. 고치다 보니 발견된 빈 구석을 채우기 위해 다시 취재를 해야 했다. 「와글와글 묘량이야기」는 순전히 끈기와 인내의 결과물이다. 쉬운 것을 반복하는 게 공부는 아니다. 해보지 않은 것에 도전하고 가보지 않은 길을 직접 걸어야 배울 수 있다. 공부란 낯설고, 두렵고, 어렵고, 불편함을 감내하고 즐기면서 나아가는 것이다. 마을신문 제작은 이를 경험할 수 있는 훌륭한 교과서가 아닐까.

▲ 기자단

교과서의 틀을 깨고 삶과 밀착된 배움, 과목과 과목이 융합하는 교육, 학교라는 제한된 시공간에서 하기 힘든 다양한 경험들은 마을로 눈을 돌렸을 때 가능하다. 마을교육과정을 함께 만들어간다는 것은 학교 입장에서는 교육과정을 혁신하는 것이고, 마을의 입장에서는 공교육에 의미 있게 참여하는 것이다. 학교와 마을이 '교육'이라는 카테고리로 융합함으로써 이전에는 달성할 수 없던 새로운 배움의 장을 연다.

아이들은 마을공동체의 일원이지만 지역 안에서 별다른 역할도 없고 연결되어 있지도 않다. 마을로 활짝 열린 배움의 장에서 아이들은 생태시민, 마을시민으로서 정체성을 획득한다. 마을교육과정을 통해 아이들을 농부로, 생태학자로, 기자로 키우려는 것이 아니다. 단지 아이들의 삶과 배움이 마을이라는 공간 안에 존재하기를 바란다. 아이들의 존재가 마을에서 분리되지 않고 마을의 주인으로 당당하게 대접받기를 바란다. 아이들이 마을 안에서 관계 맺고 경험하고 참여하고 발언하는 모든 기회들이 배움이 되기를 바란다. 마을은 아이들이 민주시민으로 성장해나가는 요람이 되어야 한다. 마을 안에서 좌충우돌하며 겪어낸 경험들이 이후 아이의 인생에 어떤 영향을 미치게 될까. 교육은 연결이다. 배움은 관계의 산물이다. 그래서 묻는 것이다. "아이들을 어떤 관계망에서 자라게 할 건가요?"

▲ 마을생태과학교실

미래는 '오늘' 여기에!

"유토피아란 아무 데에도 없다. 하지만 그와 동시에 유토피아는 우리가 그를 재정복하는 곳 어디에나 있다. 미래에 대한 환상으로부터 멀리, 역사의 종말로부터 현재의 바로 이 순간으로 유토피아를 데려온 그 지점에 있다. 유토피아는 다른 어디가 아닌 바로 이곳에 있다. 왜냐하면 유토피아란 이곳, 그리고 바로 지금에 속하는 것이기 때문이다. 게다가 그런 유토피아는 현재에 뿌리를 두고 있기에 미래 또한 당연히 우리에게 속하는 것이다."[18]

코로나19 이후의 세계는 기존의 사회시스템을 새롭게 설계하려는 결단과 노력에 달렸다. 새로운 세상은 끊임없이 적응하고 변화하는 역동의 과정이다. '문명의 전환'이란 부분적인 변화가 아니라 전면적인 변화다. '무엇을 어떻게 바꿀 것인가'에 대한 사회적 합의는 '왜 사태가 이 지경까지 왔는가'에 대한 성찰로부터 출발해야 한다. 희망은 절망의 늪에서 피는 꽃이다. 어쩌면 '정직한 절망'만이 희망일지도 모른다. 파멸적 생태위기와 경제위기가 중첩된 미증유의 위기 앞에서 우리는 어떤 선택을 할 것인가.

'미래교육이 무엇이라고 생각하느냐?'라고 묻는다면 나는 미래를 만드는 '오늘의 교육'이라고 답할 것이다. 대안은 본디 과정의 언어이다. 미래에 관한 탁상공론보다 더 중요한 것은 '오늘' 발 딛고 있는 현장부터 차근차근 바꿔나가는 것이다. 가고 싶은 학교가 있고, 살고 싶은 마을이 된다면 더불어 행복한 마을교육공동체는 가능할 것이다. 이를 위한 실천을 지금 여기에서 시작해야 한다. 실패마저도 나아갈 원동력으로 만드는 지혜는 현장에 있다.

---

18 존 조던·이자벨 프레모(2013), 『나우토피아』, 아름다운사람들, 469쪽.

지역적인 삶을 위한 교육

이수일(고흥마을교육공동체 대표)

고흥도화고등학교에서 정년퇴직하고 마복산 산촌에서 농사지으며 7년째 고흥온마을학교를 운영하고 있다. 농산어촌과 마을공동체에 오래된 미래가 있다고 믿고 있다. 최근 고흥마을대학을 창립하여 갈 곳을 잃은 청년들을 위해 새로운 희망을 만들어가고 있다.

마을학교의 다양성과 정체성

2015년은 전남 마을학교 운동에서 매우 뜻깊은 해입니다. 2015년 교육청의 지원으로 처음 시작한 3개의 마을학교가 불과 6년만에 22개 시군에서 250여 개로 크게 불어났기 때문입니다. 다른 시·도에서도 이 기간에 마을학교 운동이 널리 퍼져갔습니다. 이러한 유례없는 놀라운 현상은 결코 우연이 아니고 그럴만한 이유와 사회적 배경이 있다고 보지만 그것을 밝히고 평가하는 일은 학자들의 몫으로 남겨둡니다. 마을학교 운동은 이제 하나의 독립적인 교육운동으로서 마을교육공동체 운동으로 불리고 있습니다. 여기서 마을학교는 구체적인 실천형태이고 마을교육공동체는 공통적인 성격이고 지향이라 볼 수 있습니다.

▲ 고흥온마을학교 창립(2015년)

▲ 마을교사 역량강화 워크숍

● 다양성

마을학교 운동의 가장 두드러진 특징은 다양성입니다. 마을학교의 수가 늘어갈수록 다양성은 그만큼 커질 것입니다. '마을이 학교'이므로 마을의 모든 것이 배움의 대상이고 가르침의 바탕이 됩니다. 지역과 마을이 서로 다른 만큼 마을학교들이 이를 반영하여 내용과 모습이 다양해지는 것은 자연스러운 일입니다. 같은 지역에서도 운영주체에 따라서 내용과 방식이 달라집니다. 다양성이 자연생태계의 특성인 것처럼 지역의 교육생태계도 다양성은 바람직한 성질입니다. 오히려 자기만의 특성을 가지지 못하고 프로그램을 서로 모방함으로써 나타나는 중복성이 문제라면 문제입니다. 마을학교들이 저마다 특수성을 가지고 다양해질수록 지역의 교육생태계는 더욱 풍요롭고 생명력이 강해질 수 있습니다.

마을학교의 다양성은 마을학교가 제도권 밖에 있는 자유학교이기 때문에 더욱 활발하고 가능합니다. 자유학교로서 마을학교는 필요에 따라 스스로 변화할 수 있는 유연성과 유동성을 가지고 있습니다. 이러한 다양한 마을학교들이 나타난 것은 공교육으로서 학교교육의 경직성과 획일성에서 비롯된 것으로 이를 보완하기 위한 것입니다. 전남지역의 마을학교들은 대부분 학교협력형 또는 학교보완형 마을학교로 분류할 수 있습니다. 이러한 학교협력형 마을학교들은 학교와 학생의 선택으로 운영되기 때문에 학교에 대한 의존성이 높고 자립성이 상대적으로 낮습니다. 그러다 보니 스스로 자기 동일성을 유지하기 어렵습니다. 다양성은 어떠한 교육을 추구하는지 교육운동으로서의 방향성을 보여주지는 않습니다.

● 정체성

정체성은 끊임없이 변화하는 존재의 자기 동일성입니다. 서로 다른 존재가 같은 이름으로 불리는 공통적인 성질입니다. 끊임없이 변화하는 다양한 마을학교들을 모두 마을학교라고 부르는 근거와 공통적인 성질은 무엇일까요. 그 공통적인 성질과 운동적인 지향을 '마을교육공동체'라고 합니다. 마을교육공동체의 개념 속에는 '마을'이라는 지역성과 '공동체'라는 관계성을 바탕으로 어떠한 '교육'을 지향하는지 스스로 채워야 할 여백을 가지고 있습니다. 모든 교육은 목적을 가지고 가치를 추구하면서 미래를 만들어가는 활동입니다. 마을학교라고 부르든지 마을교육공동체라고 부르든지 이러한 책임에서 벗어날 수는 없습니다.

마을학교의 다양성이 원심력이라면 마을교육공동체로서의 정체성은 구심력이라 할 수 있습니다. 다양성만 커지고 정체성이 약해지면 교육운동으로서의 방향을 잃게 되고 반대로 정체성만 강화되고 다양성이 부족하면 활력을 잃게 됩니다. 이러한 상반된 두 힘의 긴장관계가 마을학교 운동의 내적 동력이라 볼 수 있습니다. 그러면 마을학교 운동에서 다양성과 정체성은 항상 서로 대립되는 성질일까요? 그렇지 않습니다. 운동이 발전할수록 내용이 풍부해지면서 서로를 필요로 하는 관계에 있습니다.

짧은 기간에 폭발적인 확산을 가져온 전남지역의 마을학교 운동은 이제 마을교육공동체로서 자신의 정체성을 스스로 강화할 시기라고 생각합니다. 모든 마을학교들은 스스로 어떠한 마을학교인지 자신의 교육적인 지향을 가질 필요가 있습니다. 이러한 노력이 실천적으로는 마을교육과정을 설계하거나 마을교과서를 만드는 모습으로 나타나고 있습니다. 전남지역에서도 마을학교에 따라서 이미 마을교육과정을 운영하거나 마을교과서를 개발하는 사례들이 나타나고 있습니다. 물론 이제 막 출발하는 마을학교나 규모가 작은 마을학교들이 스스로 이러한 내용성을 충분히 갖추기는 어려운 일입니다. 그러나 마을교육공동체로서의 단위와 범위를 스스로 좁게 한정 지을 필요는 없습니다. 전남은 이미 시·군단위로 마을학교 네트워크를 형성하고 있어서 네트워크사업으로 마을교육과정이나 마을교과서를 공동으로 개발하는 것이 가능합니다. 오히려 이 방법이 마을교육공동체의 정신과 원리에 더 어울립니다.

한편 이러한 마을교육공동체로서 내용적인 준비는 교육부가 추진하고 있는 교육과정정책과도 시기적으로 잘 맞을 수 있습니다. 2022년 발표 예정인 개정 교육과정 추진방침을 보면 '교사 중심 획일적인 교육과정을 학생 중심 교육과정으로' '학급별 시간표에서 학생별 시간표로' 등 학교 내에서 학생별 맞춤형 교육을 제시하고 있습니다. 특히 현행 국가 중심 교육과정 운영을 지역과 학교 그리고 학생의 자율성을 강화하는 방향으로 이행하고 '학교 밖 전문가의 수업참여' '학교 밖 체험활동의 학점 인정' '지역 교육공동체의 구축' 등을 포함하고 있습니다. 2025년 고교학점제 본격 시행을 앞두고 지역별 교육과정 구성, 학교별 교육과정 구성 그리고 새로운 교과서의 개발을 추진할 예정입니다. 이러한 과정에 '교육과정 거버넌스'로서 지역교육청과 단위학교의 교육과정 설계에 참여할 수 있도록 지금부터 준비할 필요가 있습니다.

마을교육과정 만들기 어떻게 할 것인가

● 주체와 방법

마을교육과정을 설계할 때 제일 먼저 만나는 문제는 '누가 만드는가' 주체의 문제입니다. 교육청, 학교, 마을학교, 지역주민, 학자 중 누가 가장 적합할까요? 학자나 연구기관에 의뢰하면 더 멋진 청사진이 나올 수도 있습니다. 그러나 실천의 주체를 배제하고 대상화한 결과는 하나의 연구자료에 그칠 가능성이 큽니다. 물론 가능하면 이들 모두가 함께하면 가장 좋겠지요. 만약 이들 중 어느 하나가 일방적으로 주도하게 되면 다른 주체들은 어쩔 수 없이 대상화됩니다. 학교가 주도할 경우 교장이나 교사가 관심을 가지고 있는 내용으로 접근하게 됩니다. 이때 지역은 선택의 대상이 되고 학교에 의해 선택받지 못한 대상은 배제됩니다. 이는 학교의 마을에 대한 교육이지, 마을교육과정은 아닙니다. 마을학교가 주도할 경우에는 운영주체의 역량과 관심에 따라 편향성을 가질 수 있고, 학교의 호응을 받지 못하면 그 내용은 쓸모가 없어질 수 있습니다.

이러한 문제의식으로 고흥마을교육과정 연구모임은 학교에서 2명(초등교사 1명, 중등교사 1명), 마을학교에서 2명(광역형 마을학교 1명, 학교밀착형 마을학교 1명), 지역주민 3명(역사문화 1명, 자연생태 1명, 청소년문화 1명) 등 7명으로 구성하고, 부족한 내용은 필요에 따라 보완해가기로 하였습니다. 연구방법은 그동안 고흥 마을학교들의 다양한 실천경험을 종합하고 체계화하는 귀납적인 방법과 지역적인 삶에 도움이 되고 꼭 필요한 지식과 능력을 각 분야별로 과목화하는 연역적 방법을 동시에 병행해서 종합하기로 하였습니다. 지금까지 검토한 각 분야의 과제와 추진계획을 정리하면 대략 다음과 같습니다.

● 학교교육과정과 지역사회교육

학교교육의 입장에서는 먼저 초등과 중등으로 나누어 학교교육과정을 자세히 분석하여 지역사회와 손잡고 활동할 수 있는 영역을 찾아냅니다. 그리고 그에 관련된 예산과 수업시수를 산출하고 다양한 실천사례를 수집하여 응용할 수 있도록 제공하기로 하였습니다.

초등은 1, 2학년 마을과 문화, 3, 4학년 마을과 생태, 5, 6학년 마을과 역사 등 3개의 학년군으로 나누어 교육과정을 재구성하는 방법을 제시합니다. 초기에는 창의적 체험활동으로 프로젝트수업의 경험을 축적하고 후에 교과별 교육과정 재구성으로 나아가는 방향을 추천합니다. 지역사회와 손잡고 운영하는 영남초등학교의 '생태 텃밭정원 가꾸기' 프로젝트학습과 '미술관은 즐거운 놀이터' 프로젝트학습을 대표적인 사례로 소개합니다. 이는 '학교주도형 마을교육과정'이라 할 수 있습니다. 포두초등학교는 매년 1학년부터 6학년까지 전교생이 고흥온마을학교의 '내 고장 명소순례' 6개 프로그램에 참여하고 있습니다. 현장탐방을 통해서 내 고장의 역사와 문화를 직접 느끼고 알 수 있도록 교육과정화한 것입니다. 고흥관내 거의 모든 초등학교에서 고흥온마을학교의 현장체험학습과 생활공예체험학습 프로그램을 학교교육과정 운영에 적극적으로 활용하고 있습니다. 이들은 모두 '마을학교주도형 마을교육과정' 운영의 사례입니다. 꿈터마을학교와 백양초등학교의 사례는 아래에서 별도로 소개합니다.

중등은 창의적 체험활동(동아리활동과 진로활동)으로 다양한 현장체험학습을 하고 있습니다. 도화중학교, 봉래중학교, 점암중학교 등은 고흥온마을학교의 '내 고장 진로멘토' 상담프로그램과 '지역연계 현장체험학습'으로 진로탐색활동을 합니다. 금산중학교, 도덕중학교를 비롯한 고흥관내의 거의 모든 중학교는 고흥온마을학교와 자유학년제 진로탐색활동을 공동으로 운영합니다. 주로 '내 고장 진로멘토'와 '생활공예 심화프로그램'을 선호합니다. 이것은 '마을학교주도형 마을교육과정'으로 대부분 위탁수업의 형태로 운영합니다. 학교와 마을학교가 공동으로 운영하는 주제별 프로젝트수업으로 발전하는 것이 과제입니다. 교과별로는 국어과의 문학 영역에서 이청준의 『당신들의 천국』과 오마도 간척지 공원 탐방을, 사회과의 지리 영역에서 내 고장 해안지형 탐사를, 역사과의 임진왜란과 관련하여 발포진, 녹도진 탐방을, 과학과의 별과 우주 영역에서 고흥천문과학관과 고흥우주발사대 탐방 등을 추천하고 있습니다.

2022년 개정 교육과정과 관련해서 마을교육과정을 더 적극적으로 준비할 필요가 있습니다. 추진계획을 보면 '교육과정의 지역화' 또는 '지역화 교육과정'을 내세우고 전체 교육과정의 20%를 지역교육청과 단위학교에서 자율적으로 운영할 수 있도록 위임하는 방안이 검토되고 있습니다.

● 마을학교와 마을교육과정

모든 마을학교는 다양한 실천을 통해서 끊임없이 진화하고 발전해가는 과정에 있습니다. 그동안 실천을 통해 만들어진 프로그램을 평가하고 종합하면서 이를 토대로 마을교육과정으로 체계화하는 작업을 합니다. 이는 귀납적인 방법으로 이후 자립적인 마을학교로의 발전 전망을 그려가는 작업입니다. 학교협력형 마을학교는 자립적인 마을학교로 나아가는 것이 공통적인 과제입니다. 고흥마을교육과정 연구모임에는 9개의 마을학교 중에 2개의 마을학교가 이 작업에 참여하고 있습니다.

고흥온마을학교는 사회적협동조합으로서 또한 광역형 마을학교로서 2015년부터 고흥 전체를 하나의 마을로 삼아 다양한 영역에서 프로그램을 개발하고 운영해 왔습니다. 처음에는 주말학교와 계절학교로 시작하였으나 지금은 지역의 모든 유·초·중·고의 정규교육과정에 참여합니다. 이러한 실천경험과 활동내용은 매우 소중한 자산으로 고흥마을교육과정을 설계하는 데 밑그림이 됩니다. 꿈꾸는놀이터마을학교(꿈터마을학교)는 2016년부터 학부모가 중심이 되어 돌봄이 필요한 아이들을 위해 방과후수업으로 시작한 면단위의 학교밀착형 마을학교입니다. 지금은 마을의 초등학교, 중학교와 연결하여 정규교육과정에도 참여하고 있고 마을 단위 공동체문화를 만들어가는 산실이 되고 있습니다.

이 두 개의 마을학교는 이미 자신의 마을교육과정을 가지고 있습니다. 이는 처음부터 의도하기보다 수년간의 실천을 통해서 만들어진 성과입니다. 고흥온마을학교는 군 단위 광역형 마을학교로서, 꿈터마을학교는 면 단위 학교밀착형 마을학교로서 나름대로 완결적인 교육과정을 운영합니다. 물론 내용면에서 보완하고 발전시켜야 할 과제를 안고 있으며 이것은 학교, 지역사회와 함께 고흥마을교육과정 연구모임을 운영하는 이유이기도 합니다. 주제 영역별로 프로그램의 성격을 진단하면서 교육적인 의미와 한계를 확인하고 새로운 과제를 찾아보려고 합니다.

● 지역사회의 역할과 과제

지역사회의 입장에서는 향토역사, 자연생태, 지역문화 3개의 영역으로 나누어 지역적인 삶에 필요한 교육내용을 발굴하고 정리하려고 합니다. 고흥군 차원의 종합적인 지역조사는 상당히 방대한 작업이라 마을학교 수준에서 접근하기 어려운 과제이고 그에 걸맞은 추진방안이 필요합니다. 이후 본격적인 작업을 촉발하고 준비하는 취지를 가지고 우선 접근이 가능한 부분부터 논의를 시작하여 점차 확대하고 심화시켜 가려고 합니다.

마을교육과정은 마을살이를 위해 무엇을 얼마나 알아야 하는지에 대한 기본설계이고, 마을교과서를 작성하는 과정에서 학교급별, 주제별로 구체적인 활동내용을 채워갈 것입니다. 이는 지역에 대하여 전체적인 관점에서 접근하는 연역적인 방법입니다. 이러한 조사연구과정을 통해서 지역사회에 대한 이해가 더 넓어지고 더 깊어지면서 각 분야의 전문가를 마을교사로 새롭게 발굴하는 작업도 함께 이루어질 수 있을 것입니다. 이번에는 고흥지역사회를 향토역사, 자연생태, 지역문화 3개의 큰 영역으로 나누어 각각에 대한 연구과제를 정리해 보기로 합니다.

● 고흥의 역사

고흥문화원에서 그동안 조사하고 모아온 향토사 기초자료는 비교적 풍부한 편입니다. 모두가 소중한 자료들이지만 역사교육은 그중에서도 '무엇을 왜 배우고 알아야 하는지' 원점에서 묻는 것으로 시작합니다. 이때 중요한 것은 역사자료를 선택하고 해석하는 기준으로서의 올바른 역사관을 정립하는 일입니다. 향토사는 국사의 일부나 변방사가 아닙니다. 국가주의사관과 영웅사관의 극복 없이 진정한 향토사는 성립하기 어렵습니다. 지역과 지역주민의 주체적인 입장에서 진정한 향토사를 새롭게 쓰고 바로잡으려는 확고한 자세와 노력이 요구됩니다. 전근대적인 역사의식으로는 미래지향적인 마을교육공동체가 만들어질 수 없기 때문입니다.

　향토사는 독자적인 시대별 체계와 주제별 분류를 가진 '고흥의 역사'(지역교과서)로 정리하는 것을 최종 목표로 합니다. 개략적인 연구과제는 다음과 같습니다. 선사시대와 고대시대는 고인돌과 고분, 산성과 성터, 이로부터 출토된 유물 등을 통해 초기 정착민의 문화와 생활상을 이해합니다. 원주민들이 고흥의 자연생태계에 적응하면서 지역적인 삶의 원형을 형성하는 과정을 살펴볼 수 있는 흥미로운 주제입니다. 또한 고분의 주인공들이 지역의 지배자이자 삼국에 포섭되기 이전의 독자적인 해상세력으로서 그들의 정체를 밝히는 과제가 포함되어 있습니다. 고려시대에는 장흥, 보성의 속현으로서의 지위에서 벗어나 독립적인 군·현으로 자리 잡습니다.

동시에 중앙권력의 직접적인 지배를 받으면서 지역의 독립성이 약화되는 시기이기도 합니다. 조선시대는 지역주민의 삶과 관련된 훨씬 다양한 소재들이 있는데도 임진왜란과 이순신에 관련된 사적을 지나치게 부각시키는 경향이 있습니다. 그 속에는 국가주의 왕조사관과 영웅사관이 도사리고 있습니다. 이러한 전쟁사에 대해 지역주민의 입장에서 비판적으로 재해석하는 노력이 필요합니다. 모든 전쟁은 국가주의의 부정적 본질이 극단적으로 나타납니다. 침략전쟁은 말할 나위 없고 방어전쟁 또한 일반 백성과 지역주민이 희생 제물로 내몰립니다. 근현대사는 동학농민전쟁, 항일의병전쟁, 독립운동, 해방정국의 여순사건, 한국전쟁 등 격동의 역사 속에서 지역사회가 겪게 되는 변화를 진단하려고 합니다.

고흥만이 아니라 대부분의 향토사는 왕조의 흥망성쇠를 중심으로 하는 국사(國史=국가주의 역사)의 서술체제를 따르고 있고, 지역사, 향토사라는 명칭에도 국사에 대한 종속성이 들어있습니다. 진정한 독립적인 향토사로 나아가기 위해서는 '마을 유래지'와 같은 마을 차원의 주민생활사를 깊이 탐구하는 노력이 더욱 필요합니다.

● 자연생태와 산업

고흥의 자연은 산, 들, 바다, 섬, 호수, 갯벌이 잘 어우러져 아름답고 청정하고 풍부한 생태계로 조성되어 있습니다. 이러한 고흥의 자연생태계를 과학적으로 이해하고 자연과 사람의 건강하고 지속가능한 공존을 추구합니다. 고흥의 풍부한 자연생태계의 특성과 경제적 잠재력을 체계적으로 조사하고 연구할 필요가 있습니다. 특히 기후변화에 대응할 수 있는 식량기지로서의 고흥 농업과 해양수산업의 새로운 미래를 설계하고 준비하도록 합니다. 아울러 고흥의 특화작물에 대한 경제적 잠재력과 새로운 가능성을 탐색합니다. 유자, 석류 등 기존의 특화작물을 비롯하여 고흥에 자생하는 허브식물과 새로운 열대 향기식물의 보급을 모색합니다.

이러한 다양한 자연자원을 바탕으로 새로운 미래산업으로 발전시키기 위해 지역사회의 전문인력을 발굴하고 육성하려고 합니다. 사실 이러한 작업은 고흥군청이나 관련 기관들이 주관하는 것이 마땅한 일입니다. 그러나 마을학교의 차원에서도 교육적으로 접근할 수 있는 방법은 많습니다. 나무와 식생 조사, 산야초와 야생화 탐사, 바다식물 표본조사, 갯벌 생태조사, 텃새와 철새의 생태조사 등 학교교육과정과 연계하고 마을학교의 체험활동프로그램으로 다양한 접근을 모색할 수 있습니다.

▲ 내고장 걷기대회   ▲ 작은음악회

● 지역문화와 청소년문화

지역문화는 전통문화와 생활문화로 구분할 수 있습니다. 고흥의 전통문화는 판소리, 농악, 분청사기 등 민족문화로 계승되는 분야가 있고, 설화문학, 마을축제, 두레전통 등 민속문화로 남아 있는 내용이 있습니다. 또한 의식주와 관련된 다양한 생활문화도 지역의 자연환경에 뿌리를 가진 소중한 문화자산입니다. 특히 사라져가는 짚풀공예 대나무공예 등 생활

공예와 전통적인 음식문화는 건강하고 생태적인 삶에서 매우 중요한 의미가 있습니다. 또한 도화헌미술관. 남포미술관, 연홍미술관, 갑재민속전시관, 분청문화박물관 등 지역문화를 보존하고 새롭게 만들어가는 시설들을 마을교육을 위해 적극적으로 활용할 필요가 있습니다. 이러한 지역문화를 자라나는 청소년들에게 잘 전승하면서 살아 있는 생활문화로 새롭게 발전시켜 가는 것도 마을학교의 중요한 과제입니다.

마을학교 운동에서 청소년은 어떠한 존재이고 진정한 청소년문화란 무엇일까요? 청소년은 마을학교에서 만들어내는 다양한 프로그램의 소비자로서 수동적으로 참여하고 있습니다. 어른들은 청소년에게 해주고 싶은 이야기가 많지만 반대로 청소년이 어른들에게 하고 싶은 이야기는 전달하기 어렵습니다. 청소년은 자신의 문화를 스스로 생산하고 누리는 주체가 되어야 합니다. 청소년은 바로 지금 마을의 주민으로서 참여하고 자신의 이야기를 할 수 있어야 합니다. 아이들을 돌봄의 대상으로만 인식하거나 스스로 선택하지 않은 프로그램에 일방적으로 끌어들이는 방식은 지양되어야 합니다. 청소년을 위한 프로그램에서 청소년의 청소년에 의한 프로그램으로 발전되어야 합니다. 이 문제도 청소년들이 마을학교운영의 주체로 함께 참여하면서 자연스럽게 해결될 것입니다.

지구적 위기와 지역적인 삶

● 코로나 팬데믹의 의미

코로나 팬데믹은 결코 우연히 발생한 자연재해가 아닙니다. 우리가 자연을 무분별하게 파괴하고 지구생태계를 교란함으로써 자초한 일입니다.

한편 편리한 문명생활로 말미암아 인간은 신체적 기능과 면역력이 약화돼 생물학적으로는 퇴화의 길을 걷고 있습니다. 인간의 신체적 취약성만큼 코로나 팬데믹의 충격이 크다고 할 수 있습니다. 메르스, 사스, 코로나 등 바이러스성 전염병은 왜 이렇게 주기적으로 나타나고 점점 심해지는 것일까요? 그동안 야생동물과 공생하던 바이러스들이 면역력이 극도로 취약해진 가축과 인간의 몸을 새로운 숙주로 삼아 집단적으로 이주해 오는 현상으로 볼 수 있습니다. 일시적으로는 백신과 치료제로 억제할 수 있을지라도 근본적인 문제는 더욱 심화되고 악화될 수밖에 없습니다.

무엇보다 지구생태계 속에서 인간도 자연의 일부라는 자각과 함께 무서운 질병을 일으키는 바이러스 세균조차 박멸과 격리의 대상이 아니라(그것은 원천적으로 불가능한 일입니다!) 지구생태계의 일부라는 인식의 전환이 필요합니다. 그리고 어떻게 하면 이들과 다시 안정적인 공생관계로 돌아갈 수 있을지 반성하고 실천해야 합니다. 인간을 포함한 모든 동물의 몸속에는 바이러스를 포함한 수많은 미생물들이 공존하고 있으며, 이들과는 지구 생명체의 발생기부터 공생하고 공진화해온 관계로 설명되고 있습니다. 코로나를 비롯한 공포의 각종 바이러스들도 야생동물과는 그런대로 공생하고 있는데 그것이 가축과 사람의 몸속에 들어와서는 치명적인 급성질병으로 나타나는 이유는 무엇일까요? 바이러스가 아닌 인간에게서 그 원인을 찾는 것이 합리적이고, 그래야 해결의 길도 보입니다.

● 지역적인 삶의 의미

우리는 누구나 지역에서 살고 있습니다. 그러나 지역에서 산다고 지역적인 삶을 사는 것은 아닙니다. 세계화된 자본주의 상품경제가 우리의 모든 일상을 지배하고 있습니다. 도시의 소비생활은 거의 100% 농산어촌에서도 대략 80% 이상 상품경제에 의존하고 있어서 삶의 내용에서 지역성을 찾아보기가 어렵습니다. 자본주의 산업문명과 상품경제는 삶의 지역성을 말살하고 삶의 공동체성을 빠르게 해체시켜 왔습니다.

그러나 인간의 끝없는 탐욕을 동력으로 하는 자본주의 산업문명과 반자연적인 도시문명은 더 이상 지속할 수 없는 한계상황에 도달하고 있습니다. 석유정점을 지나면서 경제성이 빠르게 하락하고 대기 중 이산화탄소와 메탄가스의 함량 증가로 인한 지구온난화와 기후위기가 너무나 심각하기 때문입니다. 지구온난화로 인한 기상이변은 그 자체가 재난이면서 예측할 수 없는 식량난을 불러오고 근본적으로는 종의 대멸종을 가속화하고 있습니다. 이렇게 파국을 향해 치닫고 있는 자본주의 산업문명의 눈먼 질주를 당장 멈추지 않으면 안 됩니다. 다시 경제를 지역화하고 생태적인 삶으로 전환하는 길만이 새로운 인류의 미래를 가능케 할 것입니다.

우리는 경제를 다시 지역화하고 생태적인 삶으로 전환할 수 있을까요? 물론 쉽지 않은 일입니다. 편리하고 풍요로운 대도시의 산업문명과 상품경제에 너무 깊이 중독되어 있기 때문입니다. 그러나 지속가능한 삶에 대해서 진지하게 따져본다면 이야기가 달라질 수 있습니다. 대재난의 시대를 맞아 우리가 원하든 원하지 않든 다른 선택의 여지가 없을 듯합니다. 기상이변으로 인한 식량기근은 시대적인 특징이 될 것이며, 통제 불가능한 전염병이 주기적으로 휩쓸게 될 때 대도시는 끔찍한 지옥으로 바뀔 수밖에 없습니다.

지역적인 삶은 생태적인 삶입니다. 인간도 자연의 일부라는 사실을 진지하게 받아들인다면 누구나 자기가 살고 있는 지역의 생태계에 순응하면서 소박하고 건강한 삶을 영위할 수 있을 것입니다. 지역의 생태계는 그

땅에서 서식하고 있는 동물과 식물은 물론 미생물과 인간을 포함하고 있습니다. 숨 쉬는 공기, 먹고 마시는 물과 음식, 더불어 살아가는 동물과 식물, 코로나 미생물까지 모두 생명공동체라는 자각을 가지고 이들과 함께 살아가는 태도와 방법을 다시 익혀가야 할 것입니다. 이는 문명사적인 대전환을 의미합니다.

지역적인 삶은 자연과의 관계와 사람 사이의 관계를 모두 포함합니다. 자연생태계가 서로 의존관계이듯이 사회생태계도 서로 의존관계입니다. 따라서 지역적인 삶이란 건강한 자연생태계의 선순환 속에서 협력적인 사회생태계를 이루어 더불어 살아가는 공동체적인 삶이라고 말할 수 있습니다. 마을교육공동체 운동이 지역성과 공동체성을 기본 성격으로 하는 이유를 깊이 새겨보아야 할 것입니다.

지역적인 삶을 위한 교육과 마을학교의 역할

● 학교교육과 지역적인 삶

학교교육에는 지역적인 삶을 위한 교육내용이 얼마나 담겨 있을까요? 한마디로 거의 없습니다. 역사적으로도 지역적인 삶이 공교육의 목표가 되어본 적이 없습니다. 특히 산업화과정에서 농어촌이 해체되면서 대도시의 산업노동력으로 제공되었는데 이 과정에서 학교교육이 중요한 역할을 하였습니다. 생각과 행동을 표준화하고 규율과 질서를 잘 지키는 양질의 노동력으로 길러내는 역할이었습니다. 이렇게 학교교육에 국가주의가 강하게 작용하면서 경제성장에는 크게 기여하지만 학생의 입장에서는 삶을 위한 교육이라 볼 수 없습니다.

학교교육은 처음부터 국가교육과정과 교과서에 의해서 모든 교육내용과 행동규범을 표준화함으로써 획일성을 띠게 되었습니다. 예를 들어 국어교육을 보면, 표준어를 정하여 지역의 다양한 입말들을 틀린 말처럼 취급하여 말살하였습니다. 민중들의 살아있는 입말인 사투리 속에는 그 지역의 독특한 삶과 그 삶의 경험에서 배어 나온 느낌과 정서가 담겨 있는데 '서울의 중류사회'나 '서울의 교양있는 사람들'이 그것을 대신할 수는 없는 노릇입니다. 한국사 역시 국가권력의 지역통치사일 뿐입니다. 지역에서 편찬된 향토사조차 이 범주를 벗어나지 못하고 있습니다. 기록된 사료나 문화재들이 그러하니 이를 뛰어넘기도 쉽지 않은 일입니다. 정도의 차이가 있을 뿐 다른 교과들도 사정은 마찬가지입니다. 이러한 서울 중심 국가주의의 탈피와 지역적인 삶의 독립성과 자주성의 회복은 지역적인 삶을 위한 교육으로 나아가기 위한 기본관점이자 출발점이 되어야 할 것입니다.

2022년 개정교육과정 추진방침 속에는 '교육과정의 지역화'가 가장 먼저 제시되고 있어서 크게 환영할 일입니다. "지역교육과정이 국가수준의 교육과정 전달을 위한 수단으로만 기능하거나 지역의 특정한 의도를 실현시킬 목적으로만 수행될 것이 아니라, 지역과 나, 나와 지역을 하나의 전체적 맥락 속에서 실존적 의미를 파악하는 데 목적을 두어야 한다. 단순히 교육과정을 지역화 교과서의 지역성 내용 반영이나, 시·도교육청의 편성·운영 지침의 특이성이라는 소극적 개념에서 벗어날 필요가 있다."

이러한 관점은 교육적으로 매우 의미심장한 패러다임의 전환을 의미합니다. 실존적 삶의 주체인 '나'(학생)가 이제는 ('국가와 나', '나와 국가'가 아니라) '지역과 나', '나와 지역'이라는 새로운 패러다임으로 삶의 의미를 파악하자는 주장입니다. 한마디로 교육의 목적을 '국가주의적인 삶'이 아니라 '지역적인 삶'으로 전환하자는 것입니다. 국가주도의 공교육에서 이러한 전향적인 주장이 실제로 얼마나 어떻게 반영될 수 있을지 지켜볼 일입니다.

● 고흥온마을학교의 지역성과 공동체성

마을학교가 운영하는 프로그램은 모두 지역성을 담고 있을까요? 지역에서 산다고 해서 지역적 삶이라고 할 수 없듯이 마을학교가 운영하는 프로그램이라도 지역성이 부족하거나 지역적인 삶과 무관할 수가 있습니다. 만약 마을학교의 프로그램에 지역성이 전혀 없다면 마을학교로서의 정체성이 문제가 될 수 있습니다. 일부의 프로그램에서 지역성이 부족할 수 있지만 그것은 극복하고 해결해야 할 과제입니다. 마을학교의 프로그램이 지역적인 삶에 얼마나 깊이 다가가고 지역성을 얼마나 잘 담아내는지 그것이 마을학교의 존재 이유이고 고유한 역할이며 실천과제입니다. 고흥온마을학교에서 운영하고 있는 마을교육과정을 4개의 주제 영역별로 나누어 프로그램의 성격을 살펴보기로 합니다.

〈지역연계 현장체험학습〉 (유·초·중·고, 교사, 지역주민)

영역	프로그램명	활동내용	시기	장소 강사
마을과 음식	마을기업 손두부체험	마을기업 견학, 손두부 만들어 맛보기, 와포해변 산책	연중	두원 / 신경남
	아동요리 체험	지역에서 생산하는 채소, 과일, 고기 등을 이용해 음식 만들기	연중	학교/ 박은정
	귀농인집 탐방 1.2.	간장 된장 인절미 만들기/유기농 체험, 깡통화덕 만들기	11,12월	포두/이승원 김홍대

체험농원	산양목장 치즈체험	산양 먹이주기, 산양과 산책, 산양유, 산양치즈 요리하기	연중	남양/ 채진희
	허브농원 향기체험	허브농원 탐방, 허브 음료, 미스트, 소금 등 만들기	연중	녹동/ 이상명
	생태농원 피자체험	매실, 체리농원 견학, 유자피자 유자과자 만들기	연중	두원/ 김원호
	야생화농장 산길 탐방	야생화 농장 견학, 야생화 작품 감상, 산성길 야생화 탐사	4~10월	고흥읍/ 윤금일
	앵무새농장 앵무새체험	앵무새의 특징, 생태, 기르는 법, 길들이기, 함께 놀기	연중	포두/ 임은상
임업	목재체험장 의 숲이야기	탐방로 산책, 숲 이야기, 목공예 체험, 창작물 만들기	4~10월	목재체험관/ 김준영
	편백숲 탐방	편백숲 탐방로 산책, 숲 체험과 숲 치료 (전시실 견학)	5~10월	치유의 숲/ 숲해설사
수산업	미역가공공장 꾸지뽕 체험	미역가공공장 견학, 꾸지뽕농장 열매따기 체험	연중	거금도/ 한홍태
역사문화예술	주제가 있는 내 고장 명소순례 (6개 코스)	소록도,오마공원/발포항,충무사/능가사,우주전망대/금탑사, 비자림/나로도 우주체험센터/고흥향교, 작은영화관	연중	6개 코스/ 이수일
	색공방 천연 염색체험	천연염색 의상 등 작품 관람, 손수건 에코백 등 소품 만들어 천연염색 해보기	연중	도화헌 미술관/ 김혜경
	화가와 함께 미술체험	미술관 관람, 한국화 체험, 서양화 체험, 화가의 작품 해설	연중	도화헌 미술관/ 정경화
	분청박물관 도자기체험	박물관 관람, 물컵, 연필꽂이 등 간단한 생활용품 만들기	연중	도예체험관/ 박양수
	조각가의 작 업장 체험	조각가의 작업장과 전시실 방문, 공구사용법과 작품 해설	연중	풍남마을/ 류임석

섬 체 험	연홍도 탐방	배 타고 건너기, 마을길 산책, 설치미술, 연홍미술관 관람	4~10월	연홍미술관/ 선호남
	쑥섬 탐방	배 타고 건너기, 걸어서 섬 한바퀴 탐방 (원시림,쉼터,등대)	4~10월	나로도/ 해설사
행 사	교육공동체 행사	청소년 문화제,목일신 동요제, 진로체험부스, 내 고장 함께 걷기, 고흥마을학교 나눔 한마당	1일	문화회관 / 생활공예 지 도강사

▲ 마을기업 손두부체험학습

▲ 야생화농장 견학

▲ 화가와 함께하는 미술체험학습

▲ 치유의 숲 체험학습

고흥온마을학교는 광역형 마을학교로서 고흥 전체를 교육장으로 하여 다종다양한 프로그램을 발굴하고 운영하고 있습니다. 말 그대로 마을이 학교이고 지붕 없는 학교입니다. 위의 프로그램은 2015년부터 매년 학교와 학생들의 요구와 호에 따라 변천해온 결과입니다. 한편 광역형 마을학교로서 고흥 관내의 유·초·중·고 모든 학교를 대상으로 운영하기 때문에 적은 예산으로 규모가 큰 1년이나 한 학기 단위의 프로젝트학습을 수행하기에는 어려운 한계를 가지고 있습니다. 반면 특정한 주제에 치우치지 않으면서 다양한 산업 영역에서 고흥의 지역성을 폭넓게 반영하는 고흥마을교육과정으로서의 면모를 갖추고 있습니다. 고흥의 자연과 산업, 문화와 역사 등 거의 모든 영역에서 프로그램을 운영합니다. 다음과 같이 8개 부문 영역에서 약 29개의 프로그램을 운영하고 있습니다.

① 마을과 음식: 4개, ② 체험농원: 5개, ③ 수목원, 휴양림: 2개

④ 수산가공업: 1개, ⑤ 향토역사: 6개, ⑥ 문화예술: 4개

⑦ 섬체험: 2개, ⑧ 교육공동체행사: 3개~5개

내용면에서 살펴보면 지역경제의 특성에 비해서 해양수산업 영역이 크게 부족하고, 농업 영역에서는 고흥의 식량 농업, 유자 등 특화작물, 임·축산업 등이 거의 포함되지 못하고 있습니다. 이는 지역적인 삶에 깊이 다가가지 못하고 있다는 것이며 학교교육과 함께 마을교육이 풀어야 할 중요한 숙제입니다. 이러한 사정은 한국 식량농업의 현실을 반영하고 있습니다. 농업계열 전문계고의 교육과정 또한 식량 농업과 축산업의 본령을 벗어나서 상업적인 관광농업으로 바뀌어왔습니다. 이는 농업과 농민의 희생으로 이루어진 산업화과정이 만들어낸 결과이고 기후위기와 식량난에 대비해서 시급히 바로잡아야 할 한국농업의 구조적인 문제입니다.

다음은 학교급별로 운영되는 마을교육과정을 살펴봅니다. 동일한 프로그램이지만 초등학생에게는 감성체험 위주로 접근하되 지역성은 부차적이고 간접적으로 전달되도록 운영합니다. 유치원과 초등학교 어린이에

게는 사물을 오감으로 체험하고 감성으로 수용하는 것이 중요합니다. 따라서 자연에 대한 감수성을 일깨우고 고향에 대한 친근감을 갖게 하는 데 주목합니다. 마을학교 강사를 포함한 고향 사람들에 대한 인식도 감성적인 인상으로 전달되는 경향이 강합니다. 이러한 감성적 체험은 마음에 깊이 스며들어서 어른이 되어서도 고향에 대한 추억과 향수를 불러일으키는 바탕이 됩니다. 어린이에 대한 마을학교의 역할은 자신을 낳아주고 길러주는 가족, 친절하고 부지런한 마을 사람들, 고향의 아름다운 자연에 대한 자긍심과 애향심을 심어주는 데 교육적인 목적을 두고 있습니다. 말하자면 어린이의 마음 밭에 '지역적인 삶'의 씨앗을 뿌리는 일입니다.

이에 비해 중학교에서는 진로체험 위주로 진행하여 직업으로서의 현장감을 체험하면서 바람직한 직업관을 형성하는 데 도움이 되도록 운영합니다. 직업에 대한 객관적인 정보는 주로 학교의 진로 수업 시간에 제공하기 때문에 이와는 차별화할 필요가 있습니다. 고흥온마을학교는 처음부터 '사람중심 프로그램 운영'이라는 관점을 추구하고 있습니다. 사업장을 견학하고 현장체험을 하는 것도 중요하지만, 그 사업장을 만들어내고 운영하는 주체(마을학교 강사)를 의미 있게 부각시키고 주목하자는 입장입니다. 그 사업을 시작한 동기, 사업장을 만들어온 과정, 앞으로의 꿈과 계획 등을 이야기하도록 합니다. 말하자면 '이야기가 있는 현장체험'을 지향하는 것입니다. 사업장보다 그 사업장을 운영하는 주인공의 이야기에 교육적인 알맹이와 교훈이 담겨 있다고 여기기 때문입니다. 삶의 이야기가 없는 견학은 영혼이 없는 견학입니다. 같은 사물도 그 사연을 알고 보면 새롭게 보이고 공감을 불러일으킬 수 있습니다.

연중행사로 함께하는 교육공동체행사도 공동체의식을 함양하는 마을교육과정으로서 매우 큰 의미가 있습니다. '내 고장 함께 걷기대회'는 마을학교의 교사들이 중심이 되고 자녀와 학생들이 동행하여 하루를 함께 걷는 소풍과도 같습니다. 내 고장 자연 풍광의 아름다움을 새롭게 발견하고 온몸으로 느끼면서 애향심을 북돋우고 자연스러운 동행으로 친밀감과 유대감을 기르는 효과가 있습니다. 하루의 여정이 지루하지 않도록 야생화 탐사, 향토사 강의, 작은 음악회 등 다채로운 프로그램을 삽입합니다. 2018년은 우주발사 전망대–마복산 둘레길–해창들길, 2019년은 나로도 편백숲길–쑥섬 해안길–마복산 목재체험장, 2020년은 거금도 생태숲길–오천항–몽돌해안–연소해수욕장 해안길, 2021년은 미르나루 해안길–용바위–남열해수욕장 솔숲 등에서 뜻깊은 하루를 보냈습니다.

'목일신 동요제', '고흥 청소년 연합 축제', '고흥 청소년 진로 체험의 날' 등은 청소년들이 주인공이 되는 뜻깊은 지역행사입니다. 마을학교들이 다채로운 체험부스를 열어서 분위기를 더욱 풍성하도록 돕습니다. 특히 목일신 동요제는 전국행사로 다른 지역의 학생들이 고흥을 알게 하는 소중한 기회입니다.

진지도 휴양펜션과 거금도 해돌마루에서 진행한 '마을교사 가을캠프'도 뜻깊고 유익합니다. 가을이 깊어갈 무렵 마을교사들이 1박 2일 하룻밤을 함께 보내면서 자신의 삶을 돌아보는 시간을 나눕니다. 낮에는 자유롭게 낚시를 하거나 산책을 하고, 저녁시간에는 장작으로 모닥불을 피우고 음식을 만들어 나누고 노래도 부릅니다. 커다란 방에 둘러앉아 돌아가면서 자신의 소망을 이야기하고 서로의 삶에 대해서 진지하게 들어주는 시간을 가집니다. 다른 사람의 인생이야기에 귀를 기울이는 것만으로도 깊은 친밀감을 느끼고 지역적인 삶의 의미를 풍부하게 해줍니다. 이를 제도화한 것이 '고흥 사람책 도서관'입니다. 신청하면 일대일 개인대출이 가능하고, 녹동중학교처럼 학급 단위로 집단대출하는 방식도 가능합니다. 카페에서 작은 음악회와 곁들여 다채롭게 진행할 수도 있습니다.

사라진 마을축제를 대신하는 '지역민과 함께하는 고흥온마을학교 송년회'는 국악공연, 기악연주, 마을학교 활동영상 시청, 선물 나누기, 소감 나누기, 음식 나누기 등으로 진행합니다. 9개의 마을학교가 공동으로 만드는 '고흥마을교육공동체 성과나눔 한마당'은 내용이 더욱 풍성합니다. 마을학교별로 한 해 동안의 활동내용을 보여주는 전시부스를 다채롭게 꾸미고 서로 살펴보면서 묻고 대답하는 소통이 이루어집니다. 지역사회 각 분야의 인사들을 초청하여 활동 영상자료와 함께 관람하는 마을학교의 홍보기회이기도 합니다.

<생활공예 체험학습> (초등, 중등) *학교방문체험

프로그램명	교육내용	운영횟수 (학교수업)	공방 강사
생태공예 해초압화	자연생태교육, 자연물을 이용한 동물모형 / 식물 압화, 해초 압화	1회~4회	생태공방/ 조경희
천연염색 냅킨공예	기초: 손수건, 에코백, 냅킨벽걸이 심화: 스카프, 티셔츠, 의상	1회~4회	도화헌색 공방/김혜경
포크아트	기초: 과반, 벽시계 장식하기 심화: 티슈상자, 벽거울, 액자	2회~4회	포슬린 공방/이순영
정크아트	기초: 부자로 조명등, 화분 등 심화: 생활폐품으로 공예품 등	1회~4회	연흥공방/ 박삼관
목공예	공구 다루기, 나무연필, 벽시계, 공구함, 도마, 수납함 등	1회~4회	행복한 나무/윤금일
허브건강 생활용품	유자향, 라벤다향 등으로 음료, 미스트, 기능성 소금, 화장품 등	1회~4회	향기연구소/ 김도현
아로마캔들 석고방향제	아로마 향초, 바다풍경 양초, 석고 방향제 등	1회~4회	이런세상/ 도정희

한지공예	기초: 접시, 손거울 심화: 찻상, 2단 서랍	2회~4회	꿈터, 해빈/ 김경희
가죽공예	기초: 열쇠고리, 손지갑 심화: 필통, 파우치, 가방	2회~4회	해빈공방/ 김혜숙
바느질, 프랑 스자수	기초: 기본 바느질 기법 심화: 프랑스자수 작품	2회~4회	꿈터, 그곳/ 김경희,송성미
양말공예	양말인형 만들기: 바느질 작업	2회~4회	'그곳'공방/ 송성미
발포화분 다육아트	발포화분 만들기, 다육이 심기 특수 흙으로 다육이화분	1회~4회	'그곳'공방/ 송성미
POP/ 캘리그래피	예쁜 손글씨 POP(초) / 캘리그래피(중)	1회~4회	담화디자인 김미선/송성미
민화액자	민화그리기-액자작품	2회~4회	담화디자인/ 김미선

생활공예 체험학습은 내용면에서 현장체험학습에 비해 상대적으로 지역성이 약합니다. 그 운영주체로 보아도 현장체험학습이 주로 지역 원주민이고, 생활공예체험학습은 주로 귀촌인입니다. 이러한 성격을 고려해서 고흥온마을학교는 초창기 수년간은 현장체험학습 위주로만 운영하다가 2~3년 전부터 생활공예 체험학습을 본격적으로 운영합니다. 우선 학교에서 생활공예를 요구했고, 지역사회에서도 원주민과 이주민(귀농귀촌인)이 더불어 살아가면서 새로운 지역공동체를 함께 만들어가야 할 문제로 보았기 때문입니다.

생활공예 프로그램은 손을 주로 사용하는 노작교육으로, 다양한 측면에서 교육적 효과를 내포합니다. 노작교육은 지능을 발달시키고 예술적 감각을 길러줍니다. 주의가 산만한 청소년들에게 집중력을 길러주고 성취감을 느끼게 합니다. 다양한 핸드메이드 생활공예는 소비적 상품문화가 범람하는 가운데 생활문화의 생산자로서 갖추어야 할 소양과 능력을 길러줍니다. 내용면에서 지역성을 좀 더 살려가는 것은 여전히 과제입니다. 지역의 자연물을 이용한 전통생활공예를 되살려 실용적인 새로운 생활문화로 거듭나게 하는 일도 마을학교의 역할입니다.

▲ 가죽공예

▲ 캘리그래피

〈세계의 전래놀이와 전통예절〉(초등, 중등 공통)

프로그램 구분	활동내용	운영 횟수	공방 강사
한국의 전래놀이	제기놀기, 칠교놀이, 죽방놀이, 팽이놀이, 실뜨기, *놀이도구 만들기 / 놀이하기	2회~4회	'그곳'공방/ 송성미
외국의 전래놀이	중국, 일본, 베트남, 필리핀, 태국, 러시아 등의 민속놀이 *놀이도구 만들기 / 놀이하기	2회~4회	'그곳'공방/ 송성미
한국의 전통예절	9사9용(바른 마음가짐과 몸가짐), 큰절하기, 다도예절	2회~4회	'꿈터'공방/ 김경희

놀이와 예절도 학교에서 가르치고 전수해야 합니다. 그만큼 청소년문화에서 놀이가 사라지고 전통문화와 단절되어 있기 때문입니다. 마을은 물론이고 학교에서조차 스마트폰에 붙들려 친구들과 어울려 놀지 않는

것은 교육적으로나 사회적으로 우려할 상황입니다. 코로나 팬데믹으로 이러한 현상은 더욱 심화되어 갈 것입니다. 학교운동장과 마을공터에서 아이들이 어울려 즐겁게 뛰노는 모습을 다시는 볼 수 없을까요? 비록 학교의 강당에서나마 전래놀이 수업에 초등학생들이 매우 즐겁게 참여하는 것을 보았습니다. 특히 다문화가정의 아이들이 어머니의 나라 전통놀이를 친구들과 함께할 때 기뻐하던 모습이 기억에 남습니다.

▲ 막대줄넘기 놀이

▲ 전통예절 다례

〈찾아가는 맞춤형 상담활동〉 (중등 중심)

프로그램 구분	활동내용	비고
내 고장 진로멘토	내 고장 진로멘토 상담 (학급단위/학교단위) *3~5명 희망직업별 그룹상담 *10명~25명 진로특강. '사람책' 대출행사	중학교 중심
내 고장 창업 취업 상담	내 고장 창업 상담, 취업 상담 *창업동아리 코칭, 창업 컨설팅 *취업 멘토링, 취업면접 코칭	고등학교 중심
농산어촌 유학 상담	도시 학생, 학부모 고흥 관내 유학 상담 *위탁가정, 전입학교 선정 *유학생 적응 상담	초등, 중등

마을학교는 지역의 인적 자원으로도 학교와 학생을 도울 수 있습니다. 고흥온마을학교는 직업별로 본보기가 될 만한 사람을 50여 명 찾아내어 '내 고장 진로멘토'와 '사람책 도서관'이라는 사람목록을 만들어 학생들의 진로상담을 지원해왔습니다. 사람중심 프로그램 운영의 전형이라 할 수 있습니다. 진로멘토는 자신의 직업체험을 학생들에게 진솔하게 이야기해 주는 방식으로 진행합니다. 멘토의 직업체험담 속에는 구태여 의도하지 않더라도 지역성과 지역적인 삶이 구체적으로 생생하게 담겨 있습니다. 이렇게 접근하면 지역성이 별로 없어 보이는 직종조차 지역적인 삶으로 다가갈 수 있습니다. 가령 경찰관의 경우 '고흥 경찰관'으로서 살아온 삶을 구체적으로 이야기하고, 사회복지사의 경우 '고흥의 사회복지사업'을 통해 지역적인 삶을 알려주는 것입니다. 무슨 직업이든 '고흥스럽게' 이해하고 자연스럽게 지역적인 삶을 배우게 됩니다. 진로멘토는 먼저 학교로 찾아가서 학생들을 만나고, 다음에는 학생들이 멘토의 직장을 방문하여 다시 멘토를 만나도록 합니다. 이야기를 듣지 않고 현장을 볼 때 별 감흥이 없듯이, 이야기만 듣고 현장을 보지 않을 때도 실감이 나지 않습니다. 주인공의 이야기를 듣고 삶의 현장을 찾는 방식은 '지역연계 현장체험학습'과 똑같습니다. 다만 현장체험이 중심인지, 삶의 이야기가 중심인지가 다를 뿐입니다.

내 고장 창업 상담과 취업 상담은 아직 활성화되지 못하고 있는 영역입니다. 인문계 고등학교는 여전히 대학입시에만 매몰되어 있고, 전문계 고등학교는 대도시 대기업 취업만을 선망하고 있어서 내 고장은 안중에도 없기 때문입니다. 여기에는 시대적 흐름에 뒤처진 학교의 진로지도에 직접적인 책임이 있습니다. 4차산업혁명으로 일자리가 갈수록 줄어들고 고학력 실업이 심각한 사회문제가 되고 있는데도 여전히 산업화시대의 관성이 작용하고 있는 것입니다. 초고령화된 농산어촌은 후계자가 없어서 지방 소멸을 염려하고, 외국인 노동자들로 겨우겨우 공백을 메워가는 실정입니다. 더구나 기후위기와 팬데믹이 겹쳐서 다가오는 최악의 재난시대를 앞두고 국가적으로도 너무나 위험한 상황입니다. 코로나 팬데믹을 재난시대의 시작으로 인식하지 못하고 정치도 교육도 근본적이고 장기적인 대책에는 관심조차 없는 듯합니다. 농산어촌은 재난 피난민에 대비하고 지역후계자 양성을 위해 자구책을 마련해야 할 비상한 상황입니다.

이와 관련해서 고흥온마을학교는 몇 년 전부터 청년학교를 구상해왔습니다. 이 과제를 더 이상 미룰 수 없다고 생각하여 '고흥마을대학'의 형태로 지역후계자 양성교육을 준비하고 있습니다. 마을대학은 마을교육과정의 완성이라는 의미를 가지고 있습니다. 지역적인 삶을 위한 실질적인 준비가 되도록 교양과정과 전문과정으로 나누어 운영할 것입니다. 마을에서 자라나는 아이들이 자연스럽게 마을주민으로 자리 잡도록 돕고, 고흥으로 찾아오는 사람들이 좋은 이웃으로 정착할 수 있도록 도울 것입니다. 마을대학은 주민학교이고 인생학교이기도 합니다. 가르치는 사람과 배우는 사람이 따로 없는 서로 가르치고 서로 배우는 삶의 학교입니다. 고령화로 침체되어 가는 지역사회가 새로운 마을공동체로 살아나고 지역적인 삶의 질을 높이는 데 기여할 것입니다. 새로운 마을공동체는 주체적인 노력 없이 저절로 만들어지지 않습니다.

● 꿈꾸는놀이터마을학교의 지역성과 공동체성

꿈터마을학교는 면 단위의 학교밀착형 마을학교입니다. '살아 움직이는 지역생태학습' '학교와 마을학교가 공통 프로그램으로 함께하기' '마을에서 자라는 아이들이 다시 마을을 지키는 민주시민으로' 등을 마을학교의 운영목적으로 삼고 있습니다. 나로도의 백양초등학교 학생 26명, 백양 중학교 학생 13명, 지역주민 20명이 함께 다음과 같은 프로그램에 참가 하고 있습니다.

〈꿈터마을학교의 마을교육과정〉 (초등, 중등, 지역주민)

프로그램 구분	프로그램 내용
그림책 만들기	초등4-6학년: 마을 속의 나를 주제로 그림책 만들기, 마을 산책 초등1-2학년: 그림책 만들기 / 미술교실/ 마을 산책
절기 프로그램	초등1학기 전교생: 단오야 놀자, 생활예절 (다도와 생활예절) 초등2학기 전교생: 달달한 동지, 생활예절 (다도와 명절음식) 중학생: 단오(단오야 놀자) / 환경캠프 (너와 나의 탄소발자국)
마을지도 만들기	중학생: 드론, 마을 그리기, 학교 엠블럼 만들기, 환경캠프 마을 홍보UCC 만들기, 다도예절, 특별한 마을지도 만들기
지역민 프로그램	한지교실, 기타교실, 아크릴 소품 만들기, 마을 엠블럼 만들기
1년 마무리	지역민과 초·중등이 함께하는 프리마켓, 작품 전시회, 작은 음악회, 책례(초등)

2016년에 마을학교를 시작한 학부모들은 "처음에는 내 아이를 위해 결정한 귀촌이었고 내 아이만 잘 살피면 되는 줄 알았습니다. 그러나 지역의 환경이 '우리'라는 개념을 필요로 했고 '더불어 함께' 라는 의식을 갖게 했습니다."고 합니다. 2012년에는 귀촌인의 자녀가 초등학교에서 10% 미만이었으나 2021년 현재는 70% 이상을 차지하고 있습니다. 귀촌한 엄마 두 명이 2015년에 학교 수업시간 전 아침시간에 30분간 '책 읽어주는 엄마'라는 프로그램으로 아이들과 함께하기 시작합니다. 2016년 겨울 갑자기 지역아동센터가 사라지고 기관의 도움을 받던 아이들이 대책 없이

버려졌다는 생각에 마을학교를 시작합니다. 2017년 단 2명의 보호받아야 할 아이들을 위해 3명의 엄마들이 돌아가면서 방과후에 함께 2시간을 놀아준다는 마음으로 프로그램을 개발합니다. 매일 마을길 산책을 하면서 귀촌한 아이들이 마을과 섞일 수 있도록 마을 어르신들께 인사드리기, 마을 산책길에서 식물과 곤충 채집하기, 학교 주변의 식물 관찰하기, 바느질하기, 생활예절 익히기 등을 진행합니다. 산책길에 주워온 나뭇가지와 솔방울로 장식품들을 만들고 연말에 함께 만든 작품으로 프리마켓을 진행하였습니다. 이러한 학부모들의 열성적인 활동에 지역과 학교가 관심을 보이기 시작합니다. 결과 발표회 때는 군의원, 번영회장, 마을이장이 참석하고 학교 학생들과 선생님들이 찾아왔습니다.

2018년은 꿈터마을학교에 오고 싶으나 회비를 내기 어려운 아이들을 위해 학교에 들어가서 모든 아이들과 프로그램을 함께 진행했으면 좋겠다는 제안서를 내고 교장선생님의 허락을 받습니다. 학교 수업 중 1주에 2시간씩 자기만의 그림책 만들기를 시작해서 현재 매년 아이들의 그림책들이 출간되고, 절기 축제인 단오에는 '단오야 놀자'라는 프로그램을 5년째 열고 있습니다. 2019년에는 중학생 프로그램이 강화되어 그동안 초등학교에서 꿈터와 함께한 내용을 조금 더 발전시켜 보았습니다. 홍보동영상 만들기, 마을 그려보기, 학교 엠블럼 만들기, 낚시동아리 활동, 환경캠프, 단오야 놀자 계획하기를 통해 아이들이 마을의 구석구석을 알고 느끼게 했습니다. 2020년에는 중학생들에게 드론과 크리에이티브 교육과 생활예절 프로그램이 더해지고 동지프로그램을 개발했습니다. 한편 지역민과 함께하는 프로그램으로 기타동아리, 한지동아리, 예술동아리 등을 운영하고 있는데, 여가시간을 꿈꾸는놀이터에서 보내면서 어른들이 자연스럽게 아이들과 함께하는 기회가 되고 있습니다. 2021년에는 '마을 속의

나, 자연과 나'를 공동주제로 삼아서 중학생들은 '우리 동네 가장 특별한 이야기', '마을지도 만들기'를, 초등학생은 전학년이 '마을 속의 나'로 그림책 만들기, 생활예절, 단오와 동지 프로그램을 학교연합으로 함께하기, 지역민과 함께 아크릴화 소품 만들기, 한지공예 만들기 등을 운영하고 연말에 소소한 전시 및 발표회를 준비하고 있습니다.

이러한 지난 5년의 활동에 대해 꿈터마을학교는 스스로 다음과 같이 평가하고 있습니다. "귀촌인과 지역민이 소통하는 자리가 되는 것은 확실합니다. 귀촌인들의 아이들이 산책을 통해 마을 어르신들에게 인사를 드리고 얼굴을 익힐 수 있는 기회가 된 것은 의미 있는 시간입니다. 무엇보다 지역민들이 함께 취미생활을 하는 것이 가장 큰 변화입니다. 꿈터의 문 앞에 갖은 야채와 김치들이 쌓여갑니다." 뼈있는 한마디도 던집니다. "아이들 수에 비해 너무 많은 청소년기관들이 있습니다. 아이들을 위해서가 아니라 자신들을 위해서 존재하는 것처럼 보입니다. 진정 청소년들을 위한다면 그들을 관리하는 바른 기관 하나가 있어야 한다고 생각합니다."

▲ 나도 작가-책 만들기

▲ 마을주민 한지 동아리

마을교육이 희망입니다

유례없는 재난시대를 맞아 우리는 어떻게 살아야 할까요? 정부와 정치인들이 이 문제를 얼마나 해결할 수 있을까요? 재난의 성격이 문명적인 재난이므로 해결의 길도 문명의 전환에서 찾아야 합니다. 우리의 삶을 '지역적인 삶'으로 바꾸고, 교육 또한 '지역적인 삶을 위한 교육'으로 바꾸는 것입니다. 이것이 이중재난의 폐쇄회로에서 벗어날 수 있는 유일한 출구라고 생각합니다. 일찍이 간디는 대도시 산업문명의 반자연적인 본질을 간파하고 "산업주의는 인류의 저주가 될 것이다. 산업문명은 질병이다.", "마을이 세계를 구한다."라고 예언적으로 갈파했습니다. 성숙한 마을공동체의 모습과 마을교육의 구체적인 내용과 방법을 제시하였습니다. 아래의 글을 보면 마치 우리의 교육현실을 들여다보는 것처럼 교사의 올바른 역할을 매섭게 추궁합니다.

> 우리는 지금까지 아이들의 정신을 자극하고 발달시킬 생각은 전혀 하지 않고, 아이들에게 온갖 종류의 정보를 집어넣는 데만 집중했다. 책에 있는 지식만으로는 아이가 완전히 주의를 기울이게 할 만큼 흥미를 일으키지 못한다. 두뇌의 발달에 싫증을 느끼고, 아이의 정신은 다른 곳에 팔리기 시작한다. 손은 하지 말아야 할 것을 하고, 눈은 보지 말아야 할 것을 보고, 귀는 듣지 말아야 할 것을 듣고, 그래서 그 모두는 그들이 해야 할 것을 하지 않는다.
>
> 교사는 곰팡내 나는 책에서 이런 지식을 얻을 수 없다. 그는 자신의 관찰력과 사고력을 사용해야 되고, 아이들에게 자신의 입으로 자신의 지식을 전달해야 되는 것이다. 이것은 가르치는 방식의 혁명이며, 교사의 사고방식의 혁명을 의미한다. 이 교육은 마을 아이들을 모범적인 마을 주민으로 바꾸어놓으려는 것이다. 이것은 주로 그들

을 위해 고안된 것이다. 이것에 대한 영감은 마을에서 나왔다.[1]

마을교육이 참다운 삶의 교육이 되기 위해서 우리는 무엇을 어떻게 가르쳐야 할까요? 그 해답은 역시 자신의 관찰력과 사고력으로 스스로 찾고 만들어야 합니다. 그리고 그에 대한 영감은 자신의 마을에서 얻어야 합니다. 마을에서 마을교육이 나오고, 마을교육에서 새로운 마을이 나옵니다. 이러한 선순환으로 마을공동체와 지역적인 삶이 만들어집니다. 자신의 마을을 바탕으로 마을교육과정을 만들고 마을교과서를 만드는 일은 새로운 마을공동체를 준비하는 일입니다. 이 과정에서 새로운 프로그램이 만들어지고 새로운 마을교사를 만나게 될 것입니다.

마을교육은 한번에 완성되기보다는 실천을 통해서 거듭거듭 새롭게 보완하고 수정하면서 더욱 심화되고 발전되어 갈 것입니다. 엄밀히 말하면 완성이란 없는 일이고 새로운 역사의 길로 들어가는 삶의 여행이라 여깁니다. 우리의 발걸음이 새로운 문명의 길을 찾고 만드는 뜻깊은 시작이 되기를 소망합니다.

---

1 마하트마 간디(2011), 『마을이 세계를 구한다』, 녹색평론사, 117~118쪽.

3부

마을교육공동체?
어렵지 않아요

4년간의 순천교육, 자치와 협력을 시도하다

임경환(순천풀뿌리교육자치협력센터 활동가)

보통의 교육과정 속에서 학창 시절을 보내다가 스무 살부터 야학 활동을 하면서 다른 교육을 경험하게 됩니다. 이후 대안교육에 대해 알게 되고 학교 밖 청소년들과 여러 활동들을 함께하다가 우연히 순천에 터를 잡고 청소년 노동인권 활동 등을 하게 됩니다. 여태껏 한 번도 공무원과 일을 해본 적이 없었는데, 어쩌다 중간 지원조직을 맡아서 4년간 재미나게 일을 했습니다. 현재는 지역에서 사회적협동조합을 만들어서 좀 색다른 학교를 해볼까 궁리 중입니다.

중간지원조직 활동가의 삶을 시작하다

내가 살면서 중간지원조직 활동을 하리라고는 생각지도 못했다. 2018년 10월경 당시 순천시청 평생교육과 신원섭 주무관을 만나기 전까지 나는 공무원들과 함께 일해본 경험이 없다. 고등학교를 졸업한 이후에 장학사를 만나본 적도 없다. 그런 내가 순천마을교육공동체 중간지원조직을 함께 해보자는 제안을 받았을 때 잘할 수 있을까 하는 걱정과 함께 이 일이 그간 해온 활동의 종합판 같아서 내심 기대되기도 했다.

대학 4년 동안 야학활동을 하고, 그 활동 속에서 학교 밖 청소년이라는 존재를 알게 되고, 그 아이들이 갈 만한 곳을 찾다가 대안교육, 변산공동체, 풀무학교, 간디학교 등을 알게 되었다, 교사가 되기 위해서는 다양한 사회경험이 더 필요할 것 같아서 바로 학교로 가지 않고 신문사와 출판사에서 일을 하였다. 학생들을 만나기 위해 잠깐 공교육 현장에 있다가 다시 학교를 나와 학교 밖 청소년들과 다양한 교육활동을 하였다. 우연히 순천에 이주하게 되면서 다시 학교 밖 청소년활동, 청소년노동인권, 언론협동조합 활동을 하게 되고……. 지금 생각해보면 그동안의 활동들이 마을교육공동체로 귀결된 것이 아닌가 싶기도 하다.

● 순천마을교육공동체 중간지원조직 탄생

나에게 이런 제안이 오기까지 필연적인 일들이 이어졌다. 전라남도교육청에서 정책적으로 마을학교 공모사업을 펼쳤고, 이때 이 업무를 총괄하던 장학관이 순천 재미난협동조합에 마을학교를 제안하였다. 당시 나는 재미난협동조합 조합원으로서 부분적으로 마을학교에 참여하고 있었다.

재미난마을학교 구성원들은 2018년 마을교육공동체 춘계학술대회 자료집 「마을교육공동체 운동의 세계적 동향과 과제」를 공부하고 있었다. 그 과정에서 당시 허석 순천시장 후보에게 마을교육공동체 활성화를 공약으로 해 줄 것을 제안하였고 허석 후보가 순천시장이 되면서 기초지자체 마을교육공동체에 관심을 가지는 계기가 마련되었다. 그때 마침 교육부에서 풀뿌리교육자치협력체계 구축 사업을 하게 되었고, 그 사업에 순천시가 응모하여 선정되었다. 그리고 순천시에서 이 사업을 함께할 민간 파트너를 찾던 중에 나에게까지 제안이 오게 된 것이다.

이 과정에는 이미 순천시가 시민 주도로 마을교육공동체를 꾸려나갈 수 있던 요인들이 내재되어 있었다. 그 중심에는 신원섭 주무관의 철학이 있었다. 신원섭 주무관은 풀뿌리교육자치협력체계 구축 사업은 공무원이 하는 것보다 교육활동가가 마을에서 지속적으로 해야 가능하고, 마을교육공동체가 활성화되려면 무엇보다 교육활동가들을 중심으로 하는 중간지원조직이 필요하다는 생각을 가지고 있었다. 그 생각이 풀뿌리교육자치협력체계 구축 사업 순천 사업계획서에 고스란히 반영되었다. 신원섭 주무관은 본인이 작성한 사업계획서 초안을 가지고 앞으로 일할 사람을 찾아 함께 논의하여 계획서를 수정하는 분이었다. 그분이 지금까지 그 자리에서 일을 하고 있기에 지금의 순천마을교육공동체가 꽃피울 수 있지 않았을까 싶다. 그렇게 순천에 마을학교지원센터가 만들어졌다.

● 중간지원조직의 초기 모습

센터는 2019년 4월 1일 재미난협동조합에 민간위탁되었다. 그 전까지는 기간근로자 4명이 평생교육과에 소속되어 교육부 사업을 수행하고 있었다. 인건비 예산은 충분치 않았고 주어진 예산 안에서 월급을 나눠 가졌다. 이때 활동가들은 센터 내의 모든 활동가들의 임금 기준은 시간당 1만 원으로 동일하게 받자는 데 합의하였다. 이는 센터 내 모든 노동의 가치는 동일한데 다만 역할이 다를 뿐이고, 최소한 직급에 따라 경제적으로 차이를 두지 않겠다는 선언이었다. 돈을 나누어 가진다고 해서 수평적인 조직문화로 바로 이어지는 것은 아니지만 수평적인 조직문화를 지향한다는 선언적·상징적 의미가 있었다. 이 원칙은 지금도 큰 틀에서는 변함없이 지켜지고 있다.

초창기 센터에서 근무한 활동가들은 다들 중간지원조직에서 일한 경험이 없었다. 시민사회나 노동계에서 다양한 활동을 하면서 살아온 이력은 있지만 마을교육공동체, 중간지원조직, 거버넌스에서는 '쌩초보'였다. 모든 것을 하나하나씩 배워가면서 해나갈 수밖에 없었다. 지금 생각해 보면 중간지원조직에 대한 경험이 없었기 때문에 오히려 '중간지원조직은 무엇을 하는 곳이지?'라는 질문을 할 수 있었던 것 같다.

우리 역시 아무것도 모르는 사람들이니 초창기 순천 마을교육공동체 중간지원조직은 사람들의 의견을 듣고, 함께 다른 지역을 찾아다니면서 배우고, 함께 순천 마을교육공동체의 모습을 상상하는 일을 기획했던 것 같다. 지금도 그때의 전반적인 흐름에서 크게 벗어나 있지는 않다.

● 정담회

중간지원조직이 무엇을 해야 할지 잘 몰랐지만 민·관·학 교육거버넌스가 잘 작동하기 위해서는 시민들의 교육 참여가 실질적으로 보장되어야 하지 않을까 하는 느낌이 들었다. 소위 ○○○위원회로 통칭되는 기존의 민·

관·학 거버넌스에서 시민들의 참여가 형식적이었다는 경험이 있었기에 순천 시민이라면 누구나 언제든지 이야기할 수 있는 열린 교육공론장을 꼭 만들어보고 싶었다.

그렇게 해서 매달 한 번씩 지역 교육 의제를 이야기 나누는 장이 만들어졌다. 센터가 세워진 달부터 지금까지 빠지지 않고 정담회는 매월 진행되었다. 이 글을 쓰고 있는 2021년 10월에는 33차 정담회가 열린다. 센터에서 하고 있는 사업들 중 가장 중요한 일이라고 생각하고 있다. 이 행사를 준비하는 데도 꽤 많은 시간이 걸린다. 한 달 동안 센터에서 일어나고 있는 일들을 시민들에게 공유하고, 그달 논의할 주제를 정하고 그 이야기를 하는 데 필요한 사람들에게는 직접 전화를 하기도 한다.

이 자리에는 마을교육공동체 활동가, 교사뿐만 아니라 지자체 담당 공무원, 교육지원청 장학사, 시의원 등이 함께한다. 주제에 따라 모이는 구성원들도 다르고 인원도 다르다. 평균 20~30명이 함께한다. 한 달에 한 번 모여 이야기를 나누는 이 자리는 상징적인 의미를 가진다. 2시간 동안 얼마나 많은 이야기가 오가겠느냐마는 순천에는 이런 공론장이 있다는 것만으로도 큰 의미를 지닌다. 이 모임에서 나온 이야기들 가운데 좀 더 심도 있는 논의가 필요하다고 판단되면 추후 토론회나 포럼을 열기도 하고, 며칠 뒤에 열리는 실무협의회 자리에서 행정적으로 실현가능한 방안을 마련하기도 한다.

지역 교육 의제 관련하여 시민사회에서는 그동안 사안에 따라 시민사회 단체가 입장을 내는 것이 주된 의사소통 방법이었지, 시민들이 주기적으로 지역 의제를 논의한 적은 거의 없었다. 그러다 보니 관의 입장에서는 이런 자리가 낯설고 불편했을 것이다. "그동안 관은 이런 일들을 왜 하지 않았느냐, 앞으로는 이런 일들을 해야 하지 않겠느냐"라고 하는 말들이 종종 오간다. 정담회 자리에서는 자기가 할 수 있는 일들에 대해서 논의하자고 이야기하지만 아직까지는 종종 관에게 책임을 묻는 말들이 오가기는 한다. 그러나 그것이 아직 우리의 현재고 이것도 서로가 성숙해가는 하나의 과정이라고 생각한다. 시행착오가 있다고 해서 멈출 수는 없는 일이다. 시도가 없었다면 시행착오는 발생하지 않는다. 그것을 극복하는 과정에서 새로운 성장은 일어난다.

정담회는 시민들이 교육주체가 되어가는 과정이다. 그동안 시민들은 교육행정에 대해 속속들이 알기 어려웠다. 지역주민을 교육의 4주체라고 이야기는 하지만 실제로 교육주체가 될 기회가 별로 없었다. 교육은 교사, 학교, 교육청이 하는 일이라는 생각의 뿌리가 깊다. 교육부에서 국민과 함께 교육과정을 만들겠다고 변화를 시도해보지만 시민들은 그에 대해서 잘 알지 못한다. 우선은 지역 교육 의제에 대해 정보를 접하고 생각해보는 연습부터 해야 하지 않을까. 센터에서는 정담회 자리뿐만 아니라 지역 카페에서 3인 이상이 모여서 교육과 관련된 수다를 나누는 자리에도 퍼실리테이터와 간식을 제공하고 있다. 사람들끼리 모여서 자녀 입시나 진로 문제 외에도 지역 내에서 일어나고 있는 공(公)적 교육이슈들이 시민들 사이에서 논의되기를 바라는 마음이다.

그동안 정담회에서 다루어진 주제들은 다음과 같다.

회차	논의내용
1차(2018.10.)	- 지역교육력회복 실천공동체 소개 및 성원 배지 달아주기 - 순천시 마을학교 조성사업 소개, 실천공동체 운영에 대한 의견 수렴
2차(2018.11.)	- 제안 공유(학교 밖 청소년 자립을 위한 프로젝트 지원, 마을교육공동체 공부 모임) - 모둠토론(순천시마을학교지원센터가 준비해야 할 것 등)

3차(2018.12)	- 광주광역시 광산구 마을교육공동체 사업계획과 운영사례, 민·관·학 연계를 통한 사업방향 - 2019년 지역교육력회복 실천공동체 운영 방향 논의
4차(2019.1)	- 순천시마을학교지원센터 활동 보고 - 2019년 순천시 마을교육공동체 공모사업 사업계획(초안) 설명 및 의견 수렴
5차(2019.2.)	- 2019년 순천형 마을교육공동체 1년 계획안 공유 및 토론 - 지역교육력회복 실천공동체 운영 방향 논의
6차(2019.3.)	- 2019년 전라남도교육청 마을교육공동체 사업계획 공유 - 순천혁신교육지구 사업계획 공유와 토론
7차(2019.4.)	- 2019년 마을교육공동체 공모사업안 설명 및 의견 수렴
8차(2019.5.)	- 목공 체험을 통한 감정나눔 워크숍
9차(2019.6.)	- 2019년 순천시 마을교육공동체 공모사업 경과 및 현황 보고 - 순천시 교육환경개선비 방향 논의
10차(2019.7.)	- 주민자치와 마을교육공동체는 어떻게 만날 수 있나? - 곡성 죽곡 마을교육공동체 사례 공유
11차(2019.8.)	- 영국 마을교육공동체 관련 연수 공유회(토트니스 전환마을, 써머힐학교)
12차(2019.9.)	- 순천 혁신교육지구가 되기 위해 필요한 것 논의
13차(2019.10.)	- 회복적 정의에 대한 논의 - 학교폭력 현황과 관계회복을 위한 노력 논의
14차(2019.11.)	- 순천형 마을교육공동체 현황 공유 - 순천시 마을교육공동체 한마당(12.17.) 기획안 공유 및 의견 수렴
15차(2019.12.)	- 2020년 순천마을교육공동체 공모사업 의견 수렴
16차(2020.1)	- 마을활동가 제안으로 듣는 마을교육공동체 방향 - 순천공고 체육관 공간혁신 논의
17차(2020.5.)	- 첫 ZOOM 온라인 화상정담회, 코로나와 마을교육공동체, 내 삶의 변화
18차(2020.6.)	- 마을교육공동체 조례제정을 위한 초안검토, 의견수렴

19차(2020.7.)	- 순천 국제화 특구 해제 논의
20차(2020.8.)	- 순천 교육경비 지원 방향, 기후위기 대응과 환경교육
21차(2020.10.)	- 코로나 시대 돌봄의 문제 어떻게 해야 하나?
22차(2020.11.)	- 생태수도 순천 지방교육자치를 꿈꾸다 논의
23차(2020.12.)	- 2020 지역교육력회복 실천공동체 되돌아보다
24차(2021.1.)	- 2021년 내가 하고 싶은 것들
25차(2021.2.)	- 아동 청소년이 지역의 청년으로 살아가기 위해 필요한 것들
26차(2021.3.)	- 21년 포스트코로나 시대의 돌봄을 생각하다
27차(2021.4.)	- 다시, 순천 교육 경비 방향을 묻다
28차(2021.5.)	- 기후위기시대, 지역교육의 역할은?
29차(2021.6.)	- 청소년 자치활동 활성화 방안
30차(2021.7.)	- 온 마을이 필요한 아이들(상처받은 아이들의 돌봄)
31차(2021.8.)	- 여순항쟁이 순천지역 아동청소년들에게 배움으로 이어지려면
32차(2021.9.)	- 지역과 대학의 만남

▲ 정담회 모습

● 교육경비 보조금을 둘러싼 수차례 논의

정담회에서 많은 주제들이 논의되었지만 그 가운데 지속적으로 관심을 가지고 이야기 나누고 있는 주제는 지방자치단체가 학교나 교육지원청에 보조하고 있는 '교육경비보조금'이다. 해당 주제가 주요 논의의 대상이 된 것은 지방자치단체를 통한 '교육경비보조금'에 대한 시민들의 관심 확대와 교육경비를 조금 더 내실 있게 사용하고 싶었던 평생교육과 교육지원 팀장의 의지가 있었기에 가능했다.

2019년 6월, 9차 정담회에서 평생교육과 교육지원팀장은 2019년 교육경비 지원내역이 담긴 문서를 시민들에게 공개했다. 이 자리에서 원어민 영어교육에 과도한 예산이 쓰이고 있는 것은 아닌지, 교육경비가 다른 지역으로 이주하는 소수 아이들을 위해서 쓰이는 것이 아니라 지역에 남는 보통의 아이들을 위해 쓰여야 하지 않겠느냐는 이야기가 나왔다. 정담회 이후에 별도의 TF팀을 꾸려서 논의를 이어가자는 이야기도 나왔다. 이 TF팀이 이후에 진행된 교육경비 포럼을 준비하게 되었고, 포럼 이후에도 수차례에 걸쳐서 교육경비와 관련된 논의를 가졌다. 논의 과정은 다음과 같다.

날짜	내용
2019년 6월 18일	9차 정담회 자리에서 교육경비 보조금 관련 첫 논의
2019년 6월 21일~ 2019년 8월 6일	에듀피아 순천 2020+ 수립 준비모임 (교육경비 보조금 포럼 준비모임)
2019년 9월 20일	교육경비 포럼
2020년 7월 ~ 2021년 4월 30일	교육경비 연구용역 진행

2020년 7월 10일	교육경비 지원정책 연구용역 TF협의회
2020년 7월 21일	19차 정담회 (주제: 국제화교육특구 해지)
2020년 9월 1일	20차 정담회 (주제: 순천 교육경비 방향)
2020년 10월 20일	교육경비 정책연구 전문가 협의회
2021년 4월 6일	27차 정담회 (주제: 교육경비 용역 중간보고회)
2021년 4월 29일	교육경비 연구용역 공청회
2021년 5월 14일	순천 평생교육 컨퍼런스 - 교육경비 방향 주제토론
2021년 6월 1일	29차 정담회 (주제: 교육경비 조례 개선안 토론회)
2021년 7월 20일	교육경비 지원조례 개정안 간담회
2021년 8월 18일	교육경비 지원조례 개정안 관련 기관 협의회

그렇게 해서 2020년 교육경비에 많은 변화가 생겼다. 그동안 시민들의 논의가 행정에 반영된 결과였다. 물론 이 논의를 행정에서 수용해주었기에 가능했다. 시민이 교육에 참여한다는 것은 이런 것이 아닐까.

일몰사업	- 특성화고 기능영재반 운영 지원 - 특성화경시대회 운영반 및 전국대회 지원 - 특성화고 학력증진 사업 지원 - 학생부종합전형 대비 및 학력증진 - 특성화고등학교 진학 홍보 지원 - 우수교육직원 역량 강화 국외 연수 지원 - 교환학생 및 국제교류 프로그램 지원 - 중3 우수학생 진학 장려금 지원 - 순천형 환경교육 과정 개발 지원
신규사업	- 균형발전을 위한 학교 혁신 프로젝트 - 고등학교 카페형 학습공간 지원 - 교육경비 지원 정책 연구 용역 지원 - 장애학생 교육프로그램 지원

확대사업	- 초등 돌봄교실 지원
	- 전남혁신학교 순천교육지구 운영
	- 역사현장 국외 체험학습
	- 문화예술 프로그램 운영 지원
	- 기초학력 신장 지원
	- 내 고장 순천 바로 알기
	- 위기학생 관리 지원
	- 중고교 신입생 교복 지원
	- 4차 산업혁명 대비 sw 교육 지원
	- 학생교통 편의 지원

2021년에는 그동안 정담회에 꾸준히 참석한 박혜정·김미애 의원이 교육환경 개선 조례를 개정하려고 하고 있다. 이 과정에서 조례 개정을 둘러싸고 다양한 의견들이 표출되고 있다. 이 교육경비를 각급 학교뿐만 아니라 지역교육, 학교 밖 청소년들에게도 쓰이면 어떻겠냐는 것이 핵심 쟁점인데, 이 과정에서 각 기관의 시각차가 여실히 드러났다. 하지만 이런 과정이 없으면 변화는 없다고 생각한다. 중요한 것은 서로의 시각차를 어떤 과정을 통해서 조율하느냐 하는 것이고 이 과정을 잘 진행한다면 서로가 성장하는 시간이 될 것이다.

● 마을교육자치회

정담회가 시민들이 순천시 단위의 교육 의제들을 다루어보는 연습의 장이라고 한다면 마을교육자치회는 자기가 생활하고 있는 생활권 단위의 교육 의제들을 시민들 스스로 계획하고 실행해보는 장이다.

그동안 지역 주민들은 자기 동네 아이들을 학교에 맡겨두고 동네 아이들의 삶에 관심이 부족했다. 주민자치회나 마을공동체 활동을 하는 사람들의 아이들은 이미 훌쩍 커버려 더 이상 자기 동네 아이가 아닌 것이 하나의 이유이기도 하지만 아이들은 학교에서 알아서 잘 키워주겠지 하는 마음이 컸을 것이다. 점점 지역에서 아이들의 삶의 문제들은 다루어지지 않게 되었다. 지역과 학교가 분리되다 보니 학교의 고민을 지역이 함께하기가 어려워졌다. 학교는 점점 힘들어졌다.

마을교육자치회를 만들어보자는 이야기가 나오면서 몇몇 동네에서는 학교 교장, 교사, 학부모, 마을학교 대표, 주민자치회 회장, 행정복지센터 공무원들이 주기적으로 만나서 우리 동네 교육 사업들을 논의한다. 우리 지역이 학교교육과정으로 포함되면 좋겠다는 생각에 지역 주민들과 학교 교사들이 모여서 마을교육과정을 만들고 이것을 수업할 수 있는 마을 사람들을 기르고 있다.

순천에서는 8개 읍·면·동(별량면, 낙안면, 조곡동, 저전동, 상사면, 왕조2동, 월등면, 해룡면)에서 마을교육자치회를 시도해본 적이 있다. 각 읍·면·동마다 처한 상황과 조건이 다르기에 다양한 모습으로 나타나고 있다. 순천시는 2021년부터 24개 읍·면·동이 주민자치회로 전환되고, 주민세를 동네에 환원하여 그 예산으로 주민들이 계획한 사업을 진행하도록 하고 있다. 마을교육공동체 활동가들은 주민자치회에 가입하여 일정 부분의 예산이 지역 아동·청소년들에게 쓰일 수 있도록 애쓰고 있다.

● 별량청소년정책마켓

정담회든 마을교육자치회든 교육 당사자인 지역 아동·청소년들이 진정 주체로 나서고 있지는 못하다. 장을 열어놓았지만 모임의 구성원으로 참여하는 것이 쉽지 않고 막상 모임에 참여하더라도 자신들의 이야기를 자유롭게 하지 못한다. 여전히 어른들끼리 모여서 지역 아동·청소년들의 삶의 문제를 걱정하고 있다. 지역 아동·청소년들에게도 마을의 문제는 어른들이 알아서 결정할 일이지 나와 상관없는 일이라는 인식이 퍼져 있었다.

별량면은 주민자치회 시범사업 지역이었고 당시 주민자치회 회장인 현영수 씨가 별량면 청소년들이 별량면 정책을 제안하는 사업을 하자고 제안했다. 그동안 시 단위에서 청소년들의 정책마켓이 실시된 적은 있었지만 주민자치회 예산으로 면 단위에서 청소년들이 정책을 만들자는 제안은 아마 처음이 아닐까 싶다.

2021년 4월부터 별량면 마을교육자치회 구성원들이 모여서 별량청소년마켓을 논의하고 구체적으로 준비해나갔다. 학교 정규 수업 시간에 학생들은 마을로 나가 마을 사람들을 만나고 마을의 문제점을 발견하여 그것을 해결해 나갈 수 있는 방안들을 마련했다. 다시 마을로 나가 자신들이 만든 정책이 마을 사람들에게 필요한지 확인받았다. 학교로 돌아와 학교 구성원들과 토론과정을 통해서 정책들을 세련되게 다듬었다. 그리고 자신들의 정책을 발표하고 기관 담당자들에게 자신들의 정책을 제안했다.

아동·청소년들은 총 18개 정책 제안을 했고, 그 가운데 4개가 주민총회 안건으로 상정되었다. 주민총회를 거친 4개 정책은 다음해 주민자치회 예산으로 사업이 수행될 예정이다. 학생들이 제안한 정책 가운데 순천별량중 학생들의 '약품 나와라 뚝딱'이 우선 순위 투표에서 1위로 선정되었다. 학교와 연계하여 학생들이 정책을 제안하고, 사업에 반영된 첫 번째 사례가 별량면에서 나오게 되었다. 다른 지역에서도 지역 청소년들이 마을정책을 만들어내는 사례가 나오기를 바란다. 그것이 학교 정규교육과정과 연결되면 더할 나위 없이 좋겠다. 이것이 센터가 해야 할 역할 중 하나다. 별량면 정책마켓 하이라이트 영상은 유튜브(https://youtu.be/

LgAWAGZ7N9w)에 탑재되어 있다. 내년에도 별량면 청소년 정책마켓은
계속된다.

▲ 별량면 청소년 정책마켓 행사 당일에 청소년들이 자신의 정책을 시장에게 설명하고 있다.

▲ 별량초 학생들이 제안한 정책들   ▲ 순천별량중 학생들이 제안한 정책

▲ 송산초 학생들이 제안한 정책들

약품 나와라 뚝딱

순천별량중학교 학생들이 만든 정책이다. 별량면에 약국이 하나밖에 없고, 어르신들이 약을 사기 위해 멀리서 버스를 타고 온다는 사실이 아이들의 마음에 걸렸나 보다. 그 문제를 해결하기 위해 학생들은 직접 자신들이 약을 구매해서 자전거를 타고 그 어르신들이 계시는 마을회관으로 배달하는 서비스를 생각한 것이다. 이 정책이 실현가능한지 알아보기 위해 약사법 검토도 마쳤다고 한다. 이 정책은 올해 별량면 마을총회 사전투표에서 1위를 차지했다. 어르신들에게도 그만큼 유용한 제안인 것이다. 이 정책은 마을총회에서 2022년 사업으로 선정되어 예산 배정이 이루어졌다. 2022년에는 순천별량중 학생들이 자전거를 타고 마을회관에 약품 배달을 다니는 모습들을 지역에서 볼 수 있을 것이다.

마을이 필요한 아이들

센터의 역할은 지역교육에 관심을 갖고 학교와 함께 교육을 고민할 수 있는 시민들을 발견하고 양성해내는 것이다. 또한 학교교육으로 해결되지 않던 빈 영역들을 메우고 새로운 대안을 제시하는 것이다. 특히나 마을의 교육적 기능을 회복해서 마을이 아이들에게 따뜻하고 안전한 공간이 되도록 하는 것이 무엇보다 중요하다.

● 학교 밖 청소년 창업 공간 재미난 제과점

개인적으로 학교 밖 청소년을 위한 활동을 계속해와서인지 학교에서 벗어나 있는 아이들이 눈에 들어왔다. 마을교육공동체가 이들을 품지 못하면 반쪽자리가 아닌가 하는 생각도 끊이질 않았다. 학교 밖 청소년들이 지역에 남아야 한다고 밀하면서 그 조건을 만들어주지 못하면 너무 무책임한 일 아닐까 싶었다. 이때 마침 지역에서 삼성꿈장학재단에 학교 밖 청소년 활동으로 사업계획서를 내보자는 제안이 있어서 학교 밖 청소년들이 지역에서 창업까지 할 수 있는 아이템으로 해보자고 했다. 학교 밖 청소년들과 이야기 끝에 제과점과 공정여행사를 만들어보기로 했다. 제과점을 해보고 싶다는 3명의 아이들은 지역 내 제과기능장의 재능기부로 일정 수련을 거쳐 기본빵을 만들 수 있는 수준에 도달했다. 마침 저전동에서 도시재생사업으로 청년창업거리를 만든다는 소식을 접했다. 센터는 제과점 공간을 위해 청년창업거리 조성 공모사업에 지원하였고 학교 밖 청소년들과 함께 면접을 보았다. 다행히 합격 소식을 들어서 기쁘긴 했으나 이제 빵 만들 기계들을 어떻게 마련하나 하는 걱정이 생겼다. 때마침 교육 관련하여 도움 줄 곳을 찾던 국제로터리클럽을 평생교육과 평생교육기획팀장님이 연결해주었고 그곳의 도움으로 제과점 설비를 마련할 수 있었다. 또 제과점 오픈 전 당장 마련해야 하는 학교 밖 청소년들의 활동비는 학교 밖 청소년지원센터의 학교 밖 청소년 인턴 사업으로 해결하였다. 이렇게 도시재생과, 아동청소년과, 국제로터리클럽, 교육부, 삼성꿈장학재단의 도움으로 재미난 제과점이 지역에 탄생할 수 있게 되었다.

이렇게 학교 밖 청소년들이 창업을 한다는 것도 의미가 있지만 청소년들이 실제로 그 가게를 운영해보는 경험은 교육적으로도 아주 큰 의미가 있을 것이라고 생각했다. 진정한 자치는 그들에게 모든 것을 맡겨보는 것에서 실현될 수 있으리라. 주문을 받거나 거절하거나, 몇 시에 출근하고 퇴근할 건지, 이익금을 어떻게 나눠 가질 건지 등등 모든 의사결정은 그들이 한다. 어른들은 그들이 자립할 수 있도록 든든한 뒷배가 되려고 한다. 그들이 모든 것들을 다 결정하는 사장님이 되었다고 해서 그들이 행한 노동의 대가를 모른 체할 수는 없다. 그들이 자립할 수 있도록 옆에서 도와야 할 일이 아직 많다. 제과점 기술 지도뿐만 아니라 회계, 정산과 마케팅까지 신경 써줘야 한다. 아직까지는 이 모든 것을 센터 직원들이 지원하고 있지만 어디까지가 우리의 역할인지 계속 고민하게 된다. '한 아이를 키우기 위해서는 온 마을이 필요하다.'는 말의 무게감이 느껴진다. 다양한 부서들이 협업하여 제과점을 만들었듯이 다양한 부서들이 함께 운영해가는 모델로 진화된다면 더할 나위 없겠다. 학교 밖 청소년 창업공간 모델이 사회 전반적으로 자리 잡기 위해서는 더 많은 노력이 필요해 보인다.

▲ 학교 밖 청소년들이 재미난제과점에서 치아바타샌드위치를 만들고 있다.

● 온종일온마을케어

센터는 특정 부서의 사업만을 하는 곳이 아니다. 마을교육공동체는 혁신학교팀만의 사업이 아니다. 별량청소년정책마켓은 마을학교 담당 업무이기도 하면서 청소년자치 담당 업무이기도 하다. 최근에는 교육지원청 생활인권팀과 더 긴밀하게 사업을 하고 있다. 기적의 꿈성장 프로젝트와 온종일온마을케어 사업을 센터가 위탁받아 진행하고 있기 때문이다.

2019년 순천교육지원청 생활인권팀 이선례 장학사는 학교 생활이 힘든 학생들을 마을에서 함께 품자고 제안했다. 그렇게 온종일온마을케어 사업이 시작되었다. 2020년에는 지역의 한 마을학교가 이 사업을 할 수 있도록 다리를 놓아주었고, 2021년에는 우리 센터가 직접 맡아 진행하고 있다. 학교에서 분리가 필요한 학생이 발생하면 교사는 학생과 학부모의 동의를 얻어 교육지원청에 온종일온마을케어 프로그램 참여를 신청한다. 센터 선생님이 학교 선생님과 소통한 뒤 학생들을 받아들이면 학생들은 최대 10일간 학교 대신 공유공간 '디딤돌'로 온다. 프로그램 내용은 아이들이 하고 싶은 활동을 중심에 두고 설계한다. 예를 들면 서울대를 목표로 하고 있는 학생이 있으면 서울대 출신 지역민을 만나게 해주고, 음악가를 꿈꾸는 학생에게는 순천의 예술가들을 연결해주며, 어린이집에서 일을 해보고 싶은 학생에게는 일주일간 어린이집 인턴을 경험하게 하는 방식이다. 문제가 있다고 해서 문제아로 대하지 않는다. 다만 그들의 말을 조금 더 유심히 들을 뿐이다. 케어한다고 상담 프로그램을 돌린다든지, 잘못을 했으니 교정프로그램을 이수하게 한다거나, 벌을 받게 하려는 생각은 없다. 잠시나마 학교 바깥에 있는 다양한 공간과 사람을 만나게 해주고 싶은 것이다. 이 프로그램을 통해 지역사회가 학생들의 삶을 들여다보게 된다. 이렇게 만나는 시간만큼 지역 사회는 이들을 맞이할 준비를 하게 된다. 이 학생들로 인해 그들의 삶을 고민하는 사람들이 등장한다.

● 기적의 꿈 성장 프로젝트

순천에서는 2년째 '기적의 꿈 성장 프로젝트'를 운영하고 있다. 전라남도 교육청에서 운영하는 '청소년 미래 도전 프로젝트'의 순천 버전이다. 순천

지역 아동·청소년들이 마을을 알고 마을 문제를 해결하기 위한 활동이면 무엇이든 지원해준다. 한 장짜리 계획서만 있으면 특별한 심사과정 없이 예산과 멘토를 지원해주는 이 일도 순천교육지원청 생활인권팀과 함께한다. 순천교육지원청은 이 계획을 학교 구성에게 안내하고 센터는 이 프로젝트를 신청한 팀들과 멘토를 연결하고 소통하는 역할을 맡는다.

지난해에는 여러 가지 프로젝트가 있었지만 별량초등학교 학생들이 별량면 행정복지센터 앞에 있는 정자를 수선한 프로젝트가 가장 인상에 남는다. 학생들은 정자를 수선하기 위해 별량면 행정복지센터 직원들에게 자신들의 계획을 말하고 직접 페인트도 칠하고 댓돌도 설치했다.

올해도 다양한 프로젝트가 진행되고 있다. 시집 만들기, 여순항쟁 연극, 벽화 그리기, 면 관광지도 만들기, 레진 아트, 빵 만들기 등등. 순천풀뿌리 교육자치협력센터에 전화하면 하고 싶은 일을 마음껏 할 수 있게 도와준다고 소문이 나서 예산이 부족해지는 사태가 벌어지면 좋겠다.

● 민·관 교육협력

과거에는 아동·청소년 관련 업무들은 지자체와 교육지원청의 역할이 명확하게 구분되어 있었다. 지자체는 복지, 교육지원청은 학교교육을 맡아 서로 각 기관의 역할을 충실히 하면 아무 문제가 없었는데, 이제는 각 기관이 따로 일을 해서는 해결하지 못하는 문제가 많아지고 있다. 그렇다 보니 점점 기관끼리 협력해서 일을 해야 한다고 하고, 더군다나 민과 함께 협력해서 일을 하라고 하니 모두에게 새로운 도전이 되고 있다. 특히 순천은 그 사이에 마을교육활동가들이 운영하는 중간지원조직이 있어 더욱 일이 복잡하게 되었다. 지자체와 교육지원청 사이에 민에서 운영하는 중간지원조직이 있고, 그들은 자꾸 각 기관에게 다양한 역할을 요구한다.

● 실무협의회

2018년 12월 17일 순천시와 전라남도교육청은 마을교육공동체 활성화 업무협약을 맺었다. 순천시와 순천교육지원청, 순천시마을학교지원센터가 매월 실무협의회를 연다는 내용이 업무협약 문구로 적시되었다. 센터는 그 문구를 근거로 실무협의회를 제안했고 매월 만남을 가져서 지금까지 30차 실무협의회가 열렸다. 실무협의회는 정담회가 열린 다음 주 목요일에 진행되는데 정담회에서 나눈 내용들을 행정적으로 어떻게 지원할지, 그달에 함께할 행사나 사업 진행을 논의한다. 주제에 따라 순천시청 평생교육과와 순천교육지원청 학교혁신팀 외에도 다른 팀에서 회의에 참여해 협조를 구하기도 했다.

각 기관별로 자기에게 주어진 일들을 해내면 되는데, 공동으로 함께 사업을 기획해서 진행한다는 것은 여간 쉬운 일이 아니다. 함께해서 더 나은 효과를 몸소 체험하면 협업하는 어려움에도 불구하고 협업의 필요성이 느껴지는데, 그렇지 않으면 협업을 왜 해야 하는지 회의감이 든다. 그럼에도 불구하고 지치지 않고 꾸준히 만나는 것이 무엇보다 중요해 보인다.

● 민과 관의 신뢰 관계 맺기

돌이켜보면 타 지역에 비해서 순천풀뿌리교육자치협력센터가 주목받을 수 있었던 것은 관과 민 사이의 신뢰 관계 속에서 민간이 자율적으로 활동할 수 있도록 보장해주었기 때문이다. 특히 지자체가 순천풀뿌리교육자치협력센터를 전적으로 신뢰하고 있기 때문에 가능했다. 물론 이런 신뢰가 한순간에 만들어진 것은 아니다. 한 건물에 살면서 수시로 소통하고 서로가 잘 할 수 있는 일들을 중심으로 협력하다 보니 신뢰는 그렇게 서서히 쌓여갔다. 서로 만나면서 '사업'이 중심에 있는 것이 아니라 그 사업을 왜 해야 하는지에 대해 끊임없이 논의했기에 그런 신뢰가 가능하지 않았을까 싶다. 그 가운데서 순천 아동·청소년들이 지역에서 잘 살았으면 좋겠다는 서로의 진심이 확인된 것이다. 이런 과정이 없었다면 서로 간의 신뢰는 만들어지지 않았을 것이다.

서로 간의 신뢰는 지향하는 가치와 방향이 일치할 때 가능하다. 신뢰하기 위해서는 서로의 가치와 방향을 계속해서 점검해 봐야 할 일이다. 하지만 가치와 방향이 다르다고 하더라도 서로의 진심을 믿어준다면 최소한의 신뢰는 가능해 보인다.

교육협력비전이 현실로 구현되는 그날까지

2021년 6월 28일, 순천시청 대회의실에서 순천시, 순천교육지원청, 순천시의회는 '지역교육 자치도시를 위한 교육협력비전' 선포식을 열었다. 이날 발표된 5개의 공동 과제는 다음과 같다.

> 1. 학교와 마을이 더불어 성장하는 지역교육생태계를 조성해나가겠습니다.
> 2. 학생과 시민 모두 삶의 주인이 되는 교육정책을 만들어나가겠습니다.
> 3. 경계를 넘는 교육네트워크를 통해 도시전체를 배움터로 조성하겠습니다.
> 4. 순천을 배우는 지역특화 교육과정을 통해 로컬형 인재를 키우겠습니다.
> 5. 개인의 성장을 넘어 지역성장을 유도하는 평생교육을 실현하겠습니다.

한 문장 한 문장이 참 아름답다. 이 합의문은 지난 4년 동안 순천에서

민.관.학이 함께 애써온 노력이 결과이다. 지금 현재 이런 모습이라기보다는 앞으로 순천이 이런 비전을 가지고 정책을 만들어나가겠다는 선언에 가깝다.

여전히 현실은 이 비전과 거리가 멀다. 명문고로 이름을 날리던 교육도시 순천에는 여전히 그때 그 시절을 그리워하는 사람들이 많다. 그리고 '인서울'을 목표로 오늘도 하루하루를 살아가고 있는 가족들도 많다. 순천에 마을교육공동체라는 단어가 회자되기 시작한 것이 그리 오래되지는 않았다. 아직 마을교육공동체는 단어가 익숙한 시민들이 그리 많지 않다.

그럼에도 불구하고 순천에서 학교뿐만 아니라 지역도 아이들을 챙겨야 한다는 얘기들이 오가게 된 것, 교육을 매개로 자그마한 공동체들이 하나둘씩 생겨난 것, 순천 아이들이 순천과 관련된 내용들을 수업 시간에 배울 수 있게 된 것, 학교에서 힘든 아이들이 올 수 있는 공간들이 하나둘씩 만들어지게 된 것, 그것이 여러 사람들의 노고로 만들어진 조그마한 변화다.

앞으로도 순천시 평생교육과, 순천교육지원청, 순천풀뿌리교육자치협력센터는 앞에서 언급한 비전과 현실이 가까워지도록 한 걸음 한 걸음 함께 나아가리라.

사람책 둘레길

조윤순(해봄마을학교 대표) ——————————————————

전남 함평군 해보면에서 청소년들과 함께 '마을교육공동체'를 만들어가고 있다.
사람, 문화, 자연과 건강하고 좋은 관계를 맺는 사람책 둘레길을 만들어가며 함께 성
장하기를 꿈꾼다.

설레다

2020년 6월 13일. 벌써 몇 번째인지……. 소독액으로 책상을 닦고 또 닦는다. 필기도구도 닦는다. 체온계, 체온 체크 기록부, 손 소독제……. 코로나19로 미루고 미루던 사람책 둘레길 프로젝트 첫날이다. 드디어 아이들을 만나는 날이다. 이런 설렘, 얼마만인가?

마을학교 대표들이나 마을에서 활동하시는 분들과 이야기하다가 종종 그런 말을 했었다. "이 나이에 이렇게 가슴 설레는 일이 있다니요." 마을에서 청소년들과 함께 만들어가는 마을학교는 정말이지 말할 수 없이 가슴 설레는 일이다.

2018년 9월 어느 날 우연히 지인을 만나러 간 함평교육지원청에서 마을학교 이야기를 처음 듣게 되었다. 담당 장학사의 열정이 그대로 전달되어 왔고, 우리는 쉽게 의기투합하게 되었다. 그리고 바로 관심 가질 만한 분들을 모아 『마을교육공동체란 무엇인가?』라는 책을 교과서 삼아 공부를 시작하였다. 저녁 7시에 시작하여 10시를 훌쩍 넘기는 강독과 토론을 이어가며, 마을에서 벌어질 일들로 기대에 부풀곤 했다. 성미산마을의 공동육아에 관한 내용을 읽을 때는 전율이 느껴졌다.

수년 전 필자가 아이를 키우며 전업주부로 살고 있을 때 일이다. 두 아이와 매주 화요일 도서관 방문하는 일이 가장 큰 일정이었다. 빌린 책을 가지고 아이들과 이런저런 이야기를 나누고는 했는데, 아들이 초등학교 들어갈 무렵이 되자 자꾸만 정답을 말하려고 애쓰는 모습을 보게 되었다. '아, 또래들이 필요하구나.' 하는 생각이 들었다.

주위를 둘러보니 초등 1학년인데도 대부분의 아이들은 학교가 끝나면 학원에 다니고 있었다. 그런데 학원에 다니지 않고 아파트 주변에서 놀고 있는 아이들이 보였다. 낡은 아파트 상가에서 영세한 가게를 하는 집의 아이들이었다. 신발가게 아들, 슈퍼마켓 아들, 엄마가 일 나가느라 돌봄을 못 받고 있는 집 딸 등 우리 아이 포함 대여섯 명의 아이들을 모아 숙제도 봐주고, 책도 읽어주고, 이야기도 나누고, 일기쓰기도 봐주게 되었다. 슈퍼마켓 엄마는 자주 아들 손에 간식을 들려 보냈고, 신발가게 엄마는 아이들 실내화 같은 것을 선물로 보내시곤 했는데, 그것이 아이들을 돌봐주는 것에 대한 감사 선물이며, 수업료였던 것이다. 실은 내 아이에게 또래 집단을 만들어주어 좋은 교육환경을 만들자는 것이었지만 어쨌든 공동육아를 하게 된 셈이었다는 것을 성미산 공동육아를 보며 알게 된 것이다. 나는 이미 25년여 전에 마을교육공동체를 하고 있던 셈이다. 그때 그런 일들을 함께할 사람들을 만났다면 매우 자연스럽게 마을교육공동체로 이어졌을 텐데, 혼자서 몇 년 그렇게 하다가… 25년이 지난 후 마을교육공동체를 공부하며 처음 아파트 거실에서 만난 아들의 친구들을 떠올리고 새롭게 가슴이 떨리게 된 것이다.

여기에서 쓰고자 하는 주요 내용은 마을학교 해봄의 주요 프로젝트 '사람책 둘레길'이다. 청소년들과 마을 사람들이 만들어가는 일들을 중심으로 아주 개인적인 경험과 소회가 주를 이룰 것이다. 혹시 필자처럼 그것이 무엇인지도 모른 채 마을교육공동체의 활동을 하고 계시는 분들도 계실 것이다. 혹은 어떤 의지와 열정에 이끌려 시작하였으나 여러 어려움에 부딪힌 분들도 계실 것이다. "방과후 수업이나, 문화센터 수업과 무엇이 달라요?" 가끔 그런 다분히 회의적인 질문을 받는 경우가 있다. 그런 고민에 빠진 분들도 있을 것이다.

우리 마을학교 '해봄'에서 청소년들과 해온 가슴 설레는 일들이 그런 분들에게 작은 희망을 줄 수 있었으면 하는 바람을 가져본다.

▲ 현판 부착

마을의 사람책을 만나다

● 인터뷰

우리 마을 아이들 네 명이 먼저 도착했다. 그리고 이웃 나산면의 아이들 3명, 그리고 더 먼 곳에서 와준 2명. 초등학교 2학년부터 중학교 2학년까지 아홉 명의 청소년이 매우 어색하게 한자리에 앉았다. 간단한 소개와 진행에 대한 설명을 마치고 첫 사람책을 만나러 출발. 사람책 둘레길 수업은 강의실에 앉아 하는 공부가 아니다. 아니, 사실 진행하는 우리도 처음 해보는 거라서 그런 정의가 맞는지도 모르겠다. '언제나 문제는 현장에 있고, 우리는 현장에서 문제와 답을 구한다.' 뭐 그런 정도의 큰 가이드라인으로 현장으로 출발한다.

오늘 할 일은 세 분의 사람책을 만나 인터뷰하고, 사람책으로서 청소년과 함께하겠는지, 청소년들의 멘토가 되어주시겠는지, 청소년들과 함께 사회적인 의무를 하겠는지 약속받는 활동이다.

마을학교 해봄이 문을 연 지 올해로 3년째다. 2019년 마을학교 원년은, 준비단계에서 공부한 것을 바탕으로 실험하는 시간이었다고 할 수 있었다. 1년을 진행해본 뒤 2020년 우리는 미리 세워둔 계획들과는 다른 현장의 상황, 그 한계 등 적나라하게 수면 위로 드러나는 수많은 과제들과 마주하게 되었다. 그중에 가장 어려운 문제는 아이러니하게도 마을교육공동체의 근간이 되는 청소년과 마을 사람들이 우리가 생각한 만큼 참여하지 않는다는 점이었다.

초·중 합해 학생 수 총 100여 명의 작은 면. 특히 농촌지역은 마을들이 멀리 떨어져 있어 학생들의 이동이 자유롭지 못하다. 그렇다면 교육지원청이 이동 수단을 지원해주거나 학부모님들이 직접 데려다줘야 하는 상황인데, 부모님들은 농사일로 바쁘고, 교육지원청 역시 그럴 수도 없는 상황이었다. 어쩔 수 없이 강사들이 나서서 승용차로 데리고 오고 데려다주기도 했는데 강사들의 시간 문제와 안전문제 때문에 근본적인 해결책은 되지 못했다. 이런 이유로 학생들의 참여가 쉽지 않았다.

또 주민들도 마을교육공동체에 적극적으로 참여하지 않았다. 학부모와의 연계도 어려웠고, 활동할 만한 젊은 사람들은 생업으로 바빴고, 인적자원이 되어줄 만한 어른들은 무관심하셨다. 물론 프로그램은 소수의 사람들이 참여하여 진행할 수 있었지만, 마을교육공동체는 프로그램을 진행하는 문화센터와 같은 곳은 아니지 않은가! 더 많은 주민들이 관심을 가지고 함께해야 하는데, 생각처럼 되지 않았던 것이다.

그런 결과를 놓고 허탈감에 빠질 수밖에 없었다. 마을교육공동체가 공동체를 기반으로 한다면 청소년과 어른의 참여가 어려운 공동체라니……. 출발부터가 문제였다는 자괴감이 드는 순간이었다. 다행스럽게도 처음에 함께하자고 한 다섯 분의 선생님과는 변함없이 매주 화요일 오전 10시에 만나 고민하고 있었다. 별수 없었다. 다시 새로운 원년이라는 생각으로 자원부터 조사하기 시작했다.

마을학교 해봄이 있는 함평군 해보면 모평마을은 풍부한 사람, 자연, 문화, 역사 자원을 가지고 있다. 문제는 그것을 어떻게 꿰어가느냐 하는 것이다. 마침 청소년 교육에 관한 관점과 지향점이 비슷해서 자주 교류하고 지내던 임선생이 해봄에 합류하면서 '사람책 둘레길'이 탄생하게 된다.

그러니까 해봄의 '사람책 둘레길'은 청소년들과 함께 마을학교를 만들어가는 프로젝트이다. 어른들이 만들어놓은 프로그램이 아니라, 청소년들이 직접 사람, 자연, 문화, 역사를 알아보고, 관계를 맺어가며 청소년들의 공간을 직접 만들고, 소프트웨어를 발굴하고 만들어가는 과정이다.

청소년들이 스스로 마을 사람을 만나 인터뷰를 통해 스승으로 관계를 맺음으로써 자연스럽게 마을 사람들을 마을교육공동체 안으로 모시게 된다. 또 마을의 자연환경, 문화, 역사를 조사 관찰하면서 자신들의 놀이터 학습터로 만들어가는 것이니, 바로 마을을 통한, 마을에 관한, 마을을 위한 마을교육공동체이다.

그러나 그것은 어디까지나 우리 어른들의 머리에서 만들어진 계획이고, 이런 계획이 과연 현장에서 제대로 실현될 것인가, 청소년들은 과연 흥미로워할 것인가, 마을 사람들은 긍정적으로 참여해줄 것인가, 그런 수많은 염려를 안고 2020년 2년차 마을학교 해봄의 '사람책 둘레길'이 출범했다. 그리고 2020년 6월 13일 오늘 그 첫 발걸음 사람책을 만나는 날인 것이다.

한마을에 살아도 어쩌다가 골목에서 만나면 "안녕하세요?" "오냐, 학교 갔다 오니?" 정도의 의례적인 인사를 나누던 아이들과 어른이 처음으로 한자리에 마주 앉았다. 미리 준비한 질문지를 들고 인터뷰를 시작한다.

태어나 부모 자식으로 형제 자매로 관계를 맺고 수많은 사람들, 주변의 자연, 문화와 역사… 모든 배움은 그런 관계맺음이지 않겠는가. 관계를 맺는다는 것은 서로에 대해 아는 것에서부터 출발한다.

그냥 동네에서 가끔 스치는 어르신.

골목에서 딱 마주치지 않으면 저만큼서 슬쩍 옆 골목으로 방향을 트는 것이 더 편할 수도 있는…….

뭐 딱히 이야기 나눌 거리가 없다는 것은 어른들도 마찬가지다. 누구네 아이인 줄은 알지만 입에 발린 덕담 외에 특별한 관계가 아닌 아이들. 그런 관계로 한마을에 사는 어른과 아이들이 한자리에서 만난 것이다. 살아오신 이야기, 행복한 기억, 앞으로 하시고 싶은 일… 그렇게 이야기를 나누며 서로에 대해 알게 되고 관심이 생기고, 관계가 형성된다.

농촌 아이들에게는 동경의 대상인 도시에서 60여 년을 살다가 남편의 고향인 마을로 와서 생활하고 있는 사람책 1호 이○○님. 한마을 안에 살고 있지만 처음으로 대문 안까지 들어와 손님으로 대접받으며 아이들과 한자리에 앉자 아이들의 얼굴에 호기심과 긴장이 흐른다. 사람책 이○○님 역시 귀한 어려운 손님을 맞는 듯 긴장하며 아이들의 질문에 열심히 답변한다. 도시에서의 삶과 시골에 내려와 사는 삶을 비교해 이야기해주고, 살아오면서 행복한 순간, 자신의 삶을 이끌어온 원칙들에 대해 들려주었다. 그리고 청소년들과의 귀한 약속, 청소년들과 마을을 위해 어떤 일을 할 것인가? 사회적 다짐을 정하는 일. 간단한 일 같지만 아이들과의 약속이어서 사뭇 진지하게 "청소년들과 마을을 깨끗하고 아름답게 가꾸어가는 일을 함께 하겠다"고 약속했다.

사회적 직업: 클린 모평 활동가 (마을주민 이○○님)
사회적 다짐: 마을을 아름답게 지키겠다.

오래된 한옥에 사는 사람책 2호 유○○님. 한옥에 대한 애정으로 우리의 한옥에 대해 알려주고 싶어했다. 학교에서 학생들을 가르친 선생님이었을 때 이야기도 들려주셨다. 역시 청소년들의 질문들이 이어졌고, 한옥에 대한 체험이나 또 청소년들의 활동에 적극 참여하고 돕겠다는 다짐을 정하셨다. 필자가 아이들을 위해 함께 공동체를 해보자고 했을 때는 긍정적으로 말하면서도 구체적으로 뭘 어떻게 해야 할지 몰라서 주변에 그냥 계시던 분이었는데, 학생들 앞에서 구체적인 자신의 역할을 정하시는 것을 보면서, 사람책에 대한 우리의 의도와 방법의 가능성을 느끼게 되었다.

사회적 직업: 한옥 체험 안내자 (마을주민 유○○님)
사회적 다짐: 이웃과 대화를 많이 하겠다.

농촌에서는 보기 드문 정원을 가지신 사람책 3호 심○○님은 꽃을 가꾸는 행복에 대해서 말씀해주셨다. 식물 가꾸는 일을 주업으로 하는 농촌에서는 의외로 정원 가꾸기에는 관심이 없으신 경우가 많다. 정원보다는 텃밭으로 농작물을 가꾸시는 것이다. 맛있는 채소를 가꾸어 먹는 것도 필요하지만 아름다운 정원을 가꾸며 삶의 위안과 기쁨을 갖는 것도 필요하다는 이야기를 해주셨다. 그리고 기꺼이 사람책으로 청소년들과 함께하겠다는 약속과 사회적 다짐을 스스로 정해주셨다.

사회적 직업: 마을 정원 코디네이터 (마을주민 심○○님)

사회적 다짐: 이웃과 친하게 지내겠다.

첫 번째 사람책과 만나 쑥스럽고 어색한 가운데 인터뷰를 진행한 아이들은 두 번째, 세 번째 사람책을 만나면서 점점 편하게 질문하고, 진지하게 들었다. 그런 분위기를 만들어가는 데는 맏언니인 중2 은우의 역할이 컸다. 애써 가르치지 않았는데도, 아이들을 챙기고, 질문에 소극적인 아이들을 질문하도록 이끌며 자연스럽게 리더의 역할을 해주었다.

아홉 명의 청소년과 세 분의 마을 사람책.

이 미미한 출발은 씨앗일 뿐이다. 씨앗들이 움터 마을이, 청소년이, 주민들이 함께하는 마을학교가 될 것이다. 그런 상상만으로도 가슴 벅차고 설렌다.

2020년 해봄의 청소년들은 스물여덟 분의 사람책을 만나서 스승으로 관계를 맺었다. 솟대작가, 동양화가인 미술관장, 동화작가, 서각작가, 학교 교사, 시낭송 할머니, 행정공무원, 방송국PD, 문화관광해설사, 인테리어 전문가, 자동차정비 전문가, 그리고 80여 년 훌륭하게 살아오신 어르신들 스물여덟 분이 청소년들의 스승이 되고 함께하겠다고 했다. 그리고 자연, 역사, 동물책과도 만나 총 40개의 소중한 인연을 만들었다. 어른들이 만들고 싶었지만 하지 못하던 일을 청소년들이 해낸 것이다.

● 사회적 직업과 사회적 다짐

청소년들이 사람책을 만나면 제일 먼저 하는 일이 "저희가 이러저러한 활동을 하고 있는데 저희의 멘토가 되어주시겠습니까?"라는 질문으로 스승이 되어주시기를 청한다. 허락이 이루어지면 다음 질문들이 이어지고 마지막으로 "저희와 마을을 가꾸고 마을 안에서 하는 활동에 함께하시겠다는 사회적 다짐을 해주세요."라는 요청으로 사람책의 사회적 다짐을 받는다. 그리고 인터뷰를 통해 사회적 직업을 만들어 창직[1]활동을 한 후 현판에 새겨서 각자 집 대문 옆에 달았다. 현판을 볼 때마다 청소년들의 멘토임을 늘 상기하실 것이다.

사회적 직업: 여행을 즐기는 동양화가(미술관장)
사회적 다짐: 미술관을 청소년을 위한 사랑방으로 내놓겠다.

사회적 직업: 동화나라 설계사(동화작가)
사회적 다짐: 청소년들에게 언제든 책집을 활용하도록 하겠다.

사회적 직업: 마을 손대 조각가(미술가)
사회적 다짐: 같이 마음을 맞추어 마을을 가꾸겠다.

사회적 직업: 전통차실 사회 복지가(찻집 주인)
사회적 다짐: 차, 그림 체험과 함께 청소년들과 꽃을 가꾸겠다.

사회적 직업: 약초나무 가꿈이(교사)
사회적 다짐: 청소년들과 하루에 하나씩 좋은 일을 하고 싶다.

사회적 직업: 시를 사랑하는 농부(마을주민)
사회적 다짐: 마을 이야기꾼이 되어주겠다.

---

1 창직(job creation): 새로운 직종을 만드는 활동. 창조적인 아이디어를 통해 자기주도적으로 기존에는 없는 직업이나 직종을 새롭게 만들어내거나 기존의 직업을 재설계함.

내가 가진 것으로 상생하겠다.

마을 이야기를 찾는 여행을 도와주겠다.

자연 현상에서 수학에 관해 설명해주겠다.

자동차 정비에 관한 도움을 주겠다.

역사, 문화, 영상에 관심 있는 청소년을 돕고 싶다.

신앙 상담이나 인생 상담을 해주겠다.

각설이, 마당극을 가르쳐주겠다.

스물여덟 분의 사람책이 청소년과 함께 마을을 위해 할 약속을 정했는데, 그것은 그대로 청소년들의 교육공간이 되거나 교육 프로그램이 된 셈이다.

자주 마을학교를 운영하는 분들로부터 어떤 프로그램을 하면 좋겠는가라는 질문을 받는다. 또 자신이 운영하는 공방에서 체험수업을 진행하는 분들도 있다. 그러다보니 방과후 수업이나 문화센터 수업과 같은 또 하나의 프로그램을 진행하는 마을학교가 되고 만다.

얼마 전 새로 마을학교 대표를 맡으신 분으로부터 이런 질문을 받았다. "마을학교가 방과후 수업이나 체험 활동과 다른 점이 무엇인가요? 체험활동을 운영한다면 굳이 마을학교를 해야 하나요?"

고마운 질문이었다. 그런 문제의식을 갖는다는 것은 얼마나 귀한 마음인가. 마을학교는 마을교육공동체에 기반한다. 교육을 담당하는 학교, 그리고 사교육기관들, 또 다양한 체험이 이루어지고 있는 체험 공방들의 프로그램과 마을학교는 근본부터가 다르다. 교육이 이루어지되, '마을' '공동체'에 기반을 둔 교육인 것이다.

나는 마을교육공동체를 '오래된 미래교육'이라고 부르곤 한다. 환경운동가인 헬레나 호지가 라다크라는 작은 공동체의 삶에서 21세기 현재 지구의 문제 해결 방법을 제시한 책『오래된 미래』에서 차용한 말이다.

　AI와 함께 살아갈 지금의 아이들을 위한 교육은 어떠해야 할까? 구글 알파고가 이세돌 9단을 가볍게 이기는 장면을 본 때가 벌써 6년 전이다. 우리는 삶 곳곳에서 AI의 편리를 누리고 있고 이후로는 더욱 더 그럴 것이다. 우리 어른들이 살아보지 못한 세계를 살아갈 아이들에게 우리는 어떤 교육을 시킬 것인가. 그런 고민 속에서 답은 마을에 있다고 본다. 더 정확히 말하면 '마을' '공동체'에 있다는 것이다.

　청소년들이 살아가는 바로 그곳, 자기 삶의 터전에서 함께 살아가고 있는 사람들과 그들의 삶과 관계를 맺어가고, 그곳의 환경 즉 자연, 역사, 문화와 좋은 관계를 맺어가며 스스로 가치를 찾고, 건강한 자존감, 자긍심을 갖춰가는 것이 중요하다. 그런 자존감이 변화무쌍한 미래를 살아갈 아이들에게 필요한 공부라고 본다면 마을교육공동체가 그 일을 할 수 있는 좋은 대안인 것이다.

　미래학자 토마스 프레이는 미래에는 인공지능이 간단한 일을 대체할 것이고, 이로 인해 2030년까지 약 20억 개의 일자리가 사라질 것이라고 예측했다. 또 미래세대는 '직업을 찾는(Find a job)'것이 아니라 '직업을 만드는(Make a job)' 세대라고 말했다. 그야말로 지금은 누구도 상상해보지 못한 직업을 가지며 살아갈 청소년들과 함께 우리는 사람책 인터뷰를 통해 창직활동을 함께했다. 지금까지 어떤 직종에서 오랫동안 일해오거나 일하다가 은퇴한 사람책의 경험을 듣고 그 직종에서 할 수 있는 새로운 직업을 생각해 본 것이다. 불과 20~30년 전만 해도, 유튜버가, 플랫폼이, 메타버스가 기업이 될 줄 누가 알았겠는가. 아무도 살아보지 않은 AI시대를 살아갈 아이들에게 우리가 해줘야 할 교육이 어떠해야 하는지 심각하게 고민해야 한다.

　사람책 둘레길 프로젝트에서 청소년들이 사람책을 만나 스승과 제자의 관계를 맺고 한 걸음 더 나아가 함께할 사회적 다짐을 정하는 것은 청소년들이 자신의 마을에서 어른들과 함께함으로써 건강한 자존감과 자긍심을 만들어가는 일이라고 할 수 있다. 마을에서 마을 구성원으로부터 인정받고 존중과 사랑을 받는 일이야말로 얼마나 스스로 가치를 느낄 수 있는 일인가. 그렇게 자란 청소년들은 변화에 도전하고 즐기며 살 수 있을 거라 생각한다. 더불어 마을의 어른들도 그냥 뉘집 아이가 아니라 자신의 멘티인 아이로 관심을 가질 수 있으니 자연스럽게 마을이 아이를 키우는 셈이 된다.

● 사람책 콘서트

마을에서 아이들과 어른들이 만나 사람책이 만들어졌다. 이제 만들어진 사람책들이 함께 뭉쳐지기 위해서는 무엇인가가 필요했다. 그러나 은퇴 후 이주해 온 분들이 많고 대다수가 교류 없이 서로가 마을에서 '점'처럼 지내는 분들이다. 이런 '점'들이 연결되어 '선'이 된다면, 그래서 함께한다면 '면'이 되지 않겠는가? 그러면 아주 자연스럽게 청소년들을 위해 할 수 있는 것들을 함께 고민할 수 있지 않겠는가? 청소년들과의 활동도 중요하지만 이분들끼리의 교류로 새로운 문화가 만들어진다면 서로 좋지 않겠는가? 그래서 시작한 것이 인문학 모임, 사람책 콘서트였다.

　그러나 2020년은 전혀 새로운 삶의 방식을 요구했는데, 코로나19로 밀접, 밀집, 밀폐 금지가 그것이다. 전염력 강한 코로나19 바이러스가 나뿐만 아니라, 나로 인해 주변 사람들에게 피해를 줄 수도 있는 상황인지라 함께 모일 수가 없었다.

그런데 이런 위기일수록 우리는 인문학적 고민을 해야만 한다. 조심스럽게 소규모로 야외에서 첫 모임을 가졌다. 가까이 사는 '야생초 편지' 저자이자, 생태환경 운동가인 황대권 선생님을 모시기로 했다. 선생님은 이러한 과정의 이야기를 듣고 기꺼이 시간을 내서 '기후위기와 코로나19'라는 제목으로 첫 사람책 콘서트를 열었다. 그리고 두 번째 잠월미술관 김○○ 관장님의 살아온 이야기를 '나의 사랑, 나의 미술관'이라는 이름으로 콘서트를 열었다.

사람책 콘서트를 하며, 두 가지를 생각해봤다. 우리 청소년들에게 성공한 유명인 혹은 위인들의 이야기가 진로나 자신의 미래를 그려보는 데 도움이 되기도 하지만, 가까이에 있는 평범한 어른의 경험들, 즉 자신들과 비슷한 고민과 경험을 가진 분의 긴 삶의 여정에서 더 공감하지 않을까 하는 생각. 또 하나는 경청이다. 누군가 자신이 걸어온 길을 되돌아보고 이야기할 때 함께하는 많은 사람들이 열심히 경청해 준다면 얼마나 위로가 될 것인가. 그리고 경청하면서 소소한 삶들 속에서 지혜와 공감을 찾아낼 수 있지 않겠는가.

최근에 청소년들과 잠월미술관 김관장님의 작은 사람책 콘서트를 했다. 선생님은 초등학교 때 만화보고, 그림 그리느라 공부는 영 못했다고 했다. 심지어 파출소 벽에 그림(낙서)을 그려 어른들을 기겁하게 만들기도 하셨단다. 그러다가 좋은 스승님을 만나 본격적으로 그림을 그리게 되었고, 대학에 가기 위해 공부를 열심히 하여 선생님이 되고 화가로서 그림을 그리고 계신다. 그런 이야기를 듣고 어떤 아이가 질문했다. "미술대학에 간다고 했을 때, 부모님이 반대하지 않으셨어요?"

"아니 반대하지 않고 너 하고 싶은 대로 해라 하셨어."

"저희 부모님은 반대하셔요. 저한테 재주가 없대요."

"나도 아들이 미대 간다고 해서 반대했었어."

"왜요?"

"재주가 없었거든. 내가 보기에. 그런데 그 아이가 지금은 디자인을 직업으로 하고 있고 인정받고 있어. 그리고 둘째 아들은 재주가 있어서 그림을 해봤으면 했는데, 안 하고 경찰이 되었어. 이제 생각해 보니까 재주도 중요하지만, 그것을 좋아하고 즐기면서 하는 사람이 끝까지 하더라. 그러니까 정말로 그림을 좋아하는지, 그것을 하면 즐거운지 잘 생각해보고, 그렇다면 부모님을 설득해야지."

이런 대화들이 오고 갔다. 그림 그리는 것을 좋아하기만 했지, 그림을 그리는 일을 잘할 수 있을지, 그것이 직업이 될 수 있을지 자신이 없던 아영이 눈빛이 빛나는 순간이었다.

세 번째 사람책 콘서트는 사람과 문화가 어우러진 축제같은 콘서트였다. 우연한 기회에 인연이 된 재즈 공연단 '팀제로백'의 공연 기부와 마을 어르신들이 직접 시낭송을 한 〈시, 그리고 콘서트〉가 마을에서 열린 것이다. 아직 코로나19 상황에서 언제나 조심스러운 일이었으나 그렇게 사람책 콘서트를 비정기적으로 열어가면서 하나의 문화로 잡아가고 있다.

▲ 사람책 콘서트

마을의 자연을 만나다

마을학교 해봄의 사람책 둘레길 프로젝트는 항상 토요일 오전 10시 30분에 시작된다. 사람책을 만나는 일이 주를 이루지만, 사람뿐만 아니라 마을의 자연과 문화도 틈틈이 만나고 있다. 사람책은 초·중학생이 돌아가면서 인터뷰 진행자가 되어 그날 수업을 이끌고 있다. 쉽게 하는 친구도 있고, 서툴고 어려워하는 친구도 있지만 그날그날 돌아가면서 모두가 진행하는 것을 원칙으로 하고 있다.

사람책을 만나지 않는 날은 수업을 시작하며 그날 어떤 활동을 할 것인지, 누가 팀을 이끌 것인지를 회의를 통해 만장일치로 결정하고 진행한다.

마을에는 다양한 자연이 있다. 수령 150년에서 300년 된 느티나무와 팽나무 수십 그루가 모여 숲을 이루고 있는 갈캉내 숲은 청소년들 활동의 보고이다. 나무들의 공동체인 숲에서 우리가 할 수 있는 활동은 수도 없이 많다. 어느 날은 숲에서 '이런 거 해주세요'라는 활동을 했다. 청소년들이 마을에서 무엇을 하고 싶은지 생각해보자는 활동이다. 주변에 버려진 나무판자에 모두들 자신이 하고 싶은 것들을 적어보는 시간이었다.

> 그네를 만들어주세요
> 놀이공간을 만들어주세요
> 해먹을 매달아 주세요
> 트리하우스를 만들어주세요

그 밖에도 꼬리에 꼬리를 무는 상상력으로 아이들의 바람은 판자를 가득 메웠다. 우리는 그것을 보면서 다음 활동의 아이디어를 얻었다. 청소년들의 바람대로 함께 트리하우스를 만들었고, 2021년 사람책 둘레길 ver2

의 해먹 극장이나 새총 사격장, 편백나무 숲의 뮤직 포레스트는 그렇게 해서 나온 프로그램이다.

마을학교를 운영하는 사람들로부터 프로그램에 대한 질문을 종종 받는다. 이런 질문을 받을 때마다 답하기가 영 곤란하다. 물론 마을학교에서는 청소년들과 무엇인가를 매개로 활동을 한다. 또 해야 한다. 그러나 마을학교가 프로그램만 진행하는 곳이어서는 안 된다. 그렇다면 방과후 수업이나 문화센터 수업이 되고 만다. 우리는 신중하고 깊게 생각해야 한다. 마을교육공동체의 출발이 어디인지, 또 마을교육공동체는 어디로 향해 가야 하는지. 아니 정확히는 마을의 청소년들을 위해 우리는 어떤 활동을 할 것인지, 아니 아이들이 원하는 것이 무엇인지, 아이들에게 필요한 것이 무엇인지. 마을교육공동체, 마을학교라서 할 수 있는, 해야 하는 일에 대해서 고민해야 한다.

사실은 어른들이 어른들의 사고와 시각에서 프로그램을 정할 필요는 없을지도 모른다. 아이들은 자신들이 하고 싶은 것이 무엇인지, 자신들에게 필요한 것이 무엇인지 더 잘 안다. 어른들은 아이들이 무엇을 하고 싶은지, 필요로 하는 것이 무엇인지를 알고 그렇게 하도록 장을 펼쳐주고 도와주면 되는 것이다.

아이들은 뭔가 만들어보는 것을 좋아했다. 그중에 자신들의 아지트가될 트리하우스 만드는 걸 좋아했다. 넉넉하지 않은 지원금 탓도 있었지만, 애초에 튼튼하고 멋진 오래 사용할 수 있는 트리하우스를 지을 생각은 없었다. 일단 편백숲 산책로가 있는 산은 사유지인데다가 우리들의 기술로는 반듯하게 지어낼 수도 없었다. 그렇다고 기술자의 도움으로 진행하기에는 비용과 시간의 문제도 있었다. 무엇보다도 우리는 우리가 할 수 있는 선에서 우선 뭔가를 시도해보자 생각했다.

버려진 나무 팰릿를 모으고, 지나다가 쓸 만한 목재가 있으면 주워 모았다. 그리고 설계도도 없는 집짓기를 시작했다. 모아진 재료들 중에서 기둥이 될 것, 벽면이 될 것, 바닥이 될 것들을 골라 이런 저런 생각대로 만들어갔다. 폐 팰릿을 해체하면서 못을 뺄 때, 힘을 조절해야 못이 부러지거나 구부러지지 않고 뒤로 빠져나오는 것을 새로 알게 되고, 망치질은 손목의 스냅을 이용해야 힘 조절이 된다는 사실도 아이들은 스스로 터득해갔다. 큰아이들보다 초등학교 2, 4학년인 찬우, 지완이 형제가 톱질이나 망치질에 능숙하여 형, 누나들에게 가르치고 있는 모습도 보였다. 지완이, 찬우 형제의 아빠가 연장 만지는 일을 좋아하고 그런 일을 할 때 아들들과 함께 해온 덕에 아이들이 연장 사용에 익숙하다는 이야기도 들었다.

9월말쯤 시작해서 11월까지 아직도 미완으로 남아 추억을 소환하거나, 해먹 극장이 열리는 때 본부로 잘 활용하고 있는 트리하우스. 함께 계획하고, 만들어가고, 그 후까지도 함께 그려본 과정이 트리하우스 만드는 활동이었다. 말하자면 완성되지도, 어떤 결과물로 내놓은 것도 없지만, 그 활동의 과정 과정이 우리의 프로그램이었던 것이다.

그리고 해먹 극장. "숲에서 해먹 걸어놓고 영화 보거나, 음악 감상하면 좋겠어요." 그 한마디가 편백숲 트리하우스 옆 해먹 극장이 되었다. 물론 아이들은 해먹을 고르고, 해먹 매달 나무도 고르고, 매다는 일까지 직접

한다. 나무와 나무의 간격과 해먹에 누웠을 때 하중 때문에 몇 번이나 묶었다가 풀기를 반복하며 높이를 조절하는 일, 그리고 마침내 완성된 해먹에 누워 바라보는 나무들과 하늘, 멍 때리고 있으면 들리는 소리들. 그 과정들은 충분히 좋은 프로그램이라고 생각한다. 다시 말하지만 마을에서 아이들과 하는 프로그램은 무궁무진하다. 무엇을 가르치겠다고 규정을 해놓지만 않는다면 무엇이든 교재가 되고 프로그램이 되는 것이므로 먼저 마을을 잘 살펴보고 아이들과 이야기를 나눠가면서 프로그램을 만들어가는 것이 순서일 것이다.

토요일 오전 해봄을 찾는 청소년들을 제일 먼저 반기는 것은 길순이다. 아이들도 달려나오는 길순이와 인사를 나누고 나서, 그제서야 눈에 보이는 선생님들에게 인사를 건넨다. 아이들은 동물들을 좋아한다. 마을 골목에서 만나는 개, 고양이들을 아이들은 그냥 지나치지 못하고 쓰다듬고 이름을 부르곤 한다.

해봄의 마스코트 길순이는 특히 사랑을 받는데 그것은 길순이의 견생 이야기 때문이기도 하다. 길순이는 남원의 어디 산에 사는 떠돌이개였다. 나중에 우리 청소년들에게 새와 물고기 수업을 해주게 될 손선생님이 새 영상을 촬영하는 내내 친하게 된 아이였는데, 어느 날 교통사고를 당하게 되었다고 한다. 크게 다친 길순이는 병원에서 치료를 받고, 동물보호센터에서 요양을 하다가, 해봄으로 오게 되었다. 길순이를 처음 발견하고 치료를 도맡은 손선생님은 생태 다큐 영상 전문가이고, 생태 환경에 해박한 지식과 관심이 많은 분인데, 어쩌다 마주친 유기견을 지나치지 않고 구했다. 그리고 여기저기 수소문하여 기꺼이 적은 비용으로 치료를 해주겠다는 병원도 찾고, 마땅한 거처가 없어 광주, 남평, 다시 등 여러 센터를 전전하다가 해봄으로 오게 된 것이다. 길순이는 마을의 고양이 엘자와 함께 아이들과 특별한 관계를 맺은 동물책으로 등록되었다.

견삿갓(강아지)

– 낯선 사람을 주변에 알리고, 주민을 위해 꼬리를 많이 흔들어 주겠다.

양반캣(고양이)

– 쥐를 혼내주고, 다른 생명체와 잘 놀아주며, 사람에게 애교부리겠다.

임천산이라는 야트막한 산으로 둘러싸인 모평마을에 마을학교 해봄이 있다. 늘상 주위에서 우짖고 머리 위를 나는 새들은 우리의 평범한 일상 중 한 장면이다. 그런데 생태환경 전문가인 손선생님과 청소년들이 함께 마을 숲에 사는 새들을 만난 날, 우리는 새들이 우리가 사는 곳 아주 가까이에 집을 짓고 알을 낳고 부화하여 아기 새를 키우고 있다는 놀라운 사실을 알게 되었다. 숲속 곳곳에는 딱따구리가 파 놓은 둥지가 있고, 그 둥지에 직박구리, 찌르레기, 청딱따구리가 돌아가며 사이좋게 산란장과 새끼 새를 기르는 둥지로 사용하고 있는 것을 볼 수 있었다. 아는 만큼 보인다는 말처럼 알고 보니 아주 가까이에 온갖 새들이 살고 있었던 것이다. 하늘다람쥐 흔적도 살펴보고, 높은 나무 꼭대기에 매달아 만든 앵무새의 둥지도 보고, 울음소리도 들어보고, 찌르레기가 부화시키지 못하고 버린 파란 알과 주먹만한 둥지를 주워 살펴보면서 아이들은 탄성을 질렀다.

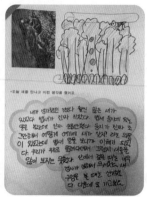

우리는 대나무와 솔방울, 주변에 흩어져 있는 나뭇가지들을 모아 오색
딱따구리를 만들어 특별한 관계를 맺었다. 그리고 마을 자연의 직업과 다
짐을 그들의 입장이 되어 만들어봤다.

자연적 직업: 벌레 잡고 구멍 파는 일(오색딱따구리)

자연적 다짐: 소쩍새, 직박구리, 하늘다람쥐, 파랑새가 둥지를 넓히거나 흙을
바르거나 재활용하게끔 도와주겠다.

자연적 직업: 갈까냇가 마음 숲지기(갈칵네숲)

자연적 다짐: 사람에게는 매서운 바람을 막아주고, 사계절을 보여주며 추억과
마음의 여유를 느끼게 도와주겠다. 그리고 새와 야생동물의 보금자
리, 놀이터, 생명이 태어나는 장소로 자연과 사람의 이야기를 들어
주는 할머니, 할아버지가 되겠다.

자연적 직업: 징검다리 섬지기 (두물머리 섬)

자연적 다짐: 새들의 보금자리, 사람에게는 감성, 물에게는 잠깐 쉴 수 있는 여유
를 주고 무이천으로 하나 되겠다.

자연적 직업: 행복치료 정자 아주머니(하모마을 정자나무)

자연적 다짐: 많은 사람들의 얼굴을 환하게 웃게 해주는 행복치료공간이 되겠다.

    그리고 갈캉내 숲 옆으로 흐르는 무이천에서 하천 생태탐사도 했다. 통발, 족대 등을 이용해서 잡아 관찰한 물고기가 그냥 하천의 물고기가 아니라 갈겨니, 각시붕어, 피리 등 조금씩 다른 모양과 이름을 가지고 있다는 것, 수달이 싸놓은 대변과 나뭇가지들로 거기 어딘가에 수달이 살고 있다는 것을 보고 교과서와 텔레비전에서 보던 생물들이 우리 주변에서 함께 살아왔다는 사실에 놀라워했다. 뜻밖에도 작은 하천인데도 습지와 어로, 두물이 만나서 생긴 섬, 보 등 하천의 생태를 관찰할 수 있어서 우리 해봄 학생들뿐만 아니라 해보중학교, 함평초등학교와 교과 연계로 진행해 보기도 했다. 내년에는 조금 더 준비하여 생태환경 마을교과서를 만들어볼 꿈도 꾸고 있다.

    '한 아이를 키우는 데 온 마을이 필요하다.'

    마을학교를 이야기할 때 가장 많이 회자되는 아프리카 속담이다. 그 유래를 알 수는 없지만 온 마을이 아이 하나를 으싸으싸 힘을 합쳐 특별하게 키웠다는 의미는 아닐 것이다. 마을 안에서, 마을의 일원으로 키웠다는 의미이지 않을까. 우리가 마을학교에서 교육을 위해 무엇인가 거창한 프로그램을 일부러 만들려고 애쓰기보다는 마을 안에서 할 수 있는 것들을 해나가는 것이 마을학교의 프로그램이지 않겠는가. 마을을 위해 할 수 있는 일, 마을과 함께 할 수 있는 것들을 하는 것. 그것이 가장 마을학교 다운 마을학교의 프로그램이라고 생각한다.

마을의 문화를 만나다

마을학교 해봄이 있는 곳 앞에는 나이가 200살이 되는 느티나무 두 그루가 있다. 아이들은 이 나무에게 '부엉이 귀'라는 이름을 붙여주었다. 은우는 "언제든 비밀을 말해보세요. 당신의 이야기를 어디서든 언제든 끝까지 들어줍니다."라고 부엉이 귀의 말을 대신해 썼다. 눈 감고, 입 다물고, 귀만 열어둔 채 수백 년 마을을 굽어보고, 마을에서 일어난 일들, 소소한 개인의 사연들을 들었을 마을역사 터줏대감 느티나무. 그렇게 보면 한 그루 나무가 아니라 마을의 역사이며, 문화인 셈이다.

우리는 사람책, 자연책과 더불어 마을의 소소한 문화에도 관심을 가졌다. 어느 마을이나 역사와 문화가 있고, 그것은 훌륭한 마을학교 교과서가 될 수 있다. 문화야말로 마을의 이야기이며, 역사이며, 마을 사람들의 삶이기에 관심 있게 보면 정말 소중한 자원이며 교재가 된다.

관심의 1단계, 사물의 이름 지어주기. 마을 여기저기에 있는 샘, 물레방앗간, 비석들, 하마석, 나무들, 갈칸내 숲에 놓여 있는 의자에도 이름을 지어주고, 그것들의 입장이 되어 문화적 다짐도 만들었다.

> **문화적 직업**: 샘물 한 바가지(안샘– 천년의 샘)
> **문화적 다짐**: 마음이 추우면 따스하게, 마음이 뜨거우면 시원하게 사람
> 의 마음을 씻어주겠다.
>
> **문화적 직업**: 쿵더쿵 물레방아꾼(물레방앗간)
> **문화적 다짐**: 사람의 시름, 걱정, 근심, 고통을 이곳에 담아 찧어서 달래주겠다.
>
> **문화적 직업**: 누군가의 돌디딤이(하마석)
> **문화적 다짐**: 동물과 사람의 관계를 좀 더 안전하게 연결해주고, 다른 사람들의

수치와 수고로움을 대신해주겠다.

문화적 직업: 역사 공간지기(수벽사-윤관장군 사당)

문화적 다짐: 마음 다짐의 공간으로 서로 화합하고, 예절과 충과 효 등 역사 공간
이 되겠다.

문화적 직업: 충효열을 마음에 새기는 석공(비석거리)

문화적 다짐: 아주 먼 할머니, 할아버지의 살아오신 이야기로 역사의 긴 끈을 이
어주겠다.

마을에는 고려 윤관장군의 사당인 수벽사가 있어 매년 유림들이 모여
제를 지낸다. 역사책 속에 등장하는 윤관장군, 그러나 일 년에 한 차례 며
칠 동안 열리는 문. 문화가 문 안에만, 교과서 안에서 머물기 쉬운데 마을
이기 때문에 우리는 역사의 상황을 좀 더 생생하게 보고, 듣고 느낄 수 있
었다. 문화관광 해설사인 사람책 윤선생님으로부터 수벽사와 윤관장군에
얽힌 이야기를 듣고, 아이들은 커다란 잉어를 만들었다. 윤관 장군이 여진
과의 싸움에 밀려 퇴각할 때 퇴로가 강으로 막히자 잉어들이 나와 등을 맞
대서 윤관장군 일행이 도주하도록 해주었다는 사연으로 지금도 파평 윤
씨들은 잉어를 먹지 않는다고 한다. 아이들은 수벽사 근처, 갈칵내 숲에서
떨어진 나뭇가지들을 모았다. 그리고 이리저리 맞추어 잉어를 만들면서
책 속의 고려시대 윤관장군과 만나고 있었다. 커다란 나무 잉어는 수벽사
앞 연못가에 설치하였다.

수벽사 옆으로는 비석거리가 있다. 마을 주변에 있던 충효비, 열녀비,
효열비, 충노비 등 여러 비석들을 한자리에 모아둔 곳인데, 비석마다 새겨
진 사연들은 모두 이 마을에 살던 사람들의 이야기이다. 어느 집 앞에 버
려진 듯이 놓인 하마석에서도, 마을 안에 있는 우물에서도, 물레방앗간 터

에서도 우리는 박제되어 있지 않은 마을의 역사와 문화를 만났다.

청소년들이 마을에서 활동하는 사람책 둘레길 만들기 프로젝트도 이제 문화가 되어 후손에게 전해질 것이다. 과거로부터 현재, 그리고 미래로 이어지는 마을에서, 자신이 나고 자란 곳에서, 스스로 역사와 문화의 일부가 된다는 것을 청소년들이 느끼길 바란다. 그것이 사람책 둘레길 프로젝트의 큰 의미이다.

● 그 아이가 하고 싶대요?

마을학교 해봄을 운영해오면서 감동적인 순간들이 자주 있었다. 그중 마을학교 이야기를 할 때마다 사례로 드는 일이 있다.

마을학교 해봄이 위치한 곳은 전남 함평군 해보면이다. 해보면은 광주광역시 광산구와 인접해 있어 자동차로 15분이면 도착하게 되는 곳이어서 학생들의 도농교류도 늘 염두에 두고 있었다. 어느 날 함평군청 주무관이 우리 사람책 둘레길에 광주에 사는 조카를 참여시키고 싶다는 요청을 해왔다. 마침 잘됐다 싶어서 흔쾌히 좋다고 말했다.

토요일 활동을 마치고 간식 먹는 시간에 광주에서 학생이 올 예정이라는 소식을 전했더니,

"그런데 그 아이가 하고 싶대요? 스스로 하고 싶어서 오면 좋겠어요." 라고 말하는 것이다. 그리고는 새로운 학생들이 함께하게 될 경우에 대비해 즉석 토론이 벌어졌다. 그동안에 한두 번 나왔다가 말도 없이 그만두거나, 활동에 비협조적으로 오다가 말다가 하는 아이들이 있어서 나온 말이었다. 저희들끼리 둘러앉아 토론을 하더니 '새로운 아이가 오면 먼저, 자기들이 우리 활동 내용을 설명해 줄 것이다. 그리고 한번 함께 해보고 스스로 하겠다고 결정했을 때 같이 하겠다'라고 결론을 내렸다.

그 과정을 옆에서 지켜보며 여러 생각이 들었다.

먼저, 활동의 주체인 아이들의 의견을 물어보지도 않고 결정한 것이 참 부끄러웠다. 그동안 아이들이 자율적으로 선택하고 결정해서 진행해 왔는데, 일방적으로 어른의 기준과 판단으로 결정하고 통보하다니 이율배반적인 행동이었다. 어른으로서, 선생으로서 참 부끄러운 행동이었다.

그리고 아이들 스스로 토론을 통해 의사 결정하는 것을 보고 감동했다. 그동안 자율적인 수업계획, 만장일치 결정, 돌아가면서 빠짐없이 맡은 인터뷰 진행, 여러 활동에서 역할 분담 등의 경험들이 새로운 문제를 만났을 때 토론하고 합리적으로 결정하는 모습으로 나타난 것이다.

한 번도 민주, 자율, 자치라든지 그런 이론을 가르친 적이 없었다. 그런데 2년째 매주 토요일 사람책 둘레길 활동을 통해 아이들은 스스로 민주적인 자치 공동체 문화를 만들어온 셈이다. 아이들은 강조하여 지시하지 않아도 자신의 역할을 알고, 그 역할을 제대로 하지 않으면 다른 친구들에게 피해가 되고 그것은 자신들 공동체 전체의 활동에 영향을 미치게 된다는 것을 알고 있는 것이다.

그것이야말로 청소년들이 주체가 되는 마을교육공동체이지 않을까!

2021년 9월 4일 서울에서 온 농산어촌 유학생 3명이 함께하게 되어 자연스럽게 도농 학생교류가 이뤄졌다. 이곳에서는 당연한 일들을 '하고 싶은 일'이라고 말하는 서울 강남에서 유학 온 친구들. '낚시하기, 다양한 곤충 찾기' '공부 안하고 놀기만 하는 것, 친구들과 놀기' 서울에서 온 유학생 친구들이 여기 전남에서 하고 싶다는 것들이다. 그것은 바로 마을학교에서 이미 하고 있는 일들이다. 해봄의 친구들은 도시에서 유학 온 친구들과 손잡고 마을학교를 안내하고, 길순이를 소개하고, 마을 이곳저곳을 함께 다니며 자기들이 해온 활동들을 설명한다. 언제나 동경하던 도시에서

온 아이들과 날마다 학교에 가는 것이 좋다는, 그렇지만 공부하지 않고 놀고 싶다는 도시 아이들과 마을의 사람책이 함께 마을교육공동체를 꾸려갈 모습이 무척 기대된다.

어쩌면 어른들이 마을교육공동체, 마을학교를 만든다는 것은 옳지 않을지도 모르겠다. 어른들이 마을을 내주고, 청소년과 함께하고, 필요한 도움을 주고 지켜보고 있으면 아이들 스스로 마을교육공동체를 만들어가는 것이지 않을까 생각한다.

이 모든 일은 마을이어서 가능했을 것이다.

그리고 마을 사람이라면 누구나 가능한 일이다.

곡성사람 곡성으로

허성균(전 곡성교육지원청 교육장)

교육을 절실하게 필요로 하는 이들은 지역사회 주민이다. 이 교육을 완성할 수 있는 이
들 또한 지역사회 주민이다. 현대사에서 사회성을 거세당해온 학교와 교육성을 상실
해온 마을의 역사는 양자의 연대와 협력으로 극복해야 한다. 그 길이 마을(사람 사이의
관계)에서 생길 것이므로 생각하고 느낄 줄 아는 사람을 찾아 만나는 일은 즐겁다. 또한
힘겹기도 하다. 교직생활을 마치고 마을 주민으로 산다.

마을이 있어 내 삶이 있다

내가 태어나고 자란 마을은 땅의 모습이 북쪽을 향해 기어올라가는 거북이 형상을 하고 있다 해서 등구(登龜)배미라고 부른다. 마을 뒤에 있는 산봉우리는 옥녀봉이고 옥녀봉을 바라보고 앉은 뒷마을은 세우(細雨)골이라 한다. 가랑비 내리는 옥녀봉을 향해 거북이가 걸음을 내딛고 있는 형국의 마을이다.

작은 분지형 마을이라 동남쪽으로만 평지 길이 트여 있고 그 논길을 따라서 마을 앞산을 돌아 내려가면 신작로에 닿게 되는, 밖에서 개 짖는 소리는 들을 수 있지만 마을 모습은 볼 수 없는 곳이다. 높지 않은 앞산 등성이는 평평하고 커다란 상수리나무가 줄지어 서 있어서 어린 시절엔 남보다 먼저 상수리를 주우려고 새벽부터 고무신 들고 달려가곤 했다. 이 나무들은 마을에 큰불이 나 재앙을 겪은 어른들이 이에 대비하고자 조성한 숲이었다고 한다. 비보림인 셈이다.

그 덕이었는지 그후로 마을에 대형 화재는 없었다고 한다. 물론 정월이면 으레 하던 쥐불놀이 끝에 불티가 날아가 헛간 초가지붕 겉을 홀라당 태워 먹는 일은 간혹 있었다. 그때마다 어른들은 줄을 지어 물통을 나르고 잽싼 청년들은 쇠스랑을 들고 지붕 위에 올라가 불이 지붕에서 서까래로 옮겨붙기 전에 불을 잡곤 했다.

처음 이 이야기를 아버지께 들은 때가 군대 입대를 앞두고 집에서 지내던 20대 초반쯤이었으니 사십여 년이 지난 일이지만 아직도 그날의 기억이 선연하다. 마을 어른들이 그냥 산골 농사꾼일 뿐이지는 않구나 하고 당시 생각했다. 언제쯤부터 마을을 이루고 어느 때쯤에나 마을 이름을 붙이고 살아온 것인지는 모르겠다. 다만 현실의 삶이 녹록지 않더라도 한 마을의 삶을 해석하고 집단적 삶의 지향을 기원하는 의식을 가진 이들에 의해서 마을이 이루어지고 유지되어온 것이겠구나 하는 생각을 처음으로 하게 되었다. 마을과 어른들에 대한 인식을 새롭게 가지게 되었다.

내 삶이라 해서 마을 없이 나 홀로 꾸려 사는 것이 아니라는 생각, 늘 좋은 일만 생기는 것은 아니지만 이런저런 풍파에도 마을에 지혜와 인내심이 있는 어른들이 있고 용기 있는 청년들이 더불어 살 때 우리들 각자의 삶도 인간답게 꾸려볼 만하다는 생각을 하게 된다.

마을 없는 삶이 있을까? 온 나라, 온 세상이 겪는 문제라고는 하지만 곡성의 인구는 지금 심각하게 줄어들고 있다. 출생 인구보다 사망 인구가 더 많다.[1] 여기에 지방 소멸의 위기감이 커지면서 내가 사는 지역사회에 대한 애정도 옅어지고 자부심은 더더구나 설 자리가 없어지고 있다. 게다가 청장년들이 정착해 살 만한 일자리마저 적다. 이런저런 불편한 점들을 줄줄이 열거하면서 인근 도시로 이사 갈 궁리들이 늘어난다. 출산율이 낮아지는 자연적 요인에 의해서 인구가 줄어드는 면도 있지만 사회적 요인에 의해 도시로 빠져나가는 인구도 많다. 해마다 유입 인구보다 유출 인구가 많다.

이 땅에서 더 나은 재건(Build Back Better)[2]을 해내려면 사람이 필요하다.

---

1 2020년 12월 곡성 인구 통계를 보면 출생아 수 8명, 사망자 수 38명이다. 자연 감소한 인구가 30명이다.

2 코로나19 대유행 국면에서 전 인류적 재앙에 가까운 이 상황을 계기로 더 나은 사회경제 시스템을 구축해야 한다는 신념이며 제안. 인간과 환경을 생각하는 더 나은 시스템을 구축해가기 위해 학계, 종교계, 사회단체들이 캠페인에 참여하고 있으며 더 나은 재건을 위한 10가지 원칙을 발표한 단체(웰빙경제연합)도 있다. 더 나은 세상의 모습을 다양하게 유추할 수 있도록 읽어보자. ①모든 의사결정에서 장기적인 인간의 행복과 생태 안정성을 우선한다. ②모든 코로나19 대응에 있어 기존의 기후 정책 및 배출 감소 목표, 환경 규정과 기타 환경 정책을 보호한다. ③코로나19 극복의 일환으로 새로운 녹색 인프라를 구축하고 지속가능한 사회적 관행을 개발한다. ④사회 모든 구성원을 위하여 모두가 기본적인 삶의 질을 충족할 수 있는 서비스를 제공한다. ⑤소득 및 직업 보장, 근로시간 단축을 통한 고용 재분배 등을 통해 모든 사람이 양질의 삶을 누릴 수 있게 한다. ⑥자원과 기회의 공정한 분배를 통해 더 평등한 사회를 만든다. ⑦모든 영역에서 효과적이고 투명하며 포용적인 민주주의 절차를 보장한다. ⑧모든 비즈니스와 조직에서 사회적 생태적 목표에 우선순위를 둔다. 자원사용과 낭비를 최소화하기 위해 순환경제 원칙을 구현하고, 경제 및 조직의 민주주의를 확립한다. ⑨국제정치와 세계경제를 포함한 모든 영역에서 협력과 연대를 보장한다. ⑩이윤 창출에 대한 공공의 민주적인 통제를 도입한다. 새로 창출된 부를 공동체와 환경 목표를 달성하고 코로나19 극복 후 긴축을 피하는 데 사용한다.

도시로 이사 가야 할 이유를 찾기보다는 우리가 함께 해낼 수 있는 의미 있는 일을 찾아내려는 사람들이 필요하다. 마을에 큰불이 나는 것을 대비하기 위해 풍수지리적 해석과 처방 등을 찾아내고 실행하는 어른들, 아이들이 자신들의 세계를 큰 나무 아래에서 걱정 없이 누릴 수 있도록 현실 세계의 근심 많은 노동을 감수하는 어른들이 있어야 한다. 이제 우리는 마을의 재난에 다 함께 대비하거나 아이들의 가슴을 뛰게 하는 놀이터와 배움터를 마련하는 어른들이 없이는 마을이 지속될 가망이 없는 시대를 살아야 한다.

인구가 줄어들면 안 되는가? 인구가 적어지면 지방은 소멸하게 되는가? 인구가 폭발적으로 늘어나기 이전의 사회는 어떻게 유지되고 지속되었는가? 인구는 줄어들지만 삶의 질을 높여가는 마을을 상상할 수는 없을까? 곡성군민 모두가 조합원이 되는 협동조합을 상상하는 건 어떤가? 미래교육의 핵심이 아이 한 명 한 명을 능동적이고 자주적인 학습자로 기르는 데에 있다면, 미래사회가 요구하게 될 핵심 역량의 주축이 자치와 공동체 역량이며 소통 역량이라면, 지적 역량마저도 앞에 얘기한 역량들과 유기적으로 길러지는 것이라면 우리 지역에서 이런 사람들을 함께 길러볼 수 있지 않을까? 아이부터 어른까지 더불어 성장하는 사회, 아이들이 어른들을 보고 배우면서 어른에 대한 존경과 마을에 대한 애정을 자연스럽게 지니고 커가는 마을을 이루어가는 길은 어디에 있는가?

곡성 사회와 곡성 교육의 진정한 위기는 무엇일까? 무엇을 핵심 위기라고 볼 것인지에 따라 우선적인 대응 방향과 대응 방법을 결정하게 될 것이다. 인구 감소와 고령화, 학령인구 감소로 폐교 위기에 몰리는 학교들이 생겨나는 현실보다 더 근본적인 위기는 자율, 소통, 협력, 책임, 배려, 존중, 창의, 자기관리, 회복탄력성, 공동체성, 지적 탐구능력 등의 역량을 기를 수 있는 교육생태계가 빈약한 현실에 있다. 가정에서, 마을에서, 학교에서 어디서나 배울 수 있어야 누구나 성장할 수 있다.[3]

포용하고 소통하고 함께 책임지는 관계의 경험을 축적하는 기본공동체로서의 가정 환경, 스스로 생각하고 의견을 나누며 조정하고 선택할 수 있는 사회 환경, 학교 비전과 교육목표를 함께 만들고 좋은 수업을 하기 위해 치열하게 실천하는 전문적학습공동체 문화가 정착된 학교 환경이 유기적으로 작용하면서 아이들을 기른다. 가정과 사회와 학교가 협력하며 어른들이 성장하고 그 힘으로 아이들이 성장하는 지역사회를 만들고 싶다. 아이들이나 어른들이나 모두 위에 열거한 삶의 역량을 기르며 살기에 적절한 가정, 사회, 학교의 환경이 얼마나 준비되어 있는가를 염려해야 할 때다.[4]

인구 감소가 작은 문제는 아니지만 한국사회 전체가 겪는 일이며, 지구촌 모두가 직면할 문제다. 곡성 사회가 새로운 사회로 질적 전환을 시도하는 것이, 지금 있는 '곡성 사람의 성장'을 도모하는 것이 길이 될 것이다. '곡성 아이'가 그릇이 큰 청년이 되고 성숙한 어른이 되어 '곡성 사람'으로 살 수 있을 때 비로소 지방 소멸의 위기를 극복하게 되리라고 본다. 그래서 곡성의 교육생태계 기반을 촘촘하게 만들어가는 일이 우선 중요한 일이다. 학생과 교직원이 함께 성장하는 학교, 아이들도 어른들도 더불어 성장하는 곡성 사회를 실현하려면 교육생태계 기반을 다듬어야 한다. 그 기반 위에서 학교와 마을은 뗄 수 없는 호혜적 관계를 회복하게 될 것이다.

---

3 전성은, 『왜 학교는 불행한가』, "평등과 자유와 공존이라는 토양에서만 주체적 문화와 주체적 인간이 자랄 수 있다. 잘 나가는 인간을 길러내는 것이 학교교육의 목표가 되어버린 현실에서 벗어나야 한다. 학교교육의 상업화가 가져온 현실을 극복하는 길은 목표를 평화로 바꾸는 길밖에 없다."

4 서근원, 『학교혁신의 길: 교육인류학의 관점에서』, "교육이 이루어지기 위해서는 적어도 서로 다른 두 사람이 만나야 하고, 그 만남이 교육이기 위해서는 양자 사이에 교육의 원리가 살아 있어야 하고, 그 원리가 살아있도록 하는 조건이 주변에 형성되어 있어야 한다."

이 문제에 대응하기 위하여, 지역사회에서 더불어 질문하고 함께 답하기 위하여, 곡성군청과 곡성교육지원청이 먼저 협력하고 연대해야 할 필요성에 공감하며 2019년 3월에 중간지원조직[5]으로 곡성미래교육협력센터를 만들었다. 두 기관에서 직원들을 파견하여 함께 운영했다. 이런저런 어려움을 겪기도 했지만 시간이 더 지나면서 협력의 질을 높이고 확대하기 위해 민간이 참여하는 협치 체제를 검토하고 만들어냈다. 그 결과 2020년 7월에 곡성군미래교육재단이 출범하였다. 이 과정을 글쓴이의 눈으로 읽고 해석하며, 몸으로 겪고 실천해온 대로 쓰려고 한다.

---

5 중간지원조직은 행정과 주민 또는 지역사회를 이어주는 역할을 하며, 행정과 주민을 비롯한 다양한 지역사회의 이해관계자들을 이어주는 거버넌스의 고리로서 다양한 주민 활동을 활성화할 수 있는 플랫폼이다. 컨설팅형, 연합체형, 컨소시엄형, 그룹형 등 운영 구조와 경영 형태가 다양하다.

곡성군미래교육재단 설립과 조직(1절)

■ 추진경위

내 용	일 정	비 고
곡성군 기획실 인구정책팀 신설	2017. 9. 27.	마을교육공동체 사업 추진
곡성군 미래혁신과 미래교육팀 신설	2018. 9. 28.	마을교육공동체 업무 이관
곡성군 미래교육재단 설립 기본 계획 수립	2018. 12. 11.	지역교육 민관학거버넌스 중심기관
곡성군 미래교육협력센터 설치 및 운영 조례 제정	2018. 12. 27.	군, 곡성교육지원청 MOU (2018. 12. 21.)
곡성군 미래교육협력센터 개소 및 운영	2019. 3. ~ 2020. 6.	군, 곡성교육지원청, 청소년기관 참여
곡성군 미래교육재단 설립 · 운영 조례 제정	2019. 12. 27.	지역교육 민관학거버넌스 중심기관
곡성군 미래교육재단 설립 창립 총회 개최	2020. 5. 6.	임원 - 이사7, 감사2 정관 제정
곡성군 미래교육재단 설립 등기	2020. 6. 18.	재단 설립 허가 (2020. 6. 11.)

■ 조직현황

○ 임 원 : 이사 7명(당연직 - 군수, 교육장, 군 교육업무 소관 부서장)
　　　　　감사 2명(당연직 - 군 감사업무 소관 부서장)

○ 직 원 : 21명 (군9, 교육청3, 채용 9)
　- 군청 파견 : 행정 5급 1, 행정 6급 2, 행정 7급 1, 행정 8급 2, 사회복지 7급 2, 기간제 1
　- 교육지원청 파견 : 파견교사 1, 장학사 1, 교육행정 1
　- 민간 채용 : 팀장 1, 팀원 7, 사무원 1

○ 조직도

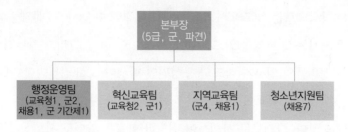

곡성 사회의 진화를 꿈꾸며

근대학교의 출발이 본격화된 배경에는 산업혁명 이후 생산 노동자를 길러야 할 당대 유럽 사회의 필요가 있었다고 한다. 한국에서도 1960~90년대에 산업화를 촉진하고 경제 발전에 이바지할 인력을 기르는 데에 학교교육이 유용하게 작용했다. 그러나 한편으로는 19세기 말과 20세기 초 당대 한국 사회가 처한 국내외 위기 상황에 대응하여 민족사회를 지켜내고자 하는 열망을 실현하는 방안으로 근대학교의 역사가 시작되었다.

사회는 다양한 요소들로 구성되고, 그 구성 인자들 사이에 유기적 관계가 맺어질 때 비로소 실현된다. 학교는 사회의 구성 인자이고, 사회 전체 그리고 다른 구성 인자들과 상호교섭하면서 영향을 주고받음으로써 비로소 학교의 역할을 할 수 있게 된다.

요즈음 학교가 폐쇄적이며 사회에 무관심하다고 말하는 사람들이 늘어나고 있다. 한편으로는 학교의 사회성이 낮은 단계에 있다는 비판에 공감한다. 그러나 그 모든 책임이 지금 학교에 근무하고 있는 교원과 학교 행정직원들에게만 있는 것은 아니다. 일제 시대를 거치며 학교교육과정을 통제하던 불행한 현대사의 배경이 학교의 사회성을 제거해온 데에 중요한 책임이 있기 때문이다. 단순히 개인을 비난하거나 눈앞의 학교를 비판하는 방식으로는 학교의 사회성 문제를 해결할 수 없다. 이 문제를 해결하기 위해서는 그 배경을 알고 그 방편을 찾아야 한다. 그리고 기본적으로 사회 구성원들의 일부가 학교의 구성원인 학생이고, 교직원이다. 게다가 학생들은 날마다 학교에 가지만 이후 학교를 떠나 사회에 나가기 위해 학교생활을 한다. 그러므로 사회성이 취약한 학교는 있어도 사회성이 없는 학교란 존립할 수 없는 셈이다.

21세기 한국 사회에서 학교가 사회성을 회복하는 길을 찾자면, 그리하여 마을과 학교가 협력하는 길을 찾자면 학교의 변화와 사회의 변화가 균형을 이루어야 한다. 한국의 역사적 배경에서 사회성을 잃어온 학교가 사회성을 회복하자면 학교의 혁신과 사회의 진화가 균형을 이루어야 한다. 학교 구성원이 애써야 할 일과 사회가 노력해야 할 일이 아이들의 성장을 촉진하는 접점에서 만나야 한다. 그래서 지금으로서는 학교와 마을이 함께할 수 있는 일 또는 협력 프로그램을 자주 하지 않아도, 지속성을 확보하지 못하더라도 시도하는 것 자체가 의미 있는 일이다.

마을과 학교는 누구를 위하여, 무엇을 하려고 연대하며 협력해야 할까? 인류 문명사 초유의 대전환기라고들 일컫는 지금, 인간의 존엄을 지키며 살아가려면, 아이들이 성장하고 사회가 진화하려면 학교에서는, 마을에서는 무엇을 선택하고 실천해야 할까? 연대하며 협력하는 방식으로 살아야 할까 아니면 각자도생해 온 방식 그대로 살아야 할까? 지역사회에서 삶을 자치하기 위해 할 수 있는 일과 해야 할 일을 도모해보아야 할까 아니면 살아온 방식 그대로 서울바라기로 살까? 돌파하기 어려운 국면에서 '나만 아니면 돼.'라는 방식으로 계속 산다면 나만은 아닌 상황이 가능해질까? 학교에서의 실천이 학교교육의 질을 좌우할 뿐만 아니라 교직원으로 사는 나의 삶의 질을 좌우할 것인데, 지역사회에서의 실천이 곡성 아이들 모두가 잘 자라도록 하는 일이며 동시에 부모로서 나의 삶의 질을 결정짓게 될 텐데 지금 멈추어야 할 것은 무엇이고 꼭 실천해야 할 일은 무엇일까? 교육공무원으로 사는 일이 시·군을 옮겨 다니며 떠돌이 직장인의 삶을 산다는 뜻이어서는 안 될 것이다. 곡성 사회의 약한 고리들을 찾아내고 들추어내며 다른 지역으로 이사 가려는 명분으로 삼는 일은 스스로 마을의 주체로 사는 일을 포기하는 일이다. 그런 마음으로는 지구촌 어디로 이사를 간다 하더라도 문제를 해결할 수 없다. 스스로 자신과 사회의 현실에 능동적으로 대처하고자 일어서야 한다. 실천이 곧 삶이다.

"내일은 오늘의 생각과 선택 속에 이미 있다."[6]라는 말이 가슴에 깊이 들어왔다가 다시 떠오르곤 한다. 기존의 교육방법과 교육내용으로 현재의 지구촌 위기를 극복할 수 있을지[7], 새로운 세계를 살아갈 지구 시민을 기를 수 있을지, 곡성에서 배우고 곡성에서 정주하는 일이 가능할지, 개인의 성취만으로도 안전하고 평화로운 삶이 가능할지, 곡성 사회의 사회적 가치 지향은 무엇이어야 할지, 그렇다면 지금 우리가 무엇을 실천할지 등을 함께 묻고 토론하고 경청하고 서로 배우는 일이 확장되는 과정 없이 지역사회의 변화는 어렵다.

2019년 12월에 곡성군에서는 지자체와 의회, 교육지원청, 학교, 마을학교 구성원들이 참여하는 합동 연찬회를 진행했다. 낮에는 마을과 학교가 협력하는 사례를 찾아 그곳을 방문했다. 저녁에는 낮에 방문한 사례의 의미를 나누고, 곡성이 어떤 가치가 일상적으로 통용되는 사회로 변화하

---

6 안희경 외, 『오늘부터의 세계』, 메디치미디어, 2020.

7 조벽, 『인재 혁명』, 해냄, 2010. "새로운 시대가 요구하는 실력이 무엇이며, 무엇을 어떻게 갖춰야 할지… 지금 무엇을 과감히 버리고 무엇을 챙겨야 하는지"

길 바라는지, 그래서 곡성 교육의 지향은 무엇이어야 할지 등을 논의했다. 단순히 우리 지역사회만은 지방 소멸의 위기를 넘어 지속되어야 한다는 논리는 논리가 아니다. 지속되어야 할 가치가 있는 곡성 사회를 만들기 위해서는 아이부터 어른에 이르기까지 전 생애에 걸쳐 성장하는 사회를 만들어야 하고, 그래서 곡성교육생태계를 검토하고 그 기반을 만들어가는 일에 지역사회의 힘을 집중해야 할 필요가 있다는 점에 공감했다. 참가자들은 서로 다른 주체들과 섞여 이야기를 나누는 경험 자체는 낯설지만 장차 가야 할 길이니 이런 시도 자체가 의미 있다는 소회를 나누기도 했다. 한 차례의 연수로 지역사회의 공감대가 넓게 형성될 리는 없으며 논의 또한 마무리될 수는 없다. 곡성 사회에서 지속되어야 하고 확대되어야 할 공론장을 마련하는 데에 마중물이 되길 바라는 마음들을 모았다.

곡성교육지원청에서는 교육청이 먼저 공동체성을 회복하는 본이 되어야 자치하는 학교공동체를 지원하고 학교의 사회성과 공동체성 회복을 촉진할 수 있다고 보았다. 학교와 마을을 잇는 가교가 될 수 있을 거라고

▲ 곡성교육지원청 직원워크숍.
　각자 업무 잘 하는 조직에서 비전을 공유하는 조직으로 전환할 수 있기를 도모함.

보았다. 그래서 호칭만 팀이었던 팀제를 명실상부하게 재건해야 했고, 그러기 위해서 팀 중심 업무 문화를 다시 세우는 변화의 바탕은 회의 문화를 회복하는 데 있다고 보았다. 그러나 학창 시절부터 지금까지 몸에 익지 않은 회의 문화를 회복하는 일은 팀장에게도 팀원에게도 과장과 교육장에게도 쉽지 않은 일이었다.

먼저 모든 직원들이 참여하여 곡성교육청의 비전과 목표를 세우는 과정을 거쳤다. 이 과정에서 누가 내는 어떤 의견이든 평가하지 말고 표현하는 대로 듣자는 약속을 세웠다. 표현하는 일보다 지금 우리에게 더 중요한 건 잘 듣는 일이라는 사실을 반복해서 확인했다. 우리는 모두 다르므로 모두 소중하다는 인식도 확인했다. 모두 다르므로 서로 연결하고 협력해야할 가치가 있다는 걸 경험으로 배웠다. 교육장과 팀장은 책임져야 할 일이더 많은 역할을 맡은 사람으로, 팀원은 그 책임을 함께 지기 위해 동행하는 사람으로 바라보자는 제안도 나왔다. 우리는 누구나 지위와 나이와 성별의 차이를 넘어 존재 자체로 존중받아 마땅하니 서로 존중하고 배려하고 지지하자고 동의했다. 직원 사이에 작용하는 관행적인 관계를 넘어서 새로운 관계를 세우려고 시도함으로써 조직문화를 변화시키고자 하는 첫걸음이었다. 내가 어떤 의견을 말하더라도 팀 안에서, 직장 안에서 안전하다고 느낄 수 있는 관계를 만들어야 비전을 함께 만들 수 있고, 함께 만든 비전이라야 공유되고, 사업을 계획하는 기준으로 활용할 수 있다. 비로소 공동체성 회복이 시작되었다. 누구나 바라는 일이지만 아무도 시도하지 않았으므로 지연되던 일이었다.

2019년에는 비정기적으로 독서모임을 하다가 2020년 초부터 팀장과 과장, 교육장이 함께하는 독서토론 모임을 정례화했다. 매주 금요일 아침에 하던 주간업무 계획 보고를 독서토론으로 변경했다. 팀별 주간업무는 단톡방에 공지하고 팀 간 협력이 필요한 사항은 수시로 팀 간 협의를 거쳤다. 독서토론을 하면서 저간에 익숙했던 업무 중심의 관계가 업무뿐만 아니라 서로의 생각을 듣고 서로를 더 잘 이해하며 서로 배우는 관계로 나아가게 되었다. 더 나아가서는 이러한 관계를 더욱 확장하기 위해서 곡성군미래교육재단과 곡성군청 교육 관련 실무부서장과 팀장들도 동참하고 있다.[8] 지역사회에서 더 많은 주민들이 함께 배우고 더불어 성장하는 경험과 이 시대에 필요한 동문수학하는 관계를 확장시키고자 한다. 세 기관이 함께하고 있는 이 일이 민간으로까지 확대되는 시간이 오기를 기대한다. 그 때가 올 때까지 연대하고 협력하는 시도를 계속할 것이다.

▲ 곡성군청, 군의회, 교육지원청, 학교, 마을학교가 함께 참여한 합동워크숍.
지역사회와 학교가 협력한 사례를 찾아 견학하며 곡성의 미래지향적인 사회상을 논의하는 워크숍을 진행함.

---

8 (1) 2019년에 직원들이 함께 읽은 책은 2권이다.
  ① 박재원·정유진, 『공부를 공부하다』, 에듀니티, 2019.
  ② 김동춘, 『사회학자 시대에 응답하다』, 돌베개, 2017.
(2) 2020년부터 정례적으로 함께 읽은 책은 6권이다.
  ① 폴김·김길홍·나성섭·함돈균, 『교육의 미래 컬처엔지니어링』, 동아시아, 2020.
  ② 마르쿠스 베른센, 『삶을 위한 수업』, 오마이북, 2020.
  ③ 추창훈, 『로컬이 미래다』, 에듀니티, 2020.
  ④ 우치다 타츠루 외, 『인구감소사회는 위험하다는 착각』, 위즈덤하우스, 2019.
  ⑤ 마이클 J. 마쿼트, 『질문 리더십』, 흐름출판, 2006.
  ⑥ 서용선 외, 『마을교육공동체란 무엇인가』, 살림터, 2016.

행정 중심에서 성장 중심으로

겨울이 끝나갈 무렵, 봄기운이 돌기 시작할 때가 되면 산행 길 숲속에서 일찍 핀 풀꽃을 만나기도 한다. 겨울이 아직 끝나지 않은 숲에서 꽃을 피운 것들을 만나면 놀라움에 다가가 무릎을 꿇고 고개 숙여 보게 된다. 키 큰 나무들과 길게 뻗어 자라는 덩굴식물들이 잎을 낸 뒤에는 늘 그늘에 살아야 할 팔자인 숲속 풀들은 봄이 본격적으로 시작되기 전에 먼저 꽃을 피우고 씨앗을 만들어 개체 번식을 시도하는 거다. 이들에겐 절박한 생명 활동의 한 영역인 게다. 이러한 생명 활동 앞에서 경건한 자세를 취할 수밖에 없는 것은 나 또한 생명 활동으로 하루를 영위하는 한 생명체이기 때문일 것이다.

양지바르고 북풍을 피할 수 있는 곳이라면 겨우내 꽃을 피우는 풀들도 있다. 광대나물이나 개불알풀, 양지꽃 같은 것들은 거의 겨우내 꽃을 피워낸다. 날이 따뜻해진 뒤에는 어떤 풀들이든 키를 키워 햇빛을 더 잘 받으려 경쟁을 해대니 키 작은 것들은 겨울에 꽃을 피우는 것이 그나마 유리한 방법이 될 것이다. 숲속에 사는 풀들과 햇볕 잘 들고 바람막이 잘 되는 곳에 사는 작은 풀들이 살아가는 환경은 다르지만 살아 있는 동안 꽃을 피우고 열매를 맺어 생명 활동을 지속하려는 치열한 태도는 닮았다.

곡성에서 사는 아이들은 어떻게 성장하고 있을까? 학교에서는 어떤 환경에서 어떤 경험을 축적하고, 마을과 가정에서는 무엇을 보고 들으며 무슨 생각을 키워가고 있을까? 아이들이 성장하는 데에 긍정적인 경험만 있을까? 혹시 아이들의 성장을 더디게 하거나 멈추게 하는 경험은 어디에서 어떤 방식으로 아이들에게 작용하고 있을까?

세계는 다양한 영역에서 빠른 속도로 변화하고 있다고, 지금 당장 이

변화에 대응해야만 한다고들 야단이다. 미래학자들이 말하기를 어떤 영역에서 얼마만큼의 변화가 일어날 것인지를 예측하는 것은 불가능할 정도로 어려운 일이지만 예측 불가능할 정도로 큰 변화가 일어나고 있는 것은 명확한 사실이라고들 한다. 이런 상황에서, 곡성에서 유아기, 아동기, 청소년기를 보내고 있는 이 아이들이 어떻게 성장해야 사회적 존재로서 제 몫의 삶을 영위할 수 있을까? 전 생애에 걸쳐서 자신과 가족과 이웃들이 품격 있는 삶을 살아낼 수 있도록 유지하는 힘을 지금 어떤 환경에서, 무슨 일을 경험하며 기를 수 있을까? 곡성에서 지금 어떤 일이 시도되어야, 곡성에서 인간의 존엄성을 지키며 더불어 잘 살 수 있는 마을을 이룰 수 있을까?

여기에 곡성 아이들이 주체적이고 자발적이며 협력적으로 활동하는 경험을 통해 개인적으로나 사회적으로 삶을 자치할 수 있는 힘을 기를 수 있다고 믿는 사람들이 모였다. 그래서 함께 생각하고 토론하고 실천하며 스스로 피드백하는 경험을 축적할 수 있는 청소년 프로젝트가 지역사회에 필요하다는 논의가 이루어졌다.

군청과 교육지원청, 그리고 미래교육재단에서는 매주 목요일 오전에 실무 부서장과 팀장들이 모여 안건을 논의한다. 이 '토란도란협의회'에서 기관 간에 협력할 일들을 논의하고 군수와 교육장 사이에 협의해야 할 일들은 군수·교육장 월례 간담회에서 논의한다. '곡성청소년 내그린학교'도 이런 논의 과정을 거쳐 2019년에 협업 사업으로 시작하였다. 지금까지 추진 방법이나 내용 등을 개선한 적은 있지만 협업 방식으로 일하는 데에는 변함이 없다. 여러 기관이 협업하게 되면 번다한 일들이 생기기도 하지만 이 방식을 유지하는 데에는 이유가 있다. 곡성 아이들의 성장을 곡성 사회가 함께 책임진다는 선언적 의미를 지키고 싶기 때문이다.

'곡성청소년 내그린학교' 프로젝트는 곡성군청, 곡성교육지원청, 곡성군미래교육재단, 곡성·옥과청소년문화의집이 협업하는 사업이다. 이 프로젝트에는 초등학교 6학년부터 고등학생, 학교에 다니지 않는 청소년들까지 참여할 수 있으며, 다른 학교 또는 다른 학년 학생들과 동아리를 구성해도 된다. 선발 과정도 남다르다. 여기에서는 어른들이 선발 기준을 정하고, 점수를 매기고, 심사를 거쳐 선정과 탈락을 결정하는 방식으로 진행하지 않는다. 일반적으로 행해지는 것처럼 참가신청서와 함께 제출한 프로젝트 내용의 수준을 심사하게 되면, 신청 준비 과정에서 도움을 줄 만한 어른들이 주변에 있는 아이들에게만 혜택이 돌아가게 된다. 곡성 아이들을 곡성 사회가 함께 키운다는 의미가 반감된다. 또 기껏 마음을 내어 동아리를 구성하고 프로젝트 주제와 활동 계획을 세운 아이들에게 기획 내용의 수준을 문제 삼아 선정과 탈락을 경험하게 하는 것은 아이들의 주체성과 자발성을 퇴보시키는 계기가 될 수 있다.

▲ 곡성청소년 내그린학교운영

그래서 신청한 동아리를 모두 선정하고 청소년지도사들과 마을교사들을 동아리 멘토로 위촉한다. 프로젝트 주제 검토, 실행 계획 수립, 실행 과정, 평가, 발표, 예산 집행 등 모든 과정을 멘토링한다. 동아리 구성원들의 자발성을 끌어내는 일, 구성원들의 주체성을 키우는 일, 다른 의견을 잘 듣고 함께 수행해가는 경험을 촉진하는 일, 크고 작은 문제에 부딪힐 때 문제 해결에 집중하기 위해 구성원들이 할 수 있는 일들을 긍정적으로 수행하도록 촉진하는 일 등을 멘토가 중요하게 해야 할 일로 정했다. 첫해 프로젝트를 운영하고 나서 참가한 아이들과 멘토들의 평가회를 거쳐 개선안을 제안하기도 했다. 예산을 편리하게 사용하고 간소하게 정산할 수 있는 방식으로 지원해 달라는 아이들의 요구에 따라 다음 해부터는 동아리 대표에게 체크카드를 지급하여 예산을 사용하도록 하고 있다. 이미 어른들에게 익숙한 행정 방식을 넘어 실행 주체인 아이들에게 필요한 방식으로 개선해가고 있다.

진행 과정에서 아이들에게 부족한 것이 발견되면 어른들이 멘토가 되어 채워가면 된다. 곡성에서 정작 문제가 되는 것은 청소년 참여율이 어른들의 기대만큼 높지 않다는 것이다. 해를 거듭할수록 참가하는 동아리와 아이들 수가 늘어나고는 있다. 2019년엔 10개 동아리에 60명, 2020년엔 10개 동아리에 68명, 2021년엔 27개 동아리에 190명이 참여했다. 3년째 시행하면서 참여 동아리 수나 청소년 수가 늘어났다고는 하지만 아직은 곡성 전체 청소년의 9% 정도만 참여하고 있는 형편이다. 우리는 곡성 청소년들의 절반 정도인 천여 명이 해마다 이 프로젝트에 참여하도록 하는 것을 목표로 삼는다. 스무 살이 되기 전에 이런 프로젝트에 서너 차례 참여하여 자신이 성장하는 데 필요한 것들과 하고 싶은 것을 스스로 알아내고, 친구들과 계획을 세워 협력적으로 실행하고, 더불어 평가하여 개선하는 데까지 능동적으로 경험하기를 바란다.

　전남교육청에서는 2018년부터 '청소년 미래 도전 프로젝트'를 운영하고 있다. 청소년들이 스스로 동아리를 구성하고 프로젝트 주제와 내용을 기획하여 응모하면 심사를 통해 선발된 동아리에 행·재정적으로 필요한 것들을 지원해 주는 방식의 사업이다. 광역 단위 도교육청에서 이런 사업을 기획하고 진행하다 보면 그 취지나 의도가 선함에도 불구하고 시·군 단위 지역사회나 학교에 필요한 것들을 섬세하게 채워주기 어렵다. 그래서 아동과 청소년들의 성장 과정을 꼼꼼하게 지원하려면, 그들의 자발적 참여를 이끌어내고 성장 기회를 극대화할 수 있도록 광역 단위와 기초단위 교육행정기관의 역할이 잘 분담되어야 한다. 광역 시·도 단위에서는 숙의를 거쳐 정책을 수립하고, 기초 시·군 단위에서 사업을 기획하고 추진해야 한다. 시·군 단위마다 모양이 다른 사업을 다양하게 기획할 수도 있어야 한다. 사업은 달라도 청소년들이 잘 성장하도록 전문적으로 돕고자 하는 목표는 함께 이룰 수 있다.

　청소년들이 자발적으로 성장할 수 있는 광장에 나오도록 하려면 그들 눈으로 사업을 보게 해야 한다. 심사 선발 방식은 대부분의 청소년들로 하여금 애당초 참여할 마음도 내지 않게 하는 독인지도 모른다. 세상을 살면서 얻을 수 있는 좋은 기회는 어차피 선발 과정을 거쳐 일부에게만 돌아가는 것이 당연하다고 여기는 사고가 몸에 배어버릴지도 모른다. 자존감이 낮은 청소년일수록 그럴 가능성이 높다. 궁극적으로 아이들을 키우는 일이 다음 세대의 사회를 이루어가는 일과 다름이 없는 일이라면 더욱 유의해야 할 일이다. 다음 세대의 사회는 오늘 우리 세대의 사회 위에 만들어진다. 한 사회가 애초부터 자존감이 높고 똘똘한 아이들로만 이루어지게 되는 것은 아닐 터이다.

산은 물을 나누고 삶은 물을 따라 깃든다

산은 물을 나누는 경계이면서 동시에 물을 내는 근원이기도 하다. 백두대간(白頭大幹)은 10개의 큰 강을 동류(東流)와 서류(西流)로 구획하고, 모든 정맥을 가지 치는 기둥 산줄기이다.[9] 북으로 삼지연 백두산(2,750m)에서 시작하여 남으로 지리산 천왕봉(1,915m)에 이른다. 더 따라가 보면 하동 금오산(847m)을 지나 연대봉(447m)에 이르러 자세를 낮추며 경남 남해를 잇는 노량 바다와 만나며 백두대간을 마무리한다.

　호남정맥은 전북 장수 영취봉에서 백두대간으로부터 분기하여 진안 마이산을 지난다. 마이산 줄기 북쪽으로 떨어지는 빗물은 금강이 되고 남쪽으로 떨어지는 빗물은 섬진강이 된다. 산줄기는 임실을 거쳐 정읍 내장산, 담양 추월산, 산성산을 거쳐 곡성군 옥과면에 있는 설산과 괘일산이 된다. 설산과 괘일산 줄기는 전북 순창군 유등면과 금과면, 담양군 금성면과 무정면, 곡성군 오산면과 옥과면을 아우르는 산줄기이다. 담양 쪽으로 떨어지는 빗물은 담양 들판을 적시고 광주를 지나 영산강이 되고, 순창과 곡성 쪽으로 떨어지는 빗물은 섬진강이 된다. 화순과 담양의 경계를 이루며 무등산에 이르면 무등산 서편으로 내린 비는 담양에서 오는 물과 만나 영산강으로 흐르고, 동편으로 내린 비는 화순 동복천으로 흐르다가 보성강으로 합쳐져 곡성 압록에 이르러 섬진강과 합류한다. 산줄기는 다시 장흥 제암산에 이르러 서편으로 탐진강(강진만으로 흐른다.)과 동편으로 섬진강을 가른다. 이어서 보성 존제산과 순천 조계산(송광사와 선암사가 앉은 산)을 거쳐 곡성과 순천의 경계인 유치산에 이른다. 유치산 줄기의 남쪽으

---

9 박성태, 『신산경표』

로 내리는 비는 이사천을 거쳐 순천만 바다가 되고, 북쪽으로 내리는 비는 보성강에 합류하였다가 섬진강이 되어 광양만 바다가 된다. 광양 백운산 (1,218m)에서 몸을 낮추기 시작하여 망덕산(197m)에 이르면 600여 리에 가까운 물길을 이끌고 온 섬진강이 바다가 되는 망덕포구를 만나 산줄기가 끝난다.

곡성은 섬진강의 중류 지역에 해당되며, 호남정맥 동쪽에서 발원하여 전남 동부지역을 관통하는 보성강이 압록에서 섬진강 본류와 합류하는 곳이다. 섬진강과 보성강이 흐르는 주변 지역에는 곳곳에 분지형 평지가 발달되어 있고, 퇴적으로 인한 충적평야 또한 발달되어 있다. 이와 같은 지형은 산에서 사냥과 채집, 강에서 물고기잡이, 평지에서 작물 재배 등을 용이하게 하여 선사시대부터 사람들이 살기에 적합한 자연환경을 제공하고 있다. 그래서 인류가 지구상에 처음으로 출현하는 구석기시대부터 곡성에 사람이 살기 시작하였다. 구석기와 신석기, 청동기, 철기 시대에 이르는 유적들이 전 지역에서 광범위하게 발견되었다. 뗀석기, 간석기, 자갈돌그물추, 석기제작소, 토기와 토기제작소, 움집마을, 고인돌, 철기시대 무덤 등이 발굴되었다.[10]

옥과 지역의 진산(鎭山)인 설산에 오를 때마다 생각한다. 호남정맥이 곡성의 북쪽 끝인 설산을 지나 화순, 담양, 광주, 장흥, 보성, 순천을 지나다 다시 곡성의 남쪽 끝인 유치산을 지나며 만들어낸 너른 공간과 나뉘고 모아진 물길을 다시 떠올린다. 옥과, 오산, 입면, 겸면, 삼기 지역에서는 호남정맥 남쪽에 기대어 살아왔고, 곡성읍, 석곡, 목사동, 죽곡, 오곡 지역에서는 호남정맥에서 분기한 통명지맥에 속하는 통명산 또는 동악산을 진산

---

10 곡성군청에서 발행한 『곡성군사』 제1권에서 요약 인용함.

으로 삼아 살아왔고, 고달 지역에서는 지리산 만복대에서 분기한 천마산 서편에 기대어 섬진강을 마주보며 살아왔다. 곡성 사람들의 삶은 의식하든 의식하지 못하든 섬진강과 다른 강들을 나누는 산줄기에 기대고 섬진강과 보성강에 몸을 담그며 이어져왔다.

곡성 사람들은 동일한 기후 조건과 농업 생산 여건 속에서 같은 생활문화를 이루며 수천 년을 함께 살아왔다. 곡성 안에서 이런저런 인연을 만들며 살아왔을 뿐만 아니라 산을 넘거나 아니면 강을 건너 곡성의 이웃 지역인 남원, 순창, 구례, 순천, 보성, 화순, 담양 사람들과 일상의 삶을 교류하며 살아왔다. 5일마다 서는 장을 보기 위해 서로 넘나들기도 하고, 혼인으로 맺어진 인척관계를 만들며 손을 마주 잡기도 했다. 근대에 들어서는 전라선 철도가 곡성을 지나면서 남쪽으로는 구례, 순천, 여수, 북쪽으로는 남원, 임실, 전주, 익산 등의 지역과도 많은 교류가 있어왔다.

수천 년간 사람들의 삶이 이어진 곡성에서 다시 수천 년간 사람다운 삶이 이어지도록 하려면 지금 곡성에서 무엇을 하고, 무엇을 하지 말아야 할까? 지역사회 안에서 서로 기대고 보듬으며 사는 일, 바깥세상과 끊임없이 교류하는 일, 개인의 삶과 사회적 삶이 떼려야 뗄 수 없는 관계임을 알고 사회 문제 해결에 참여하려는 사람들을 찾아 만나는 일, 사람과 사람 사이에 맺어지는 관계의 가치와 힘을 믿는 사람들을 찾아 그 믿음을 듣고 기록하는 일, 곡성의 아이들이 개개인의 가정환경 차이를 넘어 모두 잘 성장하도록 지역사회가 함께 성장 생태계를 만들어가는 일, 학교와 마을이 아이들의 성장을 중심에 두고 기꺼이 만나고 서로의 얘기를 귀담아듣고 협력할 수 있는 일을 찾는 일, 아이들이나 어른들이나 다 성장하며 살아갈 수 있도록 교육생태계를 촘촘하게 만들어가는 일, 지방자치는 기초자치단체(시·군)를 기준으로 시행되고 있지만 실제 삶을 자치하는 일은 마을이나 면 단위에서 이루어질 때 실현 가능함을 알고 마을자치를 가능하게 하는 일에 나서는 사람을 모으고 마을에서 움직이게 하는 일, 이런 일들이 실현되도록 지역사회의 의제를 발굴하고 기획하고 숙의하고 사업으로 실행되도록 동력의 중심이 되는 조직을 만들어 운영하는 일 등을 어떻게 실현해가야 하나?

"시대의 병은 뜻있는 개인으로서의 내가 발견하지만, 대부분의 사람들에게도 해당된다는 점에서 공적이다. 게다가 새롭고 위대한 것들은 다 시대의 병을 고치려고 덤빈 사람들의 손에서 나왔다. 이렇게 해서 세상은 진화한다. 이것은 또 나의 진화이기도 하다."[11]

우선 할 수 있는 일부터 시작하면 된다. 지자체나 교육청이 마을공동체나 마을교육공동체 만들기 사업을 시작하기 전부터, 인구절벽 위기 앞에서 인구 정책을 끄집어내기 전부터 적은 수일지라도 공동체의 가치를 일찍 깨달은 사람들이 공동체 회복을 위해서 꾸준히 노력해온 일이 있다. 이런 일들을 찾아내어 지금부터는 함께 가자고 손을 내밀어야 한다. 고군분투하며 실천해 온 사람들이 지치기 전에 동참하며 응원하는 일부터 시작해야 한다. 사람과 사람을 연결하고 사업과 사업을 연결하여 곡성 사회가 소멸하지 않고 지속해야 할 의미가 무엇인지를 삶 속에서 확인해야 한다.

길작은도서관 사례를 보자.[12] 2004년 8월에 서봉교회 목회자가 새로 부임한다. 목회자 자녀들이 초등학생이었고, 교회에 다니는 마을 아이들도 있어 목회자 사택은 매일 아이들 사랑방이 되었다. 해 질 무렵이 되면 집에서 부모들이 걱정할까 봐 서둘러 돌아가게 했다. 그런데 사택에서 나

---

11 최진석, 『탁월한 사유의 시선』(개정판)에서 인용.

12 곡성군 입면 서봉리에 있는 마을도서관. 서봉교회(곡성군 입면) 목사 내외분이 2004년에 만들어 운영하고 있다. 2018년에 전남교육청이 마을학교(길작은마을학교)로 선정하였고, 2020년에 문화체육관광부 지원으로 기존에 도서관으로 사용하던 농가주택을 리모델링하여 분위기 좋고 깨끗한 도서관을 운영하게 되었다. 이 사례는 김선자 관장과 면담한 내용을 정리한 것이다.

온 아이들이 집으로 가는 게 아니라 동네 골목에서 놀고 있는 게 아닌가. 속사정을 알아본즉 논밭 일이 바쁜 철이라 해가 져서야 어른들이 집에 돌아오니 아이들도 늦도록 동네 골목에서 노는 것이었다. 그래서 목회자 서재(8평)를 교회 사택 안으로 옮기고 그 자리에 작은도서관을 만들었다. 아이들이 도서관에서 놀다 저녁을 먹고 집에 돌아가게 했다.

2009년 어느 날, 할머니 신자들이 도서관 책 정리를 도와주게 되었다. 거꾸로 꽂힌 책들이 있어 바로 꽂아주시라 했더니 바로 꽂힌 책들을 거꾸로 세워놓는 게 아닌가. 평소 교회에서 찬송가를 부르시니 한글을 안다 생각했는데 그게 아니었다. 그래서 한글 수업을 시작했다. 할아버지들은 대부분 초등교육은 받았고 설혹 한글을 읽고 쓰지 못하는 사람이 있어도 체면 때문에 참가하지 않아 할머니들을 위한 한글수업을 시작했다. 2009년 당시에는 도서관이 교회 부지 안에 있었으므로 교회 도서관이라는 인식 때문인지 신자 할머니들만 참여했다. 그래서 2010년에 교회 옆에 있는 작은 농가주택을 구입하여 도서관을 교회와 구별된 공간에 독립시켰다. 비로소 동네 할머니들이 신자, 비신자 구분하지 않고 한글수업에 참여하게 되었다.

그런데 하루는 수업이 끝나고 가방을 놓고 가시는 분이 있어 챙겨 드렸더니 그냥 여기 두고 가겠다 하시는 거다. 그 뒤로 살펴보니 도서관에 올 때는 마을 사람들에게 드러나지 않게 가방을 가리고 다니시고 집에서는 자식들이나 손주들이 볼까 봐 장롱 안에 넣어두신다는 분이 많았다. 동네 사람들 보기에도, 자식들 보기에도 부끄럽다고 자꾸 숨기셨다. 집이 가난해서, 그것도 가난한 집 딸이라서 초등학교 문턱도 밟아볼 엄두를 내지 못하던, 그냥 그렇게 견디며 살아온 당신들의 삶이 자꾸 부끄럽다고 했다. 그렇지 않다고 말로 달래지는 일이 아니었다.

한글을 읽고 쓸 수 있게 되자 시를 쓰기 시작했다. 가슴에 담아 둔 얘기들을 글로 옮기시라 했다. 가슴에서 올라오는 대로 글로 쓰시면 되는 일이라고 누누이 말씀드렸더니, 잠이 안 와서 밤새 8편이나 썼다고 가져오기도 했다.

"큰아들이 1학년 때였다 / 글자도 모른디 숙제를 가르쳐주라고 했다 / 니 아부지 오면 가르쳐주래라 했더니 / 방을 뒹굴뒹굴 구르면서 울었다 / 애가 터졌다 / 지금이라면 가르쳐줬을 텐디…"

할머니들은 시를 쓰면서도 그렇지만 할머니들끼리 지난 삶 속에서 겪은 아픔들을 나누면서 위로를 받는다. 나만 겪은 아픔은 아니라고 누구네 집이든 살면서 아픔 하나씩은 있는 법이라고 서로를 위로한다.

"속작새야 너는 머시 슬퍼 우냐 / 니가 울면 나도 눈물이 나올라고 한다 / 먹고 싶은 밥도 못 먹고 살다가 / 이만하면 살 것 같다고 했는데 / 혼자 먹을라면 생각이 났다 / 이만하면 살 것 같다 했는데 / 혼자 먹을라면 또 생각이 났다 / 당신을 보냈다고 / 나 혼자 산다고 / 속작새는 속작속작 우냐"

할머니들이 첫 시집 『시집살이 詩집살이』를 냈을 때는 가족들을 초대해서 출판기념회를 했다. 시인 할머니의 자녀들은 어머니의 시를 읽으며 어머니를 더 깊이 이해하게 되었다고들 했다. 어머니를 제대로 모르고 살았노라고 눈물지었다. 이후로 가족관계가 더욱 살뜰해졌으며 어머니를 더 사랑하고 존경하게 되었다고들 했다.

2015년에 할머니 4명이 곡성문학상을 수상하면서 아이들과 할머니들의 시를 엮은 시집 『햇빛 사다리』를 비매품으로 출간하고, 이후에 할머니들 시 모음집 4권, 아이들 시 모음집 2권을 출간했다. 2019년 2월엔 다큐 영화 〈시인 할매〉를 개봉했으며, 이 해부터 모여들기 시작한 청년들이 2020년에 협동조합 '덕스텝'을 만들어 주중이나 주말 방과후 프로그램,

마을학교 프로그램 등을 도서관과 함께 운영하고 있다. 2021년에는 '덕스텝' 청년 조합원들의 거주 공간과 활동 공간을 마련하고자 동분서주하는 중이다.

길작은도서관에서는 누구도 남을 위하여 희생하지 않는다. 길작은도서관에서는 누구나 꿈을 꾸며 꿈을 실현하기 위해 치열하게 사는 것뿐이다. 나와 이웃이 함께 성장하고 더불어 즐겁게 사는 꿈을 놓지 않으려고 한다.

"교육은 넓은 의미에서 교육받는 사람과 교육하는 사람 양쪽 모두에게 영혼의 풍요를 선사하고 끊임없는 재생이 이루어지는 과정이다."[13]

▲ 길작은도서관에서 길작은마을학교운영

13 앨런 코커릴, 『바실리 수호믈린스키, 아이들은 한 명 한 명 빛나야 한다』에서 인용. 바실리 수호믈린스키(1918-1970)는 우크라이나 시골에 있는 파블리시 학교에서 교사이자 교장으로 20여 년간 일했다. 20세기 가장 영향력 있는 교육자 중 한 사람으로 평가된다. 아이들을 향한 깊은 사랑을 바탕으로 지성과 신체, 직업교육뿐만 아니라 도덕과 미적 차원의 조화로운 발달-전인교육을 강조했다.(위 책에 소개된 내용을 요약 인용함.)

아이도 어른도 때를 따라 꽃 피우게

이젠 봄인가 보다. 나는 같은 봄날이라도 햇살이 화사한 날이 더 좋다. 마당에 나가 앉아 허리를 숙이고 보면 햇살을 받아 잎 싹이나 꽃 싹이나 밀어 올리는 풀들이 있다. 광대나물이나 개불알풀, 별꽃, 민들레들은 겨울에도 양지에서 꽃을 피우고 있었으니 말할 것 없고 수선화, 튤립, 백합, 구절초, 작약, 모란들도 싹을 올린다. 내가 겨울 혹한기를 겪으며 오들오들 떨고만 있을 때 이 아이들은 떨면서도 봄을 꿈꿨나 보다. 일어나 허리를 펴고 서면 청매, 홍매, 백목련부터 물앵두나무까지 꽃눈이 또록또록하다. 동백이야 피어 만발이고.

오늘은 맑아 햇살이 화사하지만 어디 이런 날만 있었겠는가. 흐리고 찌뿌둥한 날도, 보슬보슬 종일 비 뿌리는 날도, 장대비 쏟아지는 날도, 비바람 섞어 치는 날도 있었지. 그날들을 살아내서 오늘 저렇듯 싹을 틔우는 것일 테지. 화사한 날이 좋은 건 내 기호일 뿐이고 이 아이들이 견디고 애쓰며 자라는 건 저 모든 날을 받아들여서일 게다. 누리거나 견디거나.

곡성에서 자라는 어린이, 청소년 들은 2,200여 명이다. 다른 시·군에 비해 아이들 수가 적은 편이지만 유아부터 십대 후반 고등학생, 그리고 학교에 다니지 않고 학습하는 아이들까지 성장 단계도 성장 환경도 아이들마다 천차만별인 점은 다른 지역이나 다를 바 없다. 이 아이들이 어른이 되면 자기 몫의 삶을 살아내는 사회적 존재로서 정체성을 가지고 살아야 한다. 곡성에는 감사하게도 이 시기의 아이들에게 절실하게 필요한 힘이 무엇일지 학교 안에서도 학교 밖에서도 함께 고민하고 논의하는 사람들이 있다. 살아보니 어떠한지 스스로 묻고 더불어 묻는 사람들이 있다.

삶이란 고정된 실체가 아니며 설령 고정된 실체가 있다 하더라도 사람마다 보고 받아들이는 내용이 달라서 다양한 해석과 선택을 하며 살 수밖에 없는 것이다. 그렇다면 고정된 지식을 얼마나 많이 축적하고 있는지가 삶의 힘이 될 가능성보다 다양한 지점에서 여러 모습으로 다가올 개개인 또는 특정 사회의 현실을 어떤 태도와 방법으로 대처하는지가 실질적 힘이 될 가능성이 크다. 삶에 힘이 될 만한 것들을 예측하고 미리 비축해두는 것도 중요하지만 구체적인 삶의 장면에서 필요한 힘을 스스로 찾아갈 수 있도록 키우는 것이 잘 기르는 일이 되리라고 본다. 그래서 곡성에서는 모든 아이에게 기초학력을 어떻게 보장할 것인지, 기초학력[14]을 좌우하는 기본 요소는 무엇인지 고민한다.

21세기 사회는 20세기에 비해 성숙한 지적 역량을 더 많이 요구한다고 한다. 장차 미래사회에서는 지금보다 더욱 지적역량이 요구되는 직업군들이 많이 생겨날 거라고도 한다. 학교에서 누리는 교과교육과정 경험, 지역사회에서 주체적이고 능동적으로 배우는 경험, 가정에서 지지받으며 성장하는 경험이 유기적으로 결합되어야 아이가 지속적으로 성장하며 능동적인 학습자로 커갈 수 있다. 모든 아이에게 이러한 성장이 가능하도록 돕는 방향으로, 지역사회의 모든 아이들에게 성장 생태계를 만들어주는 방향으로 학교와 지역사회의 역할이 바뀌어야 한다. 학교와 지역사회가 협력하여 새로운 교육생태계를 만들어간다는 전제 아래 기초·기본학력은 보장될 수 있고, 아이들이 획득한 학력은 지역사회에서 활용되는 사회적 자산이 될 것이다.

2019년 초 곡성교육지원청에서는 기초학력을 모든 아이에게 보장하기 위해 할 수 있는 일과 우선 시작해야 할 일에 대하여 논의했다. 먼저 학

---

14 "읽기·쓰기·셈하기 및 해당 교과 학습에서 요구하는 최소한의 성취기준을 충족하는 학력."(전라남도교육청 기초·기본학력지원조례) 기초학력은 학생들이 사회적 삶을 살아가는 데 필요한 최소한의 역량이다. 기초학력이 보장되어야 배움과 성장의 출발선을 보장할 수 있다. 자립하고 자치하는 삶을 일구어갈 디딤돌이다.

교에서 이루어지고 있는 저간의 학력 신장 또는 학력 보장 활동을 정리하고, 교사가 애쓰면 할 수 있는 일과 교사의 힘이 미치지 못하는 일을 정리했다. 학교에서는 모든 교사가 좋은 수업을 하는 학교공동체를 성장시키기 위해 노력하고, 교육지원청과 지역사회에서는 학교에서 노력하는 과정을 지원하기로 했다.

기초학력을 이루는 중요한 근간 요소인 초기 문해력과 기초 수해력을 갖출 수 있도록 하려면 초등학교 저학년 때 학습 발달이 제대로 이루어져야 한다. 학교에서 매 시간 좋은 수업을 하더라도 또래 수준보다 낮은 성취를 보이는 아이가 생기면 즉각 회복 프로그램을 투입하여야 한다. 그래서 기초학력을 보장하는 일은 좋은 수업을 하는 일과 회복 프로그램을 투입하는 일을 병행해야 한다.

초등학교 1·2학년 담임교사들에게는 초기 문해력과 수해력[15] 교육 관련 연수를 진행하였다. 전남교육청에서 제공하는 연수를 받고 나면 군 단위에서 추가 연수를 제공하였다. 2020년부터는 전남교육청에서 기초학력 전담교사를 시·군마다 배치해주어서 전담교사를 중심으로 교사 연수와 학교 안에서 이루어지는 기초학력 결손 학생들에 대한 회복 교육을 실행하였다. 그런데 역부족일 때가 있다. 학교에서 교사들이 각고의 노력을 하지만 손이 부족하거나 힘이 미치지 못하는 경우가 생긴다.

---

15 전남교육청에서는 "초기 문해력은 한글해득과 읽는 활동을 통해 글의 내용을 이해하고 자신의 생각을 말이나 글로 표현하는 기초적인 능력, 기초 수해력은 초 1~2학년 수학과 성취기준을 기준으로 수 감각, 수 세기, 자리값 등에 대한 수개념을 이해하고 덧셈과 뺄셈, 곱셈 연산을 유창하게 하는 능력"으로 정리함.
OECD에서는 1994~1998년에 걸쳐 20여 개 나라를 대상으로 국제성인문해조사를 수행하였다. 한국은 2001년에 OECD의 조사 도구를 사용하여 성인문해실태를 조사하였다. 여기에서 제시된 문해 단계를 소개한다. 1단계: 문해에서 매우 취약한 능력을 갖고 있는 사람으로 예를 들어, 의약품의 설명에서 나타난 정보로부터 아이에게 먹일 약의 양을 정확하게 결정하지 못하는 수준임. 2단계: 단순하게 드러나는 복잡하지 않은 일에 대해 대응할 수 있음. 일상적인 문해 능력이 요구되는 일에 가까스로 기술을 적용하여 사용할 수 있으나, 새로운 직업, 기술을 학습하는 것과 같은 새로운 요구에 부딪혔을 때는 문해능력이 부족함. 3단계: 진보된 사회에서 복잡한 일과 일상에서 요구되는 것에 대처하기 위한 최소한의 수준으로 간주됨. 높은 문해수준에서 요구되는 여러 정보를 통합하여 복잡한 문제를 해결할 수 있음. 4-5단계: 고도의 정보 처리 및 기술 능력을 구사할 수 있음. 한국교육개발원(2001), 〈한국성인의 문해실태에 관한 OECD 국제비교 조사 연구〉에서 인용함.

그래서 곡성에서는 초기 문해력과 수해력 회복 프로그램을 운영할 수 있는 기초학력지원강사를 양성하기로 했다. 기초학력지원강사 양성 과정에 참여할 대상은 곡성 주민 가운데 희망자로 하고 나이, 학력에 제한을 두지 않았다. 그리고 곡성군미래교육재단의 전신인 곡성미래교육협력센터와 논의, 실행 과정을 공유하며 일을 진행했다. 이 일은 학습 결손 아동들이 또래 수준으로 회복할 수 있는 기회[16]를 제공하는 일이면서 동시에 곡성 주민들이 지역사회에서 의미 있게 일하며 보람 있게 정주할 수 있는 여건을 만드는 일이기도 했기 때문이다.

강사 양성 과정은 일 년간 계속되었다. 31명이 지원하여 시작했는데 이런저런 사정으로 중도에 그만둘 수밖에 없는 사람들이 생기면서 19명이 이수하였다. 꽤 긴 시간 지속해야 하는 양성 과정의 특성 때문에 이수자가 절반도 되지 않을 거라 생각했는데 예상보다 이수 인원이 많았다.

2020년에는 학교에서 관찰하고 진단하고 의뢰한 아이와 기초학력지원강사를 일대일로 연결하고 초기 문해력 회복 프로그램으로 지도하기 시작했다. 교재와 교구를 교육지원청에서 제공하고, 지도하는 장소는 학교의 판단과 요구에 따라 학교 내 지정된 공간이나 지역아동센터 등으로 했다.

사실 초기 문해력이 또래 수준에 미치지 못하는 아이들은 거의 대부분 기초 수해력 또한 마찬가지이므로 기초학력지원강사는 초기 문해력과 수해력을 동시에 지도할 수 있어야 한다. 그래서 문해력 회복 프로그램과 더불어 기초 수해력 회복 프로그램을 지도할 수 있는 연수를 진행했다. 2021년에도 회복 프로그램 진행과 연수를 동시에 진행하고 있다. 갈 길

---

16 초기 문해력과 수해력이 낮은 아이들은 대부분 성취 경험이 적고 자존감도 낮은 편이다. 또래 수준으로 회복되는 것은 초기 문해력과 수해력을 넘어 학습 동기와 성취 경험과 자존감이며, 또래들과 맺는 당당하고 평등한 인간관계의 경험이다.

은 멀고 우리는 이제 첫걸음을 뗀다. 함께 가는 길이니 간다. 천 리 길도 내 발밑에서 시작되는 법 아니던가.

곡성 아이들의 성장을 돕기 위해 시작된 이 일에 사실은 다른 셈법도 깔려있다. 곡성은 인구가 급감하는 초고령사회이다. 출생거나 유입하는 인구보다 사망하거나 유출하는 인구가 더 많아졌다. 20대에서 40대까지 젊은 인구가 유출하는 상황을 막고 U턴하거나 I턴하는 인구를 늘리려면 매력 있는 사회적 여건을 갖춰야 한다. 도시에서 일자리를 구하고 거주하는 경우에 비해 수입이 줄어들더라도 주거 환경과 문화, 교육 환경이 열악하지 않고 의미 있는 사회적 참여를 하면서 살 수 있다면 시골 생활을 선택하는 사람들이 생길 것이다. 다만 수입이 상대적으로 적더라도 일자리가 있어야 한다. 게다가 그 일이 사람의 성장을 돕는 일이라면 충분히 보람 있게 살 수 있다.

아이부터 어른까지 더불어 성장하는 사회를 만들기 위해서는, 인구는 줄어들더라도 사람 살기에는 썩 괜찮은 사회를 만들어가려면 곡성교육생태계를 촘촘하게 만들어가야 한다. 이 과정에서 수입은 많지 않더라도 보람 있게 종사할 수 있는 일자리도 만들 수 있다. 아이들이 성장하기에 좋은 환경을 만드는 일과 어른들이 의미 있게 종사할 수 있는 일자리를 만드는 일을 동시에 해낼 수 있다.

곡성군미래교육재단에서는 곡성군청과 교육지원청에서 파견된 공무원을 제외하고도 민간에서 8명을 추가로 채용했다. 학교교육과정에서 생태텃밭을 운영하고자 할 때, 자유학년제 운영에 사람과 프로그램이 필요할 때, 생태교육과정과 지역사회교육과정을 운영하고자 할 때 협력할 수 있는 사람들을 발굴하고 필요한 분야에서는 양성 과정을 운영하여 사람을 키운다. 올해에는 교육농 강사, 숲교육 강사, 곡성사회연구자 양성 과정 등을 운영했거나 운영한다.

곡성의 위기, 곡성의 대응

인구절벽이라는 말은 인구가 급격하게 감소하면 인류의 삶의 상황이 절벽 끝에 몰리게 될 것이라는 위기의식을 반영이라도 한 듯한 용어이다. 미국의 경제학자 해리 덴트가 그의 저서 『2018년 인구절벽이 온다The Demographic Cliff』(2014)에서 사용한 개념으로 생산연령인구(15~64세)의 비율이 급속도로 줄어드는 현상을 말한다. 특정 연령의 인구 추이가 절벽과 같이 뚝 떨어짐으로써 경제 전반에 큰 타격이 올 것이라고 예견했다. 경제 위기는 인구절벽에서 오게 될 것이라고 말한 것이다.

2017년 가을, 전남교육청에 근무하던 때에 전화 한 통을 받았다. 내가 초임 교사이던 시절에 가르친 학생인데 곡성군청에 근무하고 있는 공무원이었다. 우리 사무실로 올 수 있겠느냐 했더니 마침 가까이에 있는 전남도청에 출장 왔다가 나오는 길이라며 오겠다고 했다.

만나서 이야기를 나누어보니, 곡성군의 인구가 급감하면서 지방 소멸에 대한 우려가 커지고 있고[17], 이에 유근기 군수의 지시로 군청 기획실에 인구정책팀을 꾸려 지방 소멸 위기에 대응하기 위한 의제를 발굴하고 있다고 했다. 그동안 발굴한 인구정책 의제 가운데 '교육' 의제가 있는데 교육을 통해 지방이 회생할 수 있을 것인가 하고 물었다. 그동안 이런저런 통로를 통해 다양한 자문 의견을 듣고 있으며, 어차피 지방 소멸 위기에 대한 대응이 한 가지 의제로만 효과를 낼 수 있는 건 아니고 종합적인 대

---

17 곡성인구통계를 보면 2015년 12월 말 인구가 30,672명이며, 12월 출생자 수는 16명이고 사망자 수는 32명이다. 2016년 12월 말 인구는 30,400명이며, 12월 출생자 수는 11명이고 사망자 수는 27명이다.

책이 필요할 텐데 평생을 학교와 교육청에서 살아온 내게 교육 부문에 대한 의견을 듣고 싶다고 했다.

장자에 '수심주대(水深舟大)'라는 말이 있다. 물이 깊어야 큰 배가 운항할 수 있다는 말인데 깊은 물이라야 크고 작은 모든 배가 운항하는 일이 가능해지는 법이다. 지역사회에서 인구가 줄어들면서 지방 소멸에 대한 위기감이 커지고 있다. 인구가 폭발적으로 늘어나던 때에는 인구 증가가 인류의 삶을 위협할 것이라고 했다. 이제는 거꾸로 인구가 감소하면 지역사회의 삶이 위기를 맞이할 거라고들 한다. 인구가 팽창된 사회에서 그에 걸맞게 꾸려진 경제 체제만을 기준으로 말한다면 맞는 말이 될 테다. 그런데 한 사회에서 이루어지는 삶의 수준을 결정하는 것이 경제뿐일까. 한국전쟁 이후에 끊임없이 성장해온 한국경제를 경험한 우리는 경제 규모가 줄어드는 것에 대한 두려움을 가지고 있는 듯하다. 인구 감소는 시장 축소로 이어지고 이는 경제 규모의 위축으로 이어질 텐데 이때 경제 규모의 크기보다 중요한 삶의 요소들을 살펴볼 필요가 있다.

경제적 측면에서만 인구 감소 위기를 말하는 것은 자칫 인간 사회의 본질을 놓칠 우려가 있다. 인구가 감소하는 현상 자체를 위기로 보기보다는 이러한 국면에서 새로운 사회로의 전환을 상상하지 못하는 것을 위기로 보아야 한다.

개인의 성장과 사회의 성숙은 유기적으로 맺어진 관계여서 이 두 요소는 선순환하거나 악순환하거나 할 수 있는 관계이다. 구성원들이 누구나 성장할 수 있는 환경에서 사는 것은 중요한 일이다. 개인은 사회적 영향으로부터 별개로 살 수 없기 때문이다.[18] 사회 또한 구성원 개개인의 성장 없

---

18 헬레나 노르베리호지, 『오래된 미래』, 중앙북스, 2015.

이 성숙할 수 없다. 개인이 인간 존재로서 존엄하게 사는 것은 먼저 자신의 삶을 능동적이고 독립적으로 꾸려나갈 때 가능해진다. 능동적이고 독립적인 삶을 꾸려나가려는 개인의 노력을 지지하거나 지원하는 문화가 있는 사회에서는 구성원의 성장이 사회 전반적으로 잘 이루어질 가능성이 크다.

교육 의제를 다루는 일은 사회에 대하여 사유하는 일이다. 교육이 개인의 성취를 위한 도구인 듯 보이지만 실상은 개인의 성취를 돕고 있을 때마저도 이는 지극히 사회적인 행위이다. 개인과 사회는 떼어보려고 해도 떼어볼 수 없는 관계이다. 마치 잘 돌아가고 있는 시계의 바늘과 톱니바퀴와 시계와의 관계 같은 것이다. 일부와 전체의 관계가 깨지는 순간 일부도 전체도 의미 있게 존재할 수 없게 되는 것이다. 어떤 가치가 일상생활에서 통용되는 사회를 곡성에서 이루어야 곡성 사회는 지속할 의미가 있는 것일까. 그래서 우리는 지금 새롭게 꿈꾸는 사회를 구현하기 위해서 어떤 교육 체제를 갖추어 실천에 옮겨야 할까.

저간에 우리는 곡성 교육이라는 말을 곡성의 학교교육이라는 말과 같은 뜻으로 사용해왔다. 곡성이 장차 희망이 있는 사회가 되려면 이 사회의 주민들은 단순히 곡성에 주민등록지를 둔 군민을 넘어 곡성 사회에서 일어나는 크고 작은 일에 관심을 기울이고 참여하고 협력하며 함께 책임지고자 하는 시민이어야 한다. 산업 경제 부흥기에 한국 사회 전반에 퍼져버린 각자도생하는 경쟁 일변도의 삶의 방식을 넘어서는 시민이어야 한다. 그러려면 곡성 사람이 성장해야 한다. 어린아이부터 어른까지 함께 성장하는 사회를 만들어보아야 한다. 그러니 이제 곡성 교육은 곡성의 가정교육, 학교교육, 사회교육을 통합한 개념으로 전환하여 사용해야 할 때다. 가정과 마을과 학교 어디에서든 배우고 성장하는 시간으로 충만한 사회를 구상해야 한다. 배우고 성장하는 일은 가정과 학교와 마을의 경계를 나눌 수 없을 뿐만 아니라 이들은 원래 연결되어 있다.

곡성군청과 곡성교육지원청에서는 2019년 3월에 '곡성미래교육협력센터'를 만들어 지자체와 교육지원청 공무원들이 파견 근무를 시작했다. 센터를 중심으로 곡성 사회의 발전적인 미래상에 걸맞게 곡성 교육을 구상하고 협력적으로 실천할 수 있는 일들을 발굴하기 시작했다. 곡성군청에서는 군의회와 협력하여 관련 조례를 사전에 제정해두었기 때문에 센터를 조직하고 일을 시작하는 데에 가속도가 붙었다.

센터 형태의 중간조직을 이런저런 어려움 속에서도 운영하다 보니 양 기관 사이에 이루어지는 협력이 진전을 보이기 시작했다. 그러자 자연스럽게 지역사회와 함께할 수 있는 형태의 협력이 질적으로 전환되고 성숙되어야 할 필요성이 제기되었다. 관·관 협력을 넘어 민·관 협력으로 전환해야 할 필요는 동의하지만 현실적 가능성을 따져보면서 논의가 길어졌다. 사실은 기관 간에 협력하는 일도 만만치 않다. 지자체 공무원과 교육지원청 공무원들은 각자 익숙한 행정 관행과 사업 추진 문화를 가지고 있어서 그 차이를 불편해했다. 불편하다고 느낄 때마다 서로를 탓했다. 서로 다르기 때문에 존중하고 협력할 가치가 있다는 사실을 일상으로 받아들이는 데 시간이 필요했다. 함께 학습하고 토론하는 모임을 만들어 운영하기도 하고, 동양고전을 읽는 강좌에 같이 참가하기도 하고,[19] 지자체와 교육지원청과 센터의 실무진들이 매주 목요일 11시에 만나 안건을 협의하고 점심을 같이 먹는 등 다양한 시도를 하고 있다.

오랜 검토와 협의, 의견 수렴 등을 거쳐 이전까지 주민들이 참여할 공

---

19 김재형 선생(곡성에서 '이화서원'을 운영)이 진행하는 고전 읽는 모임을 정례화하고 곡성군청, 곡성교육지원청, 곡성군미래교육재단 직원들이 함께 공부하고 있다.

간이 없는 센터형 중간 조직을 민간에서 주도적으로 참여하는 법인 형태의 조직으로 전환하기로 했다. 그래서 2020년 7월에 만들어진 조직이 곡성군미래교육재단이다. 아직은 민간 참여 방법이나 내용이 초보 수준이다. 지역사회와 지역 공공기관 사이에서 유연하게 민간 활동을 지원하기 위해 출발했으니 날마다, 달마다, 해마다 학교와 지역사회 사람들 사이를 돌며 듣고, 보고, 연결하고, 지원하려고 노력한다. 곡성 사회가 지향해야 할 방향성마저도 고착된 형태로 주민들에게 강요되지 않도록 소통하고 성찰하며 함께 가기 위해 노력한다. 지금껏 민간에서나 공공기관에서나 함께 가기 위해 협력해온 경험이 일천하니 아플 때가 많다. 서로에게 결손된 것들을 개인의 책임으로 돌리기보다는 더불어 넘어야 할 산으로 인식하며 넘어가고자 한다. 이 과정에서 늘 느끼는 것인데 사람이 마을이고, 사람이 학교다.

어젯밤에 날리던 눈이 아침이 되도록 내린다. 대설주의보와 한파주의보가 군청에서 보낸 안전 안내 문자에 뜬다. 새벽부터 학교 수업 형태나 등교 시간을 조정하라는 공문이 온다. 관내 학교 단톡방에 안내하고 직원들도 출근 시간을 조정했다. 학교마다 아이들과 교직원들이 안전하게 등교했으며 교육과정이 평상시처럼 운영되고 있다고 실무부서에서 파악한 내용을 들으며 섬진강 너머 천마산을 바라본다. 창밖으로 멀리 눈 덮인 천마산 너머로 지리산 자락 한 봉우리가 숨은 듯 보인다. 저 겨울 산을 보면서 연둣빛 봄 산에 오를 수 있는 날이 오리라는 것을 우리가 의심하지 않고 있다는 사실을 떠올린다. 그래서 더욱 눈 덮인 겨울 산을 아름답게 느끼는지도 모른다. 우리가 곡성에서 살얼음판을 걷듯 조심스럽게 머리를 맞대고 이런저런 일들을 시도해 보는 것도 어쩌면 봄 산처럼 깨어나는 날이 오리라고 믿기 때문일 것이다.

사람이 사람답게, 존엄하게 살기 위해 할 수 있는 일은 골짜기 아래에 머물지 않고 애써서 산등성이에 오르는 일이다. 그래야 세상을 있는 그대로 볼 수 있다.[20] 본 이후에야 우리가 할 일을 알아차릴 수 있다. 그래서 우리는 함께 공부하며 더불어 성장하는 마을을 꿈꾸고 시도한다.

▲ 곡성군미래교육재단 직원 워크숍.
　재단이 곡성사회에 왜 필요할까? 재단이 연말쯤에는 어떤 모습이면 좋겠는가? 동료는 나와 곡성 사회에, 나는 동료와 곡성 사회에 어떤 존재인가? 등의 질문을 나누었다.

학교와 마을이 함께 교육공동체로 성숙해야 하는 까닭

학교가 마을과 함께 교육공동체라고 부를 수 있을 만큼 성숙한 조직이 되어야 하는 까닭은 공동체 수준이 높은 학교일수록 빠른 속도로 광범위한 영역에서 일어나는 세계의 변화에 교육으로 적절하게 대응할 가능성이 커지기 때문이다. 민주적인 일상생활이 이루어지는 학교에서, 학교 구성

---

20 조식, 『남명별집』

원 사이에 믿음이 크고 안전하다고 느끼는 관계를 맺고 있는 학교에서, 학교 구성원 가운데 아이들은 아이들 차원에서 자치하고 교직원들은 교직원들 차원에서 자치하고 학부모는 학부모 차원에서 자치하는 학교에서, 아이들이 현재 살고 있고 아이들이 장차 살아갈 마을과 협력하는 학교에서 인류 문명사 초유의 대전환기라고 부르는 이 시대에 다시 삶을 위한 교육을 실현할 수 있기 때문이다.

산업사회를 지나오면서 한국사회는 한강의 기적이라고 부르는 경제 발전을 이뤄냈고 이런 발전을 가능하게 한 요소들 가운데 국내외 학자들이 공통으로 꼽는 요소는 학교교육이 뒷받침되었다는 점이다. 그런데 지금과 같은 전환기에는 산업사회에 적합하던 교육이 오히려 사회 전환에 장애가 될 수 있다. 새로운 전환이 요구되는 이 시점에 한국사회에 필요한 학교는 어떤 학교일지, 전환기 교육을 검토하고 실천해 낼 학교는 어떤 조직이어야 할지 고민한다.

마을에서 지역사회 아이들을 함께 키워보려는 취지를 가지고 학교교육과정에 마을교육을 접목하고자 시도하는 사람들이 있다. 이런 시도를 해 본 사람들이라면 으레 하는 걱정이 있다. 학교 조직이 폐쇄적이라거나 학교장과 교직원들이 학교 울타리 바깥 세상에 관심이 적다는 것이다. 물론 학교에 개방적이고 유연하며 사회성 있는 학교장과 교직원들만 근무하고 있다면 무슨 걱정이겠는가. 많은 학교에서 마을에 대하여 폐쇄적 경향을 보이는 것은 지금 근무하고 있는 교직원들의 개인적 성향 때문만은 아니다. 19세기 말에서 20세기 초엽, 당시 한국사회에는 학교를 세우고 교육을 통하여 바람 앞에 등불처럼 위태로운 민족의 위기에 대응하고자 하는 주체적 열망이 들불처럼 타올랐다. 교육을 통하여 세계의 변화에 대응하고자 하는 활동이 갑신정변(1894)을 기점으로 활발하게 전개되었는데, 그 결과 일제에 의해 강제로 합병되어 국권을 빼앗기기 전까지 전국에 5,000여 개의 학교가 세워진다.[21] 민족 사회의 절실한 필요에 따라 눈 밝고 뜻 있는 사람들이 나서서 학교를 세운 것이다. 그런데 1910년부터 조선총독부에 의해 차례로 폐교당하는 학교들이 줄을 이을 뿐만 아니라 조선총독부는 교육법을 개정하여 학교교육과정에 대한 극심한 통제를 시작하였다. 통제의 핵심은 학교교육을 통해 민족의식을 말살하고 학교에서 사회에 대한 관심을 갖지 못하도록 하는 것이었다. 민족의식과 사회의식을 제거하여 싹이 나지 못하도록 하는 것이었다. 곡성 지역의 경우를 보면 자생적으로 학교가 세워진 곳에 조선총독부가 공립학교를 세우면서 지역사회에서 주민들이 스스로 세운 학교들을 폐교한 역사가 있다.[22] 더욱 불행한 것은 해방 후 미군정기와 대한민국 정부 수립 후 이승만 정권과 유신정권을 거치며 이런 통제 중심의 교육정책, 학교교육에서 사회성을 제거하는 정책이 그대로 수행되었다는 점이다.

학교에서 마을교육을 이야기해보자고 하면 '웬 마을?'이라는 반응이, 지역사회에서 교육에 대한 이야기를 꺼내면 '그건 학교나 교육청이 알아서 할 일인데?'라는 반응이 예사로 나온다. 모두 위에 얘기한 불행한 역사적 맥락에서 비롯된 것이다. 일제 잔재를 청산하지 못하고 지내온 시간이 식민 피지배 기간보다 길어져버린 탓이다. 그러니 이제 개개인을 탓하기보다는 학교와 마을이 우호적으로 만날 수 있는 방법과 내용을 찾아보아야 한다. 실현될 가능성이 높고 서로 받아들이기에 부담이 적은 사안을 찾아내 이것부터 시도해야 한다. 경우에 따라서는 학교에서 먼저, 상황에 따

---

21 차석기, 『시대로 보는 한국 교육사』, 한국학술정보, 2020.

22 ① 양영학교: 1906년 주민들이 설립하여 운영하다가 1917년 4월 옥과공립보통학교로 통폐합됨.
　 ② 월미학교: 1908년 주민들이 설립하여 운영하다가 1919년 10월 석곡공립보통학교로 통폐합됨.
　 ③ 통명학교: 1909년 주민들이 설립하여 운영하다가 1911년 6월 곡성중앙공립보통학교로 통폐합됨.
　 이상은 곡성군청에서 발행한 『곡성군사』 제1권에서 발췌.

라서는 마을에서 먼저 시도해야 한다. 먼저 눈뜬 사람들이 먼저 고민하고 시도하는 것이 자연스러운 일이다.

지금껏 학교는 마을 주민들이 삶에서 해결해야 할 문제, 예를 들면 주민들이 집 가까운 곳에서 교육받을 기회를 안정적으로 만들 필요가 있거나, 국가에서 교육내용과 교육방법을 전환할 필요가 있거나, 부모 세대와 다른 교육 기회를 아이들에게 제공해주어야 할 필요가 있을 때 주민들이 세우거나 국가에서 또는 광역자치단체에서 만들어왔다. 누가 세웠든지 학교 설립의 취지는 삶의 문제를 풀어내는 데에 있다.

이제 우리는 학교에 오는 아이들이 배울 기회를 확장할 수 있는 대로 확장하고 있는지를 따져보아야 한다. 아이들이 맺는 인간관계의 질을 높이고 양을 늘리기 위한 방안을 생각해보아야 한다. 가족과 학교 교사와 교실 친구들과 관계 맺는 경험을 넘어 마을교사와 마을 친구를 사귀며 배우는 마당은 어떻게 열 수 있을까? 수평적이고 자율적이며 협력적인 대인관계의 경험을 확장하는 길은 어떻게 시작할 수 있을까? 학교 체제를 통해 '교육'이 이루어지는지 해석하며 실천하는 주체가 있어야 한다.[23] 협력적이고 능동적인 학교 체제를 구현하는 길을 탐색할 주체가 있어야 한다. 학교생활을 통하여 의미 있는 경험을 누구나 지속적으로 축적할 수 있는 길은 유연하고 개방적이고 성숙한 학교공동체에서 열린다. 그래서 학교 구성원들 사이에 민주적인 의사결정 과정이 꼭 확보되어야 한다. 함께 연구하고 실천하고 책임지며 성장하는 전문적학습공동체 문화가 학교에 정

---

23 "그리고 전시판 밑에는 조그만 손으로 주물러 짜서 걸어 놓은 걸레가 널려 있다. 내일 아침이면 또다시 온갖 희망과 슬픔을 안고 67명의 어린 생명들은 이 교실을 찾아올 것이다. 교사라는 내 위치가 새삼 두려워진다. 이렇게 괴로운 시대에 내가 참 어처구니없는 기계가 되어 어린 생명들을 짓밟고 있는 것이 아닐까 생각할 때 견딜 수 없는 심정이 된다. 두고두고 생각해 보사. 어떻게 이 아이들을 키워갈 것인가? 어떻게 하면 아이들의 세계에 파고들어가 그들과 함께 살아갈 수 있을 것인가?"
이오덕, 『이오덕 일기』 중 1962년 9월 21일 금요일에서 인용.

착되어야 한다.[24]

학교교육의 목적은 우리 아이들이 제 생명 지닌 대로 잘 자라서 성숙한 인격을 지닌 어른이 되도록 돕는 것이다. 경쟁을 통해서 다른 사람을 이기는 일에만 가치를 두는 사람이 되기보다는 어느 누구와도 더불어 잘 사는, 건강하고 창의적이며 협력적인 사람이 되도록 기르는 것이다. 학교가 존재해야 하는 사회적 이유는 우리 학생들을 성숙한 인간으로 성장시켜 만인이 평등한 사회를 구성하고 그 안에서 존재 자체로 존중받고 존중하는 삶을 누릴 수 있어야 하기 때문이다.

학교의 역할 가운데 하나는 학생들에게 미래사회에서 통용될 수 있는 가치와 태도를 교육하는 일이다. 그러므로 자율적으로 생각하고 행동하고 책임질 수 있는 역량, 남과 협력하여 여럿에게 의미 있는 것을 만들어내는 역량, 능동적으로 정보를 활용하는 역량, 비판적인 지적 역량, 다른 환경에 있는 사람들과 소통할 수 있는 역량, 회복탄력성 등을 기를 수 있는 학교환경을 구축해야 한다. 그러기 위해서 학교는 교사와 학생뿐만 아니라 학부모와 지역주민까지 모두를 교육 주체로 인식하고 소통하며 참여하는 통로를 개방해야 한다. 학교가 적극적으로 교육공동체를 형성함으로써 이를 기반으로 민주주의와 공동체 의식이 학생들에게 교육될 수 있고, 지역사회와 협력하는 학교교육과정을 통해서 교사, 학생, 학부모 모두 세계 시민으로서의 품성과 능력을 함양할 수 있다.

한 명 한 명의 학생이 창의적이고 성숙한 사람으로 성장하려면 학교에는 리더십과 상상력이 뛰어난 교직원들과 교장이 있어야 하고 마을에는 안목 있고 사회성 있는 주민들이 있어야 한다. 교사의 리더십으로 교실을,

---

24 "道成德立 在誠在人" 도를 이루고 덕을 세우는 데에는 전심전력하는 정성이 있어야 하고, 좋은 스승 또는 벗이 있어야 한다. 최제우, 〈修德文〉에서 인용.

학교장의 리더십으로 학교를 변화시킬 때 마을에서는 주민자치의 힘으로 마을 문화를 바꾸어야 한다. 교직원들과 학교장이 리더십을 기를 수 있는 성장 중심의 관계가 학교 안에서 맺어져야 하고, 민주적인 학교의 일상생활과 더불어 공동체적인 마을의 일상생활을 통해 아이들은 능동적이고 주체적이며 협력적인 민주사회 구성원으로 성장할 수 있다.

마을에서 열망을 모아 세우고 온 힘을 다해 지키고자 했던 그 '학교들'의 재건을 위하여 학교에 대한 이야기를 좀 더 해보자. 학교 조직이 활성화되려면 구성원의 자발적이고 지속적인 참여가 필요하다. 구성원이 조직에 예속되는 문화를 넘어서 조직이 활성화되는 과정에서 구성원의 삶까지 활성화되는 문화가 구축되어야 학교교육이 살아날 수 있다. 학교 구성원들이 유아교육과 아동교육 그리고 청소년교육 전문가로서 자율성과 책무성을 가지고 능동적, 협력적으로 교육활동을 지속할 수 있게 하려면 전문가답게 활동할 수 있는 학교환경이 만들어져야 한다. 그 환경의 핵심 요소가 학교장이고 지역사회이다. 학교장은 교직원들이 학교 안에서 교육전문가로서 정체성을 확보하는 동시에 꾸준히 성장할 수 있는 학교문화를 구축하는 전문가여야 한다. 지역사회에서는 학교 구성원들을 교육전문가로 존중하고 학교교육과 마을교육의 협력적 파트너로 받아들여야 한다.

성숙한 사회가 성숙한 시민을 기른다고 한다. '왕대밭에 왕대 난다.'는 우리 옛말도 있다. 민주주의가 실현되는 공동체 학교에서, 마을과 유연하게 협력하는 학교에서, 교직원들이 교육전문가로서 나날이 성장하는 학교에서 학생들 또한 민주시민으로 성장해가는 일이 실현될 것이다. 이러한 학교문화를 구현하는 학교에서는 학부모들 또한 자신의 성장을 경험하게 될 것이다. 아이를 기르느라고 애쓰며 학교에 드나들며 다른 학부모들과 회의하다가, 교사들과 토론하다가 아이가 성장해가는 것을 목도하면서 자신이 성장하고 있는 것도 확인하게 될 것이다. 내 아이, 네 아이 가리지 않고 모든 아이가 성장하도록 돕는 일을 하면서 이 땅에서 어른스럽게 사는 길이 열리게 될 것이다.

학부모나 마을주민과 학교공동체의 관심사가 모이는 자리는 바로 '아이의 성장'이다. 그러므로 학교는 학생 개개인에게서 매일 일어나는 배움과 성장에 섬세하게 관심을 기울이고 관찰해야 하며, 지역사회에서는 아이들 개개인이 처해 있는 가정환경 등의 차이가 성장 격차로 심화되지 않도록 모든 아이의 성장 문제에 관심을 기울여야 한다.

학교에서는 날마다 매 시간 학생 개개인이 무엇을 어떻게 배우며, 그 학생의 배움이 확장된 것은 어떤 활동과정에서 이루어진 일이었는지를 학부모와 지역사회에 설명할 수 있는 학교를 상상해야 한다. 학생의 배움과 성장이 잘 조직되고 심화·확산되는 학교가 학부모가 원하는 학교이며, 마을에 존재해야 할 사회적 이유가 분명한 학교이기 때문이다.

학교에서나 마을에서나, 나아가 학교와 마을이 함께 삶과 교육에 대한 질문을 나누고 서로의 생각에 귀 기울일 수 있다면 서로 탓하기를 넘어 이해하고 공감하며 지금까지와는 다른 양식의 삶에 대해 상상하고 더불어 실천하는 일이 가능해지지 않을까 싶다. "우리 학교(마을)에서 먼저 무엇을 하지 말아야 할까? 왜 그럴까?", "우리 학교(마을)에서 우선 무엇을 해야 할까? 왜 그럴까?", "우리 학교(마을)에서 실천하는 교육은 어떤 삶과 사회를 지향하고 있는가?", "우리 학교(마을)에서는 왜 공동체를 지향하는가?", "우리 학교(마을)에서는 왜 마을(학교)과 협력해야 할까?"

인간다운 삶이 가능한, 모든 존재가 존재 자체로 존중되는, 존재의 능동성이 장려되는 생태계에서 비로소 교육은 가능하다. 교직원들 누구나

'선생님'이 되는 학교에서, 가족 구성원 누구나 지지자가 되는 가정에서, 마을 사람들 모두 벗이 되는 마을에서 어른도 성장하고 아이들도 성장한다. 지시하기보다 질문하는 관계, 대답을 함께 찾아가는 관계, 결정에 대하여 서로 지지하는 관계, 다르므로 가치 있음을 존중하는 관계, 기꺼이 서로 배우는 관계, 실천할 때는 협력하고 기꺼이 함께 책임지는 관계를 만들고 성숙시킬 수 있는 학교와 마을과 가정, 교육청과 지자체라야 새로운 삶을 상상하고 실현해갈 수 있다. 변화하는 세계에 교육으로 대응할 수 있다. 한 개인이나 가정이나 마을이나 학교에서 먼저 시도해야 한다. 나의 삶이 먼저 전환되어야 가정과 마을과 학교와 지역사회가 전환될 수 있다.[25] 또한 좋은 사회 안에서 살아야 너도 나도 성숙할 수 있다. 능동적이고 주체적인 존재로 자신과 마을의 삶이 별개가 아니라 연결되어 있음을 몸에 새겨 아는 시민으로 성장할 수 있다. 지금 우리가 질 높은 사회로 나아가기 위한 디딤돌을 놓아야만 우리의 아이들이 더욱 성숙한 사회를 만들 수 있다. 그 사회에서 좀 더 안전하고 완숙된 삶을 누릴 수 있게 될 것이다.

우리가 꿈꾸는 학교를 통해 더 나은 사회를

집에서 군자란을 기른다. 군자란은 이름만 들어서는 동양 식물인 듯하지만 아프리카가 고향인 수선화과 식물이다. 봄부터 가을까지는 마당에 내놓고 겨울엔 집안에 들여놓는다. 겨울 한기를 이길 수 없는 식물이기 때문

---

25 "작은 돌멩이 하나가 완고한 벽을 깨뜨리지는 못한다. 그러나 깜깜한 어둠 속을 달려가 벽에 부딪치는 작은 소리를 보내옴으로써 보이지 않는 벽의 존재를 알리기에는 결코 부족하지 않다."
신영복, 『변방을 찾아서』

이다. 물론 온실에서 온도와 습도를 잘 맞춰 키우면 겨울에도 꽃을 피운다. 우리집에서는 겨울에 군자란을 실내에 들여놓기는 하지만 따뜻한 곳에 두지 않고 서늘한 곳에 둔다. 얼어 죽지 않을 만큼 서늘한 곳에서 겨울을 난 군자란은 봄이 되면 마당에서 선연한 주황빛으로 꽃을 피운다. 따뜻하게 겨울을 난 해보다 서늘하게 겨울을 난 해에 훨씬 선명한 빛깔로 꽃을 피운다. 겨울을 지낸 환경이 개화기 발색에 영향을 미친 것일까?

학교는 학교에 다니는 모든 사람의 삶에 영향을 끼치는 결정적인 환경이다. 학생, 교사, 교장 누구에게든 큰 영향을 미친다. 심지어는 학교에 출근하지 않는 학부모와 지역 주민의 삶에까지 영향을 미친다. 그러니까 학교는 우리 사회의 사회적 필요에 따라 만들어지고 운영되는, 사회의 교육 권한을 위임한 기관이면서 동시에 사회 진화에 결정적인 영향을 미치는 기관이다. 그러므로 사회의 변화를 꿈꾼다면, 지역사회가 전환하여 진화하기를 바란다면 학교교육이 이루어지는 환경에 관심을 기울여야 한다.

학생과 교사와 교장의 입을 통해 우리가 꿈꾸는 학교상을 이야기해보자.

학생

내가 꿈꾸는 학교는요, 아침에 눈을 뜨면서 학교 갈 생각에 설레는 학교지요. 오늘은 선생님과 무슨 이야기를 나눌까, 어떤 생각을 나누고 어떤 질문을 할 수 있을까, 어떤 친구에게 위로의 말을 하고 또 어떤 친구의 말을 귀담아들으면서 그 친구의 내면에 가까이 다가설 수 있을까, 친구를 만나고 선생님을 만나면서 내가 소중하고 가치 있는 존재라는 사실을 확인하고 또 살아있는 것 자체로 행복감을 느끼게 될까, 오늘은 누구를 만나면서 내가 그에게 도움이 되거나 그가 나에게 위로가 되고 사람을 만나는 일이 얼마나 크게 감사할 일인지 깨치게 될까?

오늘은 선생님께 요즈음 내 학습계획과 학습활동에 어떤 변화가 일어났는지 말씀드리고 다음 학습활동 계획을 말씀드려야지. 선생님께선 어떤 반응을 보이실까? 학습해야 할 것들을 내 나이답게 제대로 학습하고 있다고 판단하실까, 아니면 더 많이 몰입해야 할 거라고 말씀하실까? 선생님과 내 생활에 관한 이야기를 나누면 내가 잘 지내고 있다는 생각이 들고 앞으로 좀 더 노력하고 싶은 의지가 생기게 되니까 참 좋아. 나도 커서 우리 선생님처럼 학교 선생님이 될까?

교사

내가 꿈꾸는 학교는요, 아침에 눈을 뜨면서 학교 갈 생각에 설레는 학교지요. 오늘은 ○○가 어떤 표정으로 교실에 들어설까, ○○는 주말에 아버지와 어머니와 화해했을까, ○○는 이번 주에 어떤 책을 골라 와서 읽기 시작할까, ○○는 학습활동에 어떤 변화를 만들어 낼까, ○○와 ○○는 오늘 안에 화해하게 될까? 우리 반 아이들은 오늘 자치회의 시간에 학급 생활규약에 대해 어떤 평가를 하게 될까?

오늘은 선배 교사인 김선생님 수업을 참관하고 협의하는 날인데 나는 ○○가 경험하는 수업을 어떻게 관찰하게 될까, 그 아이 안에서 일어나는 지적 경험-아이가 수업을 통해 배우는 경험을 얼마나 잘 읽어낼 수 있을까, 동료 교사들과 협의하면서 아이가 경험하는 과정을 추론하게 될 테니 크게 걱정하진 않지만 ○○가 경험한 수업을 추론하고 ○○에게 적절한 수업을 재구성하는 과정이 오늘도 잘 될까? 동료교사와 함께 공부하는 경험 없이도 교사로 사는 일이 가능하던 지금까지의 학교문화가 우리학교에서 교사들이 함께하는 이 학습공동체 활동을 통해 명실상부한 '학교공동체'를 만드는 일로 반전될 수 있기를 간절히 기대한다. 내 교직생활에서 가르치는 이로서의 발전적 도약이 학습공동체 활동을 통해 이루어지기를! 내가 선생님이 되기를, 선생님답기를!

교장

내가 꿈꾸는 학교는요, 아침에 눈을 뜨면서 학교 갈 생각에 설레는 학교지요. 오늘도 나는 교무실과 행정실에 소속된 모든 선생님들의 자발적이고 협력적인 활동에 기대어 학교교육목표를 구현하는 하루를 만들어갈 수 있을까? 오늘 하루가 올 한 해 교육과정 운영에서 참 귀중한 시간이었다고 돌이켜볼 수 있게 될까? 어떤 내용을, 어떻게 운영하느냐가 교육과정 운영이라면 무엇을 하느냐보다 누가, 누구랑 어떻게 운영하느냐가 중요할 것이다. 사람이 교육과정이다. 교과수업, 창의적체험활동, 방과후활동 등을 통해서 전교생이 존중받는 느낌으로 충만한 하루가 운영되길 간절히 기대한다. 이 기대를, 이 기도를 이루기 위해 내가 할 일은 모든 선생님들이 존중받는 느낌으로 충만한 하루를 만들어드리는 것일 터이다.

학교에서 ○○의 가정환경을 바꾸어주기는 어렵다. 그러나 어려서부터 아이가 선택의 여지없이 받아들여야만 했던 그 환경, 그 환경 안에서 무수히 상처받은 경험 때문에 낮아진 자존감을 다시 회복시켜 줄 수는 있다. 그리하여 ○○가 상처에 눌리지 않고 상처를 이기게 할 수 있다. 지속적인 관심과 존중이야말로 ○○의 상처를 해소하면서 자존감을 회복시켜 회복탄력성을 길러줄 수 있다. 나는 선생님들을 존중하는 일을 통해 아이들을 성장시키는, 우리학교 교육목표를 구현해 가는 교장이 되고 싶다. 오늘도 내가 교장답기를!

19세기 후반 열강들에 의해 끊임없이 침탈 위협에 시달리던 당대 사회는 국민이 국가에 의해 보호를 받기보다는 백성들이 나서서 스스로 삶의 터전을 지키고 사회를 보전해야 할 상황에 처해 있었다. 국내외 정세에 대한 당대 사회의 긴급하고도 절박한 대응으로, 사회의 염원을 모아 학교를 세웠다. 근대학교는 당대인들이 현실을 해석하고 대응한 결과로 탄생한 것이다. 사회에서는 당대의 필요에 따라 학교를 세우고, 학교에서는 사회의 필요에 부응해왔다. 사회가 있어 학교가 있으며, 학교를 통해 더 나은 사회를 꿈꾼다.

4부

전남형

마을교육공동체

코로나19 이후
가장 안전한 배움터

전라남도교육청 혁신교육과 ——————————————

전남의 '마을교육공동체'는 지난 10여년 간 전남혁신학교(무지개학교) 정책의 성과라고 할 수 있다. 학교가 단순히 지식을 전달하는 기능을 넘어 삶에 기반한 교육으로 전환하는 과정에서 배움터를 교실만이 아니라 마을과 지역으로 확장해왔다. 또한 자율과 협력을 통해 다양성을 존중하고, 교육의 본질인 공동체의 삶을 추구해왔다. 이는 미래사회가 요구하는 핵심역량이기도 하다.

이러한 시대의 흐름과 새로운 교육적 요구는 우리 전남에서도 마을교육공동체를 상상하게 했고 서투른 몸짓이었지만 마을에서 할 수 있는 체험이나 프로그램, 방과후학습, 돌봄 등으로 시작해 이제는 학교와 마을 연계교육과정으로 성장했고, 마을교육과정, 교육과정 지역화로 성장해가고 있다.

아직은 많은 학교가 여전히 아이들 교육을 학교만의 고유한 영역으로 생각하며, 마을이나 지역과 연대하고 협력하는 것을 불편해하기도 하지만, 전남의 마을교육공동체는 이제 본격적으로 달릴 채비를 마치고 도약을 준비하고 있다.

전남의 마을교육공동체는 훼손된 공동체성을 회복하고 학교를 살리고 지역 소멸을 극복하기 위해 민·관·학 거버넌스를 구축하는 데 노력을 기울이고 있다.

학교와 마을, 교육지원청과 지자체가 협력해 지역교육생태계를 회복하고 미래교육 기반을 준비하는 데 마을교육공동체 활성화는 그 중요성이 매우 크다고 할 수 있다.

지난 5년 간의 짧은 시간 속에서 얻은 귀중한 성과는 다음과 같다.

첫째, 마을교육공동체 활성화를 위한 지원체계가 구축되었다

전라남도교육청에 마을교육공동체 정책자문관을 두고 있으며, 22개 교육지원청에 마을교육공동체 업무를 전담하는 학교혁신팀이 신설되어 마을학교를 적극 지원하고 있다. 아울러, 마을교육공동체 정책 수립에 함께하고 있는 마을교육공동체 지원단, 마을교육공동체 정책자문단 등이 구성되어 정책의 현장성을 확보할 수 있도록 지원체계가 구축되었다.

둘째, 마을학교가 확대되었다

2015년 3교로 시작한 전남의 마을학교는 2021년 252교로 늘어났으며, 그 중 21교의 도지정 마을학교는 마을학교 간의 네트워크 구축을 통한 공유와 동반 성장을 꾀하고 있으며, 마을교사들의 역량강화를 위한 다양한 활동을 하고 있다.

셋째, 마을의 공동체성을 회복하고 있다

산업화를 거치면서 훼손되었던 마을의 공동체성이 우리 아이들을 함께 키우고 성장시키려는 다양한 시도를 통해 개인으로 존재하던 마을의 어른들이 자연스럽게 마을교사로, 마을의 배움터를 제공하는 협력자로 참여하면서 마을이 아이들의 배움터로 확장되면서 자연스럽게 마을의 자치역량과 공동체성 회복으로 이어지고 있다.

넷째, 건강한 교육생태계가 회복되고 있다

마을과 함께하는 교육활동 및 지역사회 교육인프라 구축, 학교 밖 학습과 돌봄 지원 등으로 우리 아이들의 성장을 지역에서 책임질 수 있는 여건이 조성되고 있다.

다섯째, 교육자치 실현을 위한 거버넌스가 구축되고 있다

지역교육에 대한 공적 책무성을 가지고 교육청, 학교, 학부모, 지역민들을 연결하는 마을교육공동체 중간지원 조직 모델(순천풀뿌리교육자치협력센터, 곡성미래교육재단, 구례마을교육공동체지원센터'틔움')을 창출해 교육자치 기반이 마련되어 가고 있으며, 나머지 대부분의 지역에서도 민·관·학 거버넌스를 구축하기 위한 노력을 기울이고 있다.

한편 전남마을교육공동체 정책과 사업에 대한 아쉬움을 정리해보면,

첫째, 주체들 간의 인식 차이가 크다

학교와 교육청, 마을활동가와 지자체가 왜 마을의 교육력과 공동체성을 회복해야 하는가에 대한 인식의 차이가 존재한다. 학교는 학교교육의 연장선상에서 지역의 다양한 배움터를 체험학습 장소 정도로 여기고 있는 경우가 많고, 마을활동가들은 마을의 교육력과 공동체성 회복을 마을학교 프로그램을 운영하는 것이 마을교육공동체의 역할이라고 생각하는 경향이 강한 측면이 있다. 지자체는 교육에 대한 관심이 낮을 뿐만 아니라 여전히 경쟁 중심의 교육적 패러다임에서 벗어나지 못하는 경향을 보이고 있다.

둘째, 학교와 마을의 연결에 대한 불편함이 존재한다

학교와 마을은 상호 신뢰를 바탕으로 마을교육공동체에 대한 인식의 공유가 중요하다. 하지만 학교는 마을의 교육적 전문성에 대한 비판적 시선이 존재하며, 마을은 공교육에 대한 불신을 기저에 깔고 교사와 학교를 부정적으로 바라보는 시선이 존재한다.

셋째, 지역 간 편차가 심각하다

지역의 다양한 상황과 여건의 차이로 인해 교육주체들과 지자체와의 협력 정도, 마을교육공동체 활동가들의 수, 학교와 지역사회와의 협력 등에 있어서 22개 지역이 많은 편차를 보이고 있다. 전체적인 마을교육력이 회복되고 있는 지역이 있는가 하면, 몇몇 체험학습 프로그램을 운영하는 데 머물러 있는 지역도 존재하고 있다.

넷째, 마을교육공동체 활동가들에 대한 지원 대책이 턱없이 부족하다

마을교육공동체 활동가들이 자율적이고, 독립적인 교육활동이 가능하도록 제도를 정비하고 예산을 지원해야 하나 여전히 마을활동가들의 헌신이나 열정에 기대고 있는 실정이다. 이러한 면은 지자체에서 운영하는 마을공동체 사업과 비교해도 두드러진다. 학교 울타리를 넘어 마을교육공동체를 구축하고, 지역 교육력을 회복하기 위해서는 제도적 보완이 절실하며, 다양한 지원 대책이 강구되어야 한다.

2015년 전라남도교육청 마을학교 공모사업으로 출발한 전남마을교육공동체 정책은 2018년 민선 3기 장석웅 교육감 취임 이후 마을교육공동체 활성화를 주요 정책으로 채택하면서 비약적으로 성장하였다. 하지만 지난 3년간 학교혁신이 먼저냐? 마을교육공동체가 먼저냐? 라는 질문에 주체들 간 각자의 위치와 관점에 따라 서로 다른 의견을 제시할 수밖에 없어, 혁신교육과 미래교육의 새 그림을 그리는 현장에서 혼란이 존재했음을 인정하지 않을 수 없다.

그런데 코로나19의 확산으로 학교교육과정이 정상적으로 운영되지 못하는 상황에서 학교 밖 마을학교를 중심으로 펼쳐지고 있었던 전남마을교육공동체는 그 자리에 멈춰있을 수밖에 없었다.

이러한 상황에서 전남마을교육공동체 정책을 냉정히 평가하고 새로운 비전과 추진과제 등을 제시해야 하는 과제가 앞에 놓여 있었다. 과제를 해결하기 위해 선생님들과 마을교육공동체 활동가들의 지혜를 모아야 했다.

완전히 새로운 판을 짜기 위해 2020년 8월부터 다양한 주체들의 의견을 수렴하여 새로운 혁신교육지구 사업과 마을교육공동체 활성화를 위한 토론회와 워크숍, 간담회 등을 20여 차례 진행하였다. 처음에는 교사들과 마을교육공동체 활동가들 간 인식의 차이로 인해 협의가 쉽지 않았고, 치열한 논쟁이 펼쳐지기도 했다. 그러나 어렵게 모인 TF를 중단시킬 수는 없었다. 이러한 어려움을 극복해가면서 진행된 마지막 TF협의회에서 기적과 같은 일이 일어났다. 학교혁신과 마을교육공동체가 서로 다른 과제가 아닌 통합적으로 풀어가야 할 미래교육의 핵심영역이라는 결론에 도달한 것이다.

그리하여 학교혁신과 마을교육공동체 과제가 별도로 제시되었던 무지개학교 교육지구 추진과제를 정비하여 학교혁신과 마을교육공동체 과제가 통합된 2021 전남혁신교육지구 사업의 철학과 비전, 목적, 추진과제를 제안하게 되었다.

무지개학교 교육지구 추진과제(2013)	전남혁신교육지구 추진과제(2021)
• 존중과 협력의 학교문화 조성 • 교육활동 중심 지원체계 구축 • 역량중심교육과정 운영 • 학부모·지역사회 협력관계 구축	• 교육거버넌스 구축 • 공유와 성장 지원 • 마을을 담은 학교 • 학교를 품은 마을

■ 새롭게 제시된 전남혁신교육지구 구현표(2021)

TF에서 가장 먼저 합의한 것은 전남 학교혁신과 마을교육공동체의 철학과 가치이다.

거대담론에서 출발하지 않고, 교육에 대한 각자의 근본적인 욕구와 가치를 충분히 공유하고 공감하는 시간을 가졌다. 다양한 미래교육과 마을교육공동체를 위한 가치를 제시했고 그 중 '협력', '자치', '지역', '공동체' 라는 핵심 가치와 철학을 합의했다.

〈협력〉 학교와 마을이 가지고 있는 교육적 자원과 전문성을 함께 나누는 것이 필요하다. 전남교육은 타인과 협력하며 더불어 살아갈 수 있는 인간으로 함께 성장을 추구한다.

〈자치〉 자기 문제에 대한 해결책을 스스로 제시하고 새로운 미래를 만들어내는 역량이다. 전남교육은 학교공동체에 기반한 마을과의 연대를 통해 학교자치와 지역단위 교육 자치를 실현하고자 한다.

〈지역〉 전남교육의 과제는 전남의 지역소멸을 막고 마을과 지역이 살아날 수 있는 선순환 구조를 만들어 우리 아이들이 청년으로 성장했을 때 정주할 수 있는 마을을 만드는 것이다. 마을은 전남교육의 미래다. 마을과 함께 더 큰 배움을 만드는 가장 안전한 교육 생태계를 구축해야 한다.

〈공동체〉 신자유주의를 거쳐오면서 생겨난 개인주의를 이겨내고, 학교와 마을의 공동체에 기반을 둔 개인의 행복이 추구되어야 한다.

이렇게 해서 완성된 **전남마을교육공동체의 비전은 '협력과 자치로 더불어 성장하는 지역교육생태계 구축'**이다.

OECD DeSeCo 프로젝트, 2015 개정교육과정을 통해 교육의 전면에 등장한 역량중심교육. 바꾸어 말하면 삶 중심 교육이다. 해방 이후 50여 년간 이루어진 지식 중심 교육의 한계를 극복하고, 배움이 살아 숨 쉬는 교육을 실현하기 위해서는 아이들의 삶, 삶의 터전인 마을이 핵심이다. 이렇게 완성된 전남마을교육공동체 교육 목표는 '앎이 삶이 되는 교육'이다. 이러한 가치와 철학, 비전과 교육목표를 구현하기 위한 핵심영역은 두 가지로 제시하였다.

첫째, [학교혁신]이다

미래세대를 기르는 교육은 언제나 사회 변화에 맞추어 빠르게 변화해야 한다. 제자리에 머물러 있는 것은 현재를 유지하는 것이 아닌 교육의 후퇴이다. 역사의 진보와 더불어 교육은 끊임없이 혁신하고 변화해야 한다. 학교혁신은 우리 교육의 새로운 과제가 아니며, 공교육의 신뢰를 회복하고 배움이 가능한 학교를 만드는 것이다. 이는 기성세대와 학교가 짊어진 본연의 책무일 것이다.

둘째, [마을교육공동체 활성화]이다

우리나라 교육의 역사를 되돌아보면 마을교육공동체를 지향하고 있음을 알 수 있다. 우리 선조들은 가정교육을 중요하게 생각해서 밥상머리 교육을 해왔으며, 그 속에서 '나'의 행복이 아닌 '우리'의 행복을 추구하는 공동체 교육이 이루어졌다. 학교가 생기기 이전부터 가정과 마을은 공동체에 기반한 일상적인 생활 속 교육을 담당해왔다. 급격한 사회변화로 약화된 가정과 마을의 교육력을 회복할 때다.

우리는 **전남의 마을교육공동체를 학교와 마을, 지역사회가 협력하여 '삶 중심 교육'을 통해 핵심역량을 기르고, 지속 가능한 성장이 이루어지는 지역교육생태계를 만들기 위해 구성된 다양한 교육주체들의 공동체**라고 규정하였다.

학교혁신과 마을교육공동체에 대해 중요성을 인정하면서도 어떤 영역이 더 중요한가에 대해서는 견해가 다르다.

학교와 교육청에서는 학교혁신이 어느 정도 성과를 내고 정착이 된 후에 마을교육공동체로 확장되어야 한다고 이야기한다. 그래서 빠르게 확장되고 있는 마을교육공동체에 대해 불편한 시선을 가지고 있는 것이 엄연한 현실이다. 반면 학교 밖에서 아이들을 함께 키우고 건강하게 성장시키기 위해 자발적이고 헌신적으로 준비하고 있는 마을교육공동체 활동가들은 교문을 열지 않은 학교에 대해 서운한 입장이다. 업무를 담당하고 있는 부서로서 학교와 마을의 입장 모두 이해가 된다.

해방 이후 국가는 학교에 학교 담장 안에서 교사가 아이들의 배움을 책임지라고 요구해왔다. 60년 동안 이러한 형태로 구조화 되어 있는 학교에 학교를 넘어 마을과 교육활동을 함께하자는 것은 많은 염려가 동반될 수밖에 없다.

마을교육활동가들은 어떤가? 공부뿐 아니라 돌봄과 급식까지도 학교가 책임지고 있는 지금의 교육 환경 속에서 학부모나 마을의 주민들이 스스로 나서 마을을 담은 교육을 기획하여 학교와 함께하고자 손을 내밀고 있는데, 어렵게 내민 손을 뿌리치는 학교 당국자들을 보면 학교에 대해 불편한 시선을 가지는 것도 당연한 일이다.

그럼에도 불구하고 이번 TF 협의회의 가장 큰 성과는 학교혁신과 마을교육공동체는 선·후를 가를 수 없고, 동시에 함께 가야 하는 것임을 확인하고 합의하였다는 것이다. 그래서 혁신교육지구와 마을교육공동체의 핵심영역으로 학교혁신과 마을교육공동체를 설정하게 되었다. 물론 출발지점은 학교와 마을이지만 서로가 서로를 바라보며 교집합이 가능한 공간을 많이 확보해가면서 함께 가는 길을 만들어가야 할 것이다.

■ 2022. 전남혁신교육지구 계획 수립을 위한 TF 운영

▲ 2022. 전남혁신교육지구 사업 계획 수립을 위한 TF가 지난 6월까지 진행되었다. 현장의 의견을 적극적으로 수렴하고 반영하기 위해 구성된 TF에 교육지원청 학교혁신팀과 학교 선생님들, 그리고 미래교육지구를 운영 중인 순천, 구례, 곡성의 지자체 관계자들과 마을교육활동가들이 참여하여 전남의 학교혁신과 마을교육공동체 활성화를 위한 진지한 토론을 하였다.

그렇다면 전남마을교육공동체 활성화를 위한 추진과제는 무엇인가?

첫째, [교육거버넌스 구축]이다

아이러니하게도 분권과 자치를 이야기하는 시대적 흐름 속에 거버넌스, 즉 협치를 이야기하는 것은 어떤 의미인가?

중앙정부가 가진 권한이 지방으로 이양되었을 시 가장 필요한 것은 나누어진 권한을 누군가 독점하는 방식이 아니라 지역민과 관이 함께 책임지는 구조를 마련하는 것이다. 일반행정과 교육행정이 분리되어 있지만 법의 한계를 뛰어넘는 일반자치와 교육자치의 협력 모델이 만들어졌을 때 진정한 지방자치가 완성될 것이다.

이러한 측면에서 교육거버넌스를 구축하는 것은 교육자치와 학교자치를 위한 구조적인 시스템을 만들어가는 과정이다.

2021년 현재, 전남에서는 광역 단위 교육거버넌스 구축을 위해 도청과 도교육청이 정기 협의회를 하고 있다. 이와 더불어 전남의 22개 기초 지자체와의 업무협약을 통해 혁신교육지구 운영위원회 등 다양한 협력 구조를 만들어내기 위한 노력을 하고 있다. 또한 교육거버넌스를 구축하는 과정에 민간 참여를 위해 지역별 민간주도 교육민회 운영을 권하고 있다. 미래교육을 논할 때 학생 개별 맞춤형 교육이 중요하다고 말하듯이, 지역별 맞춤교육을 위해서는 지역민의 의견이 수시로 수렴되어 교육정책과 학교교육활동에 반영되어야 한다.

■ 영광미래교육비전 대토론회

▲ 2021년 4월 6일 열렸던 영광미래교육 토론회에서는 영광교육참여위원회가 사전 설문 조사를 통해 분석한 영광교육의 의제를 중심으로 지역민과 교직원, 학생들이 활발하게 의견을 나누었다.

지역민의 다양한 교육적 요구를 수렴할 수 있는 교육민회를 운영하는 것이 첫 번째 과제라고 한다면, 그 다음 과제는 지자체가 지역의 교육과 학교를 지원할 수 있는 법적, 제도적 장치를 뒷받침하는 것이다. 지역별 마을교육공동체 활성화 지원조례를 제정하여 지자체와 교육지원청의 협력을 법적으로 보장하고 강제해야 한다.

그런 다음 마을과 학교, 지자체가 함께 지역 교육의 미래 비전을 중심으로 다양한 교육 프로그램을 기획하고 운영하도록 지원하는 민·관·학 중간지원조직인 '마을교육공동체지원센터'가 상설 운영되도록 지원해야 한다.

■ 토지교육자치회 출범

▲ 2021년 9월 14일 구례군 토지면 체육관에서는 역사적인 '토지교육자치회' 출범식이 열렸다. 토지면 소재 13개 단체(토지면사무소, 토지초등학교, 구례동중학교, 국립공원지리산남부사무소, 연곡사, 어류생태관, 토지면주민자치위원회, 토지면 청년회, 토지면 이장단, 토지면 부녀회, 토지초등학교 학부모회, 달빛놀이터마을학교, 행복마을연구소) 대표와 구례군수, 구례교육장 등이 참석하여 토지면의 공동체 회복, 지역 학교의 통폐합 문제 해결, 더 나아가 미래를 준비하는 학교와 마을배움터를 만들기 위한 토지면 교육자치회를 출범시켰다.
전남은 광역단위와 시·군단위 교육거버넌스는 물론, 학교와 직접 맞닿아 있는 면단위 풀뿌리교육자치를 위한 거버넌스를 촘촘히 구축해가고 있다.

둘째, [공유와 성장 지원]이다

각 주체들이 협업하기 위해 가장 중요한 것은 상호 신뢰를 바탕으로 한 공동체 의식이다. 우리나라 교사들이 가지고 있는 교육 역량은 세계 최고 수준이다. 마을교육활동가들 역시 마을의 소중한 교육자원이자 각 분야의 전문가이다. 이들이 서로의 역량을 불신하기보다는 가지고 있는 교육적 역량을 함께 공유하는 것만으로도 엄청난 시너지 효과를 낼 수 있다. 또한 교육자원을 공유하는 것을 넘어 학생의 성장, 더불어 교사와 마을교육공동체 활동가의 성장, 나아가 학교와 마을의 성장을 만들어가야 한다.

■ 2021. 전남마을교육공동체 포럼

▲ 2021년 9월 9일과 10일, 동부권과 서부권으로 나누어 진행된 포럼에는 도지정 마을
학교 대표를 비롯한 전남마을교육공동체 활동가와 현장교사들이 참여하였다. 이들은
2022 개정 교육과정의 핵심 내용을 공유하고, 그에 따른 마을교육과정 준비에 대해 활
발하게 논의하였다.

셋째, [마을을 담은 학교]이다

일제 강점기와 해방 이후 근현대 사회에서는 학교가 마을 속에 존재했다. 그러나 급속도로 경제 개발이 이루어지는 시기부터 학교와 마을은 분리되기 시작했다. IMF 이후 맞벌이 가정이 늘어나면서 아이들의 배움과 성장을 온전히 학교에 맡기는 현상이 일반화되었다. 지식 중심 경쟁교육을 맹신하던 우리의 교육은 2000년대 들어서면서 내재되어 있던 문제들이 수면 위로 올라오기 시작했다. 경쟁교육의 폐해가 심각한 사회문제로 대두되면서 핀란드를 비롯한 북유럽 교육이나 일본 교육개혁에 관심을 가지고 한국교육의 어두운 면을 치유하고자 하는 자발적 움직임이 생기기 시작했다.

그렇다면 학교는 왜 마을을 담아야 하는가?

학교혁신의 중심과제는 교육과정과 수업이다. 기존의 학교운영은 수업시수를 나누고, 교사별 연간 운영계획서를 작성하는 것이 곧 교육과정이라고 여겼다.

하지만 교육과정이란 무엇인가? 학교교육활동을 위한 뼈대와도 같은 것이다. 내 교과수업이 단편적인 지식 습득을 위한 것에 머물지 않고, 학생들이 민주시민으로서 성장하기를 기대한다면 모든 교과가 하나의 유기체처럼 연결되어 있어야 한다. 학생들과 교사, 교과와 교과가 연결되어 살아 숨 쉬는 생명체처럼 존재해야 한다.

지난 10년간 전남의 혁신학교에서는 2015 개정 교육과정에서 제시한 역량 중심 교육과정을 구현하기 위해 노력해왔다. 지식과 역량을 어떻게 구분하고 어떻게 연결할 것인가에 대한 다양한 논의가 이루어지고 있지만 역량이란 결국 아이들이 배운 지식을 내 삶의 가치로 내면화시키고 이를 삶과 사회 속에서 실천할 수 있는 힘이라고 규정할 수 있다. 즉 우리 학생들이 민주시민으로 성장하는 것이 곧 역량 중심 교육의 목표일 것이다. 그렇다면 학생들이 민주시민으로 성장하는 것이 교과서와 학교 담장 안에서 이루어질 수 있을까? 민주주의는 우리 인류의 가장 커다란 성과이며, 지금도 계속 발전해가고 있다. 따라서 우리 교육은 민주주의가 작동되고 있는 마을과 지역사회로 배움의 공간이 확장되고 내용이 더욱 풍부해질 필요가 있다. 교육과정의 일부인 체험학습을 통해 학교 밖과 연결되어 있다고 볼 수도 있지만, 이는 너무 단편적이다. 학교 밖의 인적, 물적 자원들이 학교 안 교과활동과 연결되어 교육과정에 녹여낸다면 우리 교육은 더욱 더 많은 성과를 얻을 수 있다.

학교와 마을이 유기적으로 연결되어야 하는 이유는 무엇인가?

우선 학교의 공간은 학교구성원들만의 것이 아니다.

법적으로 학교에 대한 소유권은 교육감에게 있지만, 전남의 농어촌 학교 중 많은 학교가 지역민이 개인 땅을 희사하거나 십시일반 돈을 걷어 학교 건물을 짓는 데 보탬을 주었던 역사를 가지고 있다. 이런 역사를 살펴볼 때, 현재 학교를 운영하는 학교장과 선생님들은 더 적극적으로 마을과 함께 학교 공간을 공유해야 한다. 꼭 이러한 이유가 아니더라도 공교육기관으로서 학교는 당연히 지역사회와 함께 공유되어야 한다. 그렇게 되었을 때 학교는 마을의 문화와 생활, 아이들과 지역주민들의 배움과 성장을 책임지는 본연의 역할을 수행할 수 있을 것이다.

이와 비슷한 흐름으로 요즘 논의가 활발한 2022개정 교육과정의 중심 의제로 '교육과정의 지역화'가 제시된 것은 매우 반갑고 다행스럽다.

넷째, [학교를 품은 마을]이다

마을교육공동체를 이야기할 때 경계해야 할 점은 공교육의 한계를 극복하기 위한 보조재로 마을교육공동체나 마을교육을 인식하는 경향이다.

마을교육은 학교혁신과 미래교육의 지향점이다. 2015 개정 교육과정이 추구하는 '앎이 삶이 되는 역량 중심 교육'을 실현하기 위해서는 마을과 학교가 유기적으로 연결되어 있어야 한다.

학교는 교육과정을 지역화하기 위해 본격적으로 준비하고 있다. 그렇다면 마을교육 또한 마을 안에서만 머물러서는 안 될 것이다. 마을교육이 공교육에 기여하고, 학교교육과 더불어 아이들의 배움을 만들어 가려면 학교교육과정과의 연계를 끊임없이 고민하고, 연결을 시도해야 한다. 2020년부터 활발히 논의되고 있는 마을교육과정이 마을교과서가 되고, 마을 주민들의 삶과 마을이 학교교육과정으로 깊숙이 들어왔을 때, '앎이 삶이 되는 미래교육'이 완성될 것이다.

■ 나주마을학교 네트워크 활동

▲ 전남은 2021년 현재 22개 시·군에 252개의 마을학교를 운영하고 있다. 시·군별 마을학교 네트워크 기반을 마련하기 위해 도지정 마을학교를 21개 지정하여 운영하고 있으며, 도지정 마을학교에서는 지역의 각기 다른 마을학교들을 연결하고 함께 성장하는 중심축 역할을 해주고 있다. 나주는 혁신도시가 생기면서 발생하는 원도심과 혁신도시와의 교육격차 해소와 배움의 사각지대 문제를 해결하기 위해, 교육지원청과 학교, 마을학교가 함께 고민하고 다양한 사업을 펼치고 있다.

전남의 마을학교는 진로체험 장소, 방과후학교의 또 다른 버전이 아닌 학생과 주민, 학교와 마을, 교육청과 지자체가 함께 배우고 성장하는 미래 교육의 대안이며, 가장 안전한 배움터가 될 것이다.

■ 곡성 한울고 마을교육과정 협의회

▲ 우리 아이들과 마을의 공동체성 회복을 위해 소소하게 시작한 마을학교가 이제는 전문 지식인들도 해내기 어려운 수준의 마을교육과정을 만들어가고 있다. 학교도 점차 문을 열고 환대하기 시작했다. 기적과도 같은 일이다. 학교와 마을학교 모두 존경스럽다.

김현주 소장님의 글에서 자세히 안내되었지만, 전남마을교육과정의 가장 큰 의미는 학교 교사들과 마을활동가들이 지역의 교육을 함께 고민했다는 것이다. 교과서를 분석하고, 교육과정을 전남의 생태와 연계, 재구조화하였다. 그 과정에서 이루어진 기획, 개발, 공동수업, 과정평가를 교사들과 마을활동가들이 함께 이루어냈다는 것은 우리에게 많은 시사점을 준다. 순천뿐 아니라 광양, 구례, 영광, 곡성, 보성, 고흥에서 생태와 지역의 역사를 중심으로 다양한 마을교육과정을 만들어내고 있다. 전라남도교육청에서는 2022. 교육과정 개발 과정에서 제안되고 있는 학교교육과정의 지역화와 전남의 마을교육공동체가 만들어낸 마을교육과정을 연계하여 학교교육과정을 편성할 수 있도록 지원할 예정이다.

새로움을 창조하기 위해서는 낯선 곳에서 낯선 사람들과 대화하라

교육청, 지자체, 학교, 마을이 함께하면 불편할 수도 있다. 그러나 불편함은 왜 존재하는 것인가? 이는 아직 서로에게 낯설기 때문일 것이다. 그 낯섦을 긍정적으로 해석하면 설렘일 것이다. 다름과 새로움에 대한 설렘.

코로나19로 인해 예상보다 빠르게 우리 앞에 닥친 미래사회.

그 미래사회를 살아갈 아이들을 위한 교육에 대한 상상은 서로 낯선 이들과 설레는 마음으로 함께 지혜를 모았을 때, 누구도 꿈꾸지 못한 창조적 해법이 만들어질 것이라 믿는다.

> 우리가 살아 있다는 건
>
> 아직도 가야 할 길이 남아 있다는 것.
>
> – 박노해의 『걷는 독서』 중에서

부디 낯설고 힘든 길이라고 외면하지 말고 이 길의 끝까지 함께하길 소망한다.

踏雪野中去 : 눈 내린 들판 걸어갈 때
不須胡亂行 : 그 발걸음 어지러이 하지 마소
今日我行跡 : 늘 나의 발자취가
遂作後人程 : 뒤에 오는 이의 이정표가 되리니

휴정 서산대사의 선시를 떠올리게 됩니다.

마을학교운동은 아직 아무도 밟지 않은 눈길과도 같다고 여기기 때문입니다. 처음 걷는 눈길은 마음을 설레게 합니다. 한편 그 순결함을 망가뜨리는 것 같아서 망설여지고 두렵기도 합니다. 오늘 우리의 마을교육공동체운동 또한 뒤에 오는 이의 이정표가 될 수 있다고 생각하면 나의 발자취를 문득 뒤돌아보게 됩니다.

　　　　　　　　　　　　　　　– **이수일** 고흥마을교육공동체 대표

'무관심과 순응을 벗어나지 못하면 스스로 주체자로 살지 못한다.'

청소년들을 만날 때마다 교육사상가 파울로 프레이리의 교육철학을 떠올린다.

'사람책 둘레길' 프로젝트의 핵심은 관심과 관계 그리고 자치이다. 2년째 매주 토요일 마을학교에 오는 아이들은 작은 문제도 토론을 거쳐 합의를 이루어내는 일에 익숙하다. 새로운 규칙을 만들거나 활동 방법을 정할 때 합리적인 결론을 내는 모습을 보면 참 뿌듯하다. 그것이 마을학교를 해나가는 원동력이다.

　　　　　　　　　　　　　　　– **조윤순** 해봄마을학교 대표

마을학교 프로그램 구성하느라고 70대 농부에게 강의를 요청했더니 "내 가족들 건사하느라고 죽기 아니면 까무러치기로 딸기농사 지어온 것 뿐인데 나한테서, 내 논에서 배울 것이 있다니 신기하기도 하고 한편 부끄럽기도 하네. 하기야 딸기농사라면 나도 한 가락 하지." 하며 웃으시던 모습이 지금도 눈에 선하다.

— **허성균** 전 곡성교육지원청 교육장

"3년 간 공간혁신사업을 추진해 2024년 새 건물에 들어가는데 묘량 신입생은 0명이에요. 참 아이러니죠. 지역의 문제를 자기 문제로 받아들이는 교사가 더 많아졌으면 좋겠어요." 지방소멸시대, 지역과 학교의 상생을 모색하는 '농촌마을교육포럼'을 절박한 심정으로 준비하는 깨움마을학교 이민희 대표의 목소리가 떨린다.

— **이민희** 깨움마을학교 사회적협동조합 대표

"동천마을교육과정을 함께한 선생님들 가슴 속에는 동천과 우리가 쌓아온 관계가 남아있을 거예요. 그리고 우리 아이들 가슴 속에는 학교 선생님, 마을 선생님과 함께한 추억이 엄청 크고 깊게 남을 거예요. 어른들은 교육적 효과를 이야기하지만 아이들은 동천에 살고 있는 생명을 이야기하고 있었어요." 우리 가슴 속에 남는 것들은 그 어떤 누구도 훼손하지 못한다. 그 진정성으로 가던 길을 뚜벅뚜벅 가자. 그 길에서 또 누군가 만나게 될 것이다.

— **김현주** 우리마을교육연구소 소장의 페이스북에 실린 글 중에서

마을교육공동체는 낯선 존재를 마주해야 하는 상황이다. 낯선 것들을 밀어내는 것이 아니라 자기 성장의 자양분으로 삼을 것인지를 끊임없이 고민하게 된다. 그것이 성장을 촉발한다. 중간지원조직 활동가로서 낯선 것들을 연결하면서 얻어지는 성장을 지켜볼 때 가슴이 뛴다. 물론 잘 되지 않을 때도 많다. 그럼에도 불구하고 다시 시작해본다.

— **임경환** 순천풀뿌리교육자치협력센터 활동가

"제가 이런 프로그램으로 아이들과 함께하고 싶은데 괜찮을까요?"라며 조심스레 문의하실 때 마을학교의 의미가 잘 전해지고 있다는 생각이 들어서 가슴 뭉클해지기도 합니다. 온 마을 누구나 지역의 아이들을 함께 기른다는 의미에서 진정한 마을교육공동체로 나아가고 있지 않을까 생각해봅니다.

— **최형구** 낙안초 교사

마을축제와 음악회를 준비하는 과정을 통해 학교와 마을이 만나 가까워지고 아이들, 교사, 학부모, 주민이 어우러지던 모습을 잊을 수가 없다. 혼자서는 그 누구도 해내지 못한 것을 여럿이 함께하면서 아름다운 감동을 만들어냈다.

— **김정애** 전 삼서온마을공동체 대표

마을에서 함께하는 교육활동은

(이)다.

아기새다.

아기새가 처음 날기 시작할 때 못 날다가 노력하면 잘 날 수 있으니까.

핸드폰 대신이다.

포기하지 않고 도전하는 것은 핸드폰보다 재미있다.

다 좋아서 가족들과 함께하고 싶다.

사진기로 담고 싶은 장면이 많다.

– 곡성중앙초 6학년 2반 아이들의 이야기

전라남도교육청 마을교육공동체 활성화 지원 조례

[시행 2019. 11. 7.] [전라남도조례 제4964호, 2019. 11. 7., 제정]

전라남도교육청(혁신교육과)

제1조(목적) 이 조례는 전라남도 마을교육공동체를 통한 교육활동으로 아동·청소년들이 지역사회의 공동체의식을 학습하며 마을과 함께 민주시민으로 성장하도록 마을교육공동체 활성화 지원에 관한 사항을 정하는 것을 목적으로 한다.

제2조(기본이념) 마을교육공동체 활성화는 지역사회의 공공성·공동체성·자발성과 참여자들의 민주적 의사 결정으로 교육자치 기반 구축을 기본이념으로 한다.

제3조(정의) 이 조례에서 사용하는 용어의 뜻은 다음과 같다.

1. "마을"이란 생활환경을 같이 하는 아동·청소년, 교직원, 학부모, 지역주민이 교육·경제·문화 등의 가치를 공유하는 공간적·사회적 범위를 말한다.

2. "교육활동"이란 「교육기본법」 제9조의 학교교육과 제10조의 사회교육 활동을 말한다.

3. "마을교육공동체"란 학교와 마을이 아동·청소년을 함께 키우고 가르칠 수 있도록 학교와 마을, 교육청과 전라남도 및 시·군 그리고 학부모와 사회단체가 협력하고 연대하는 공동체를 말한다.

4. "아동·청소년"이란 만 19세 미만인 사람을 말하며, 만 12세 미만은 아동으로 만 12세 이상은 청소년으로 구분한다.

5. "마을학교"란 마을교육공동체 구성원이 지역사회 연계 체험활동이나 대안적 교육활동 및 돌봄 등으로 아동·청소년을 민주 시민으로 성장시키는 학교를 말한다.

6. "교육협동조합"이란 협동조합 기본법 제2조제3호의 사회적협동조합과 제4호의 사회적협동조합연합회로서 교육활동을 목적으로 마을교육공동체 구성원이 자

율적으로 설립한 협동조합을 말한다.

7. "교육거버넌스"란 전라남도교육청과 전라남도청, 교육지원청과 시·군, 학교, 학부모, 교사, 그 밖에 도내에 소재한 기관 및 민간단체 등과의 교육발전을 위한 민·관·학 협의체를 말한다.

제4조(책무)

① 전라남도교육감(이하 "교육감"이라 한다)은 전라남도지사(이하 "도지사"라 한다)와 협력하여 마을교육공동체를 활성화하는 데 필요한 시책을 추진하여야 한다.

② 교육감은 교육지원청이 필요한 시책 및 사업을 적극 발굴·추진할 수 있도록 지원하여야 한다.

제5조(협력체계 구축)

① 교육감은 마을교육공동체 활성화 지원 사업의 목적 및 효과 등을 고려하여 도지사와 재정 분담을 협의할 수 있다.

② 교육감은 「전라남도 마을공동체 지원 등에 관한 조례」에 따른 마을공동체 만들기 사업과 연계하여 마을교육공동체가 활성화되도록 노력한다.

③ 교육감은 마을교육공동체 활성화를 위하여 전라남도 및 시·군과 관계 기관 및 지역사회 등과 협력체계를 구축·운영할 수 있다.

제6조(기본계획의 수립·시행)

① 교육감은 마을교육공동체 사업을 지원하기 위하여 다음 각 호의 사항을 포함한 마을교육공동체 활성화 지원 기본계획(이하 "기본계획"이라 한다)을 4년마다 수립·시행하여야 한다.

1. 기본목표와 중장기 추진방향
2. 협력체계 구축
3. 재원 조달
4. 사업 평가
5. 그 밖에 마을교육공동체 활성화 사업 추진 및 지원에 필요한 사항

② 교육감은 기본계획을 수립할 때 도지사 및 시장·군수, 학생, 교직원, 학부모, 마을주민, 전문가 등의 의견을 수렴하여 반영하도록 노력하여야 한다.

제7조(위원회의 구성·운영) 마을교육공동체 활성화에 관하여 교육감의 자문에 조언하게 하기 위하여 교육감 소속으로 15명 이내의 위원으로 마을교육공동체 추진위원회(이하 "위원회"라 한다)를 구성·운영할 수 있다.

제8조(사업 추진)

① 교육감은 마을교육공동체의 활성화와 내실화를 위해 다음 각 호의 사업을 추진할 수 있다.

1. 마을교육공동체에 대한 교육 및 연수

2. 마을학교 지원

3. 마을교육공동체와 관련된 활동가, 단체의 육성 및 활동 지원

4. 마을교육공동체를 운영하기 위해 설립한 교육협동조합 지원

5. 학습 교재·프로그램 개발 및 교육활동 지원

6. 마을교육공동체 구성 및 운영 지원

7. 마을교육공동체 간 협의체 구성 및 운영 지원

8. 교육거버넌스 구성 및 지원

9. 그 밖에 마을교육공동체 활성화를 위하여 교육감이 필요하다고 인정하는 사업

② 교육감은 제1항의 사업을 추진하고 있는 법인·단체 또는 마을교육공동체에 행정적 지원을 할 수 있으며, 예산의 범위에서 사업비를 지원할 수 있다.

제9조(전문인력의 양성)

① 교육감은 마을교육공동체 활성화 사업과 관련하여 핵심적인 역할을 수행하는 지도자와 활동가(이하 "전문인력"이라 한다)를 양성하기 위하여 다음 각 호의 사업을 지원할 수 있다.

1. 전문인력 역량 강화

2. 전문인력의 지역 협의체 설립 및 네트워크 구축

② 교육감은 제1항 각 호의 사업을 추진하는 관계 기관 및 단체에 필요한 경비의 전

부 또는 일부를 지원할 수 있다.

제10조(전담부서의 설치)

① 교육감은 다양한 마을교육공동체 활성화 사업을 총괄·조정하고 기본계획·시행계획의 수립·변경, 위원회 개최 등을 담당하는 전담부서를 설치·운영할 수 있다.

② 제1항에 따른 전담부서의 설치·운영 등에 필요한 사항은 교육감이 따로 정한다.

제11조(지원센터의 설치 등)

① 교육감은 마을교육공동체 조성 사업을 체계적으로 추진하기 위하여 교육지원청 단위로 마을교육공동체지원센터(이하"지원센터"라 한다)를 설치할 수 있다.

② 교육감은 교육지원청이 해당 시·군과 자율적인 협약으로 지원센터를 설치한 경우 예산의 범위에서 필요한 경비와 사업비 등을 지원할 수 있다.

제12조(지원센터의 기능) 지원센터는 다음 각 호의 기능을 수행한다.

1. 기본계획 수립 지원
2. 마을교육공동체 활성화를 위한 프로그램 개발·보급
3. 마을교육공동체 관련 연구·분석 및 평가
4. 전문인력 양성 및 지원
5. 마을교육공동체의 조직·운영 등에 대한 상담 지원
6. 마을 주민 교육, 조직 및 정보망 구축·운영 지원
7. 우수사례 발굴 및 홍보
8. 교육거버넌스 구축·운영
9. 제8조에 따른 사업 지원
10. 그 밖에 마을교육공동체 활성화에 필요한 사항

제13조(지원센터의 운영)

① 교육감은 지원센터를 효율적으로 운영하기 위해 「전라남도 마을공동체 지원 등에 관한 조례」에 따른 마을공동체 만들기 사업과 연계·협력하여 운영할 수 있다.

② 교육감은 도지사 또는 시장·군수 등과 협의하여, 전라남도 및 시·군이 설치하고

제2조에 따른 기본이념에 부합하는 기구와 지원센터를 통합하여 운영할 수 있다.

③ 교육감은 지원센터의 효율적 운영을 위하여 관련 법령에 따라 소속 공무원을 파견할 수 있다.

제14조(교육협동조합 지원계획)

① 교육감은 교육협동조합의 자율적인 활동을 촉진하기 위한 기반 조성과 활성화를 위해 다음 각 호의 사항을 포함한 교육협동조합 지원계획(이하 "지원계획"이라 한다)을 4년마다 수립하여야 한다.

1. 기본방향

2. 교육협동조합 설립 및 운영 지원

3. 교육협동조합 관계 기관 간의 상호협력 및 네트워크 구성

4. 교육협동조합에 대한 실태조사 및 정책 개선

5. 그 밖에 교육협동조합 활성화를 위하여 필요한 사항

② 교육감은 지원계획에 따른 연도별 시행계획을 수립·시행하여야 한다.

③ 교육감은 지원계획과 제2항에 따른 시행계획이 종료된 후에는 해당 계획의 성과 등을 평가하고, 개선 사항을 다음 계획에 반영하여야 한다.

제15조(교육협동조합 실태조사) 교육감은 지원계획의 수립 및 시행을 위하여 교육협동조합에 대한 실태조사를 실시할 수 있다.

제16조(교육협동조합 지원)

① 교육감은 교육협동조합의 기반 조성과 활성화를 위하여 다음 각 호의 사항을 지원할 수 있다.

1. 사회적경제와 관련된 교육활동 지원

2. 교육협동조합의 설립과 운영에 필요한 자문 및 정보 제공

3. 교육협동조합 활성화를 위한 홍보, 교육 및 훈련, 상담 제공

4. 교육협동조합 간의 협력 및 공동사업 촉진을 위한 네트워크 구축 및 활동

5. 그 밖에 교육감이 필요하다고 인정하는 사항

② 교육감은 교육협동조합의 사업이 지역사회와 학교 간의 교류 활성화를 위해 필요하다고 판단될 경우 공간 조성 사업비를 해당 학교에 지원할 수 있다.

제17조(평가·관리 등)

① 교육감은 매년 마을교육공동체의 사업 성과에 대해 평가를 실시하며, 필요한 경우 전문기관에 사업의 분석 평가를 의뢰할 수 있다.

② 교육감은 제1항의 평가 결과를 다음 연도 마을교육공동체 활성화 지원 사업에 반영한다.

제18조(학교시설 사용료 면제) 학교의 장은 마을학교 운영자가 교육활동을 위하여 학교시설을 사용하는 경우 「전라남도 교육·학예에 관한 시설사용 조례」제5조에도 불구하고 사용료의 일부 또는 전부를 면제할 수 있다.

제19조(시행규칙) 이 조례의 시행에 필요한 사항은 교육규칙으로 정한다.

부칙〈제4964호, 2019.11.7〉

이 조례는 공포한 날부터 시행한다.

마을의 가치 학교와 같이

초판 1쇄 발행 | 2022년 1월 10일
초판 2쇄 발행 | 2022년 2월 28일

지은이 | 전남마을교육공동체활동가모임

발행인 | 김병주
COO | 이기택 **CMO** | 임종훈 **뉴비즈팀** | 백헌탁, 이문주, 백설
행복한연수원 | 이종균, 이보름, 반성현
에듀니티교육연구소 | 조지연 **경영지원** | 박란희
편집부 | 이하영, 최진영

펴낸 곳 | (주)에듀니티
도서문의 | 070-4342-6110
일원화 구입처 | 031-407-6368 (주)태양서적
등록 | 2009년 1월 6일 제300-2011-51호
주소 | 서울특별시 종로구 인사동5길 29 태화빌딩 9층
출판 이메일 | book@eduniety.net
홈페이지 | www.eduniety.net
페이스북 | www.facebook.com/eduniety
인스타그램 | www.instagram.com/eduniety/
　　　　　　 www.instagram.com/eduniety_books/
포스트 | post.naver.com/eduniety

문의하기

투고안내

ISBN | 979-11-6425-120-9 (03370)
값은 뒤표지에 있습니다.